初级会计辅导教材

初级会计实务

初级会计考试辅导研究组 编

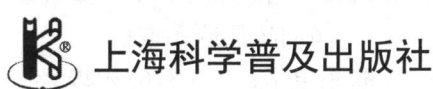
上海科学普及出版社

图书在版编目（CIP）数据

初级会计实务 / 初级会计考试辅导研究组编 . -- 上海：上海科学普及出版社，2022.12
ISBN 978-7-5427-8366-0

I.①初… II.①初… III.①会计实务－资格考试－自学参考资料 IV.① F233
中国版本图书馆 CIP 数据核字 (2022) 第 236475 号

责任编辑　张善涛

初级会计实务

上海科学普及出版社出版发行

（上海中山北路 832 号　邮政编码 200070）

http://www.pspsh.com

各地新华书店经销　四川翔川印务有限公司印刷
开本 787×1092　1/16　印张 17.5　字数 437 000
2022 年 12 月第 1 版　2022 年 12 月第 1 次印刷

ISBN 978-7-5427-8366-0　定价：45.00 元
本书如有缺页、错装或坏损等严重质量问题
请向工厂联系调换
联系电话：028-82633929

目 录
contents

第一章　概述 ... 001
- 第一节　会计概念、职能和目标 ... 001
- 第二节　会计基本假设和会计核算的基础 ... 004
- 第三节　会计信息质量要求 ... 006
- 第四节　会计职业道德 ... 009
- 第五节　内部控制基础 ... 013

第二章　会计基础 ... 016
- 第一节　会计要素及其确认与计量 ... 017
- 第二节　会计科目和借贷记账法 ... 023
- 第三节　会计凭证和会计账簿 ... 030
- 第四节　财产清查 ... 047
- 第五节　会计账务处理程序 ... 050
- 第六节　会计信息化基础 ... 052
- 第七节　成本与管理会计基础 ... 055
- 第八节　政府会计基础 ... 071

第三章　流动资产 ... 087
- 第一节　货币资金 ... 088
- 第二节　交易性金融资产 ... 094
- 第三节　应收及预付款项 ... 102
- 第四节　存货 ... 111

第四章　非流动资产　133

- 第一节　长期投资　134
- 第二节　投资性房地产　146
- 第三节　固定资产　152
- 第四节　生产性生物资产　164
- 第五节　无形资产和长期待摊费用　169

第五章　负债　173

- 第一节　短期借款　174
- 第二节　应付及预收账款　175
- 第三节　应付职工薪酬　181
- 第四节　应交税费　187
- 第五节　非流动负债　202

第六章　所有者权益　207

- 第一节　实收资本或股本　207
- 第二节　资本公积和其他综合收益　211
- 第三节　留存收益　214

第七章　收入、费用和利润　219

- 第一节　收入　219
- 第二节　费用　229
- 第三节　利润　232

第八章　财务报告　240

- 第一节　概述　241
- 第二节　资产负债表　243
- 第三节　利润表　251
- 第四节　现金流量表　255
- 第五节　所有者权益变动表　267
- 第六节　财务报表附注及财务报告信息披露要求　272
- 第七节　财务报告的阅读与应用　273

第一章 概述

 考情分析

本章内容主要包括会计基础理论和会计基本原理,属于会计课程的入门知识,难度不大,但考点较零碎,需要理解记忆的内容比较多。

小节内容		重要程度	学习要求
第一节 会计概念、职能和目标	会计概念	★★	熟悉
	会计职能	★★★	掌握
	会计目标	★★	熟悉
第二节 会计基本假设和会计核算的基础	会计基本假设	★★★	掌握
	会计核算的基础	★★★	掌握
第三节 会计信息质量要求	会计信息	★	了解
	会计信息质量要求	★★★	掌握
第四节 会计职业道德	会计职业及其特征	★	了解
	会计职业道德概述	★★★	掌握
	会计职业道德的内容	★★★	掌握
	会计职业道德的相关管理规定	★★	熟悉
第五节 内部控制基础	内部控制的概述	★	了解
	内部控制要素	★★	熟悉

第一节 会计概念、职能和目标

一、会计概念★★

会计是以货币为主要计量单位,采用专门方法和程序,对企业和行政、事业单位的经济活动过程及其结果进行准确完整、连续系统的核算和监督,以如实反映受托责任履行情况和提供有用经济信息为主要目的的经济管理活动。除特别说明外,本书均以企业会计为对象进行介绍。

会计的基本特征包括:①以货币为主要计量单位;②准确完整性、连续系统性。

二、会计职能★★★

会计的职能是指会计在经济活动及其管理过程中所具有的功能。会计的职能分为基本职能和拓展职能。会计核算和会计监督是会计的基本职能。预测经济前景、参与经济决策、评价经营业绩等职能是会计的拓展职能。会计职能分类具体如图1-1所示。

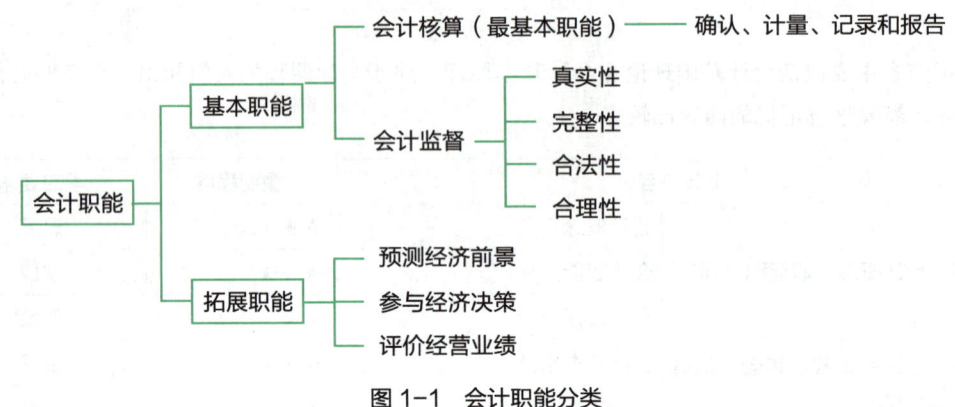

图1-1　会计职能分类

（一）基本职能

会计两种基本职能的概念及相关内容如表1-1和表1-2所示。

表1-1　会计核算的概念及相关内容

概念		会计以货币为主要计量单位，在将经济活动信息转换为会计信息的过程中，对特定主体的经济活动进行确认、计量、记录和报告。会计核算职能是最基本的会计职能
具体内容	确认	依据一定的标准，核实、辨认经济交易或事项的实质，确定应予以记录的会计对象的要素项目，并进一步确定已记录和加工的会计资料是否应列入财务报告和如何列入财务报告的过程。 【提示】包括初始确认和再确认两个环节
	计量	主要以货币为计量单位对各项经济交易或事项及其结果进行计量的过程。 【提示】包括计量属性的选择和计量单位的确定
	记录	对经过会计确认、计量的经济交易或事项，采用一定方法填制会计凭证、登记会计账簿的过程
	报告	以会计账簿记录为依据，把会计凭证和会计账簿记录的会计资料进一步进行系统性加工汇总整理，形成财务状况、经营成果和现金流量等的结构性表述的过程

表1-2　会计监督的概念及相关内容

概念		会计机构、会计人员对特定主体经济活动和相关会计核算的真实性、完整性、合法性和合理性进行审查
具体内容	真实性	各项经济业务是否实际发生、如实反映
	完整性	会计核算的范围和内容是否全面，是否有遗漏
	合法性	各项经济业务是否符合法律、法规，遵守财务纪律等
	合理性	各项财务收支是否符合经营要求、收支计划等
分类		会计监督可分为单位内部监督、社会监督和国家监督

【例题·单选题】会计的基本职能包括（　　）。
A. 核算职能和监管职能
B. 计算职能和监督职能
C. 核算职能和监督职能
D. 记录职能和考核职能
【答案】C
【解析】会计的基本职能包括核算职能和监督职能。

（二）会计核算与会计监督的关系

会计核算和会计监督的主要内容及联系如表1-3所示。

表1-3　会计核算和会计监督的主要内容及联系

职能	主要内容	联系
会计核算	（1）款项和有价证券的收付。 （2）财物的收发、增减和使用。 （3）收入、支出、费用、成本的计算。 （4）资本、基金的增减。 （5）债权、债务的发生和结算。 （6）财务成果的计算和处理。 （7）需要办理会计手续、进行会计核算的其他事项	会计核算与会计监督相辅相成、辩证统一： （1）有了会计核算提供的各种系统性会计资料，会计监督才有依据。 （2）有了会计监督，会计核算所用信息的质量才能有所保证
会计监督	（1）审核和监督原始凭证的填制及使用情况。 （2）制止和纠正伪造、变造、故意毁灭会计账簿或者账外设账的行为。 （3）监督财务收支的情况。 （4）制止和纠正指使、强令编造、篡改财务报告的行为。 （5）监督实物、款项，建立并严格执行财产清查制度。 （6）制止和纠正违反单位内部会计管理制度的经济活动。 （7）监督单位制定的预算、财务计划、经济计划、业务计划的执行情况等	

（三）拓展职能

会计的拓展职能是会计基本职能的延伸与拓展。会计的拓展职能包括预测经济前景、参与经济决策和评价经营业绩。

三、会计目标★★

（一）会计目标的概念

会计目标，是要求会计工作完成的任务或达到的标准。会计的基本目标的相关内容如图1-2所示。

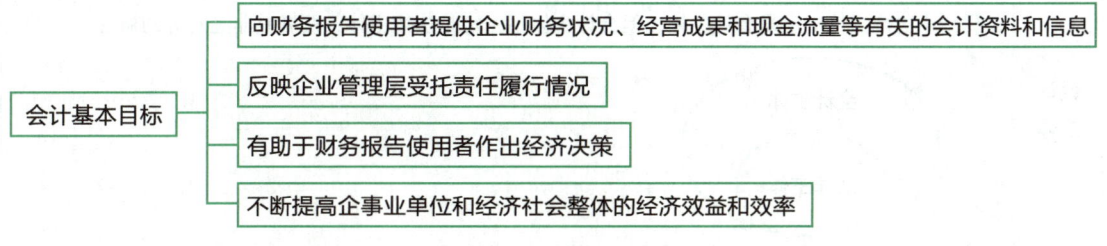

图1-2　会计基本目标

（二）会计资料及会计信息的使用者

会计资料及会计信息的使用者主要包括投资人、债权人、政府及其有关部门、社会公众等。会计资料和会计信息的具体内容如表1-4所示。

表1-4　会计资料和会计信息的具体内容

会计资料	①会计凭证。②会计账簿。③财务报表（财务状况、经营成果和现金流量等结构性表述的会计核算资料）。④尚未对外报告或披露的会计处理结果资料（存在或储存形式为纸质资料或电子文档资料）。 【提示】会计资料主要由企业内部保管与使用
会计信息	由会计凭证、会计账簿、财务会计报告和其他相关资料等构成的综合反映企业财务状况、经营成果、现金流量和所有者权益变动等内容的财务、会计信息的总称。会计信息除财务信息外，还包括必要的非财务信息。 【提示】会计资料是会计信息的基础

第二节　会计基本假设和会计核算的基础

一、会计基本假设★★★

会计基本假设是企业会计确认、计量、记录和报告的前提，是对企业会计核算所处时间、空间范围以及所采用的主要计量单位所作的合理假定。会计基本假设的分类如图1-3所示，具体内容如表1-5所示。

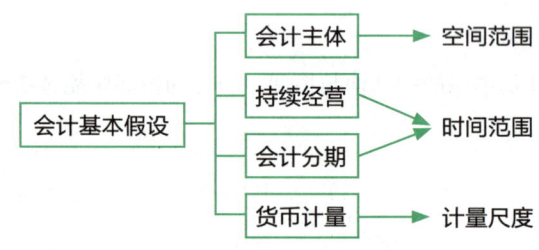

图1-3　会计基本假设的分类

表1-5　会计基本假设的具体内容

会计主体	概念：指会计服务的特定对象，是企业会计确认、计量、记录和报告的空间范围。 【提示】法律主体一定是会计主体，但会计主体不一定是法律主体，两者并非是对等的概念 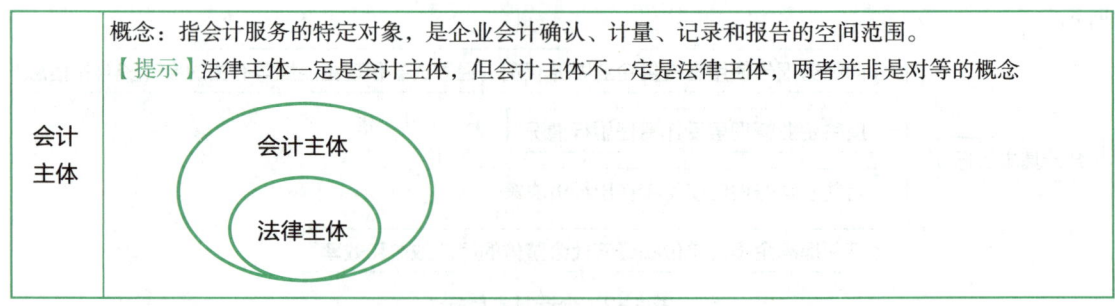

（续表）

持续经营	概念：指在可以预见的将来，会计核算应当以企业持续、正常的生产经营活动为前提，而不考虑企业是否会破产清算和大规模削减业务。 【提示】①持续经营只是一个假定，企业都存在破产、清算等不能持续经营的可能性或风险。②持续经营是会计分期的前提
会计分期	概念：指将一个企业持续经营的生产经营活动划分为一个个连续的、长短相同的期间。 【提示】①会计期间分为年度、中期。中期分为月度、季度、半年度。②会计分期的目的在于据以分期结算盈亏，按期编制报表，定期反映企业的财务状况、经营成果和现金流量信息
货币计量	概念：指会计主体在会计确认、计量、记录和报告时主要以货币反映会计主体的生产经营活动。 【提示】在货币计量的前提下，我国的会计核算应以人民币作为记账本位币，业务收支以外币为主的企业也可选择某种外币作为记账本位币，但编制财务报告时，应当折算为人民币

【例题·单选题】下列各项中，（　　）是企业会计确认、计量、记录和报告的空间范围。

A．会计分期　　　　B．持续经营　　　　C．会计主体　　　　D．货币计量

【答案】C

【解析】会计主体是指会计服务的特定对象，是确认、计量、记录和报告的空间范围。

【例题·多选题】下列各项中，可确认为会计主体的有（　　）。

A．子公司　　　　B．销售部门　　　　C．集团公司　　　　D．母公司

【答案】ABCD

【解析】会计主体，是指会计工作服务的特定对象，是企业会计确认、计量、记录和报告的空间范围。它可以是一个特定的企业，也可以是一个企业某一特定部分（如分厂、分公司、某部门），甚至可以是若干家企业组成的集团公司。

【例题·判断题】总公司和分公司既是会计主体又是法律主体。（　　）

【答案】×

【解析】总公司和分公司都是会计主体，但分公司不是法律主体。

二、会计核算的基础 ★★★

会计核算的基础，是会计确认、计量、记录和报告的基础，可以分为权责发生制和收付实现制，具体内容如表1-6所示。

表1-6　会计核算基础的具体内容

项目	具体内容	应用
权责发生制	本期收入和费用的确定，以取得收取款项的权利或确定支付款项的义务为标志。在实务中，企业交易或者事项的发生时间与相关货币收支时间有时并不完全一致。 【提示】①凡属于当期已经实现的收入和已经发生或应当负担的费用，无论款项是否收付，均应作为当期的收入与费用，计入利润表。②凡不属于当期的收入和费用，即使款项已经收付，也不应作为当期的收入与费用	在我国，企业会计和政府财务会计核算采用权责发生制
收付实现制	本期收入和费用的确定，以实际收到或付出款项为标志	政府预算会计采用收付实现制

【注意1】本期支付的不一定是本期的费用，属于本期的费用可能已付，也可能未付。

【注意2】权责发生制为企业管理层进行会计政策选择和盈余管理留了一定的空间。

【例题·多选题】以权责发生制为核算基础，下列各项中，不属于本期收入或费用的有（　　）。

A. 本期支付的下期租金

B. 本期预收的货款

C. 本期预付的货款

D. 本期售出商品但尚未收到的货款

【答案】ABC

【解析】选项D虽然未收到款项，但在权责发生制下，本期售出商品的货款属于本期的收入。

【例题·单选题】A公司1月份发生下列支出：预付本年度全年保险费2 400元；支付上年第四季度借款利息3 000元（已预提）；支付本月办公费800元。按权责发生制计入本月的费用为（　　）元。

A. 1 000

B. 3 200

C. 3 800

D. 6 200

【答案】A

【解析】A公司1月份发生的费用为本月支付的保险费和办公费，因此，计入本月的费用为2 400÷12+800=1 000(元)。

第三节　会计信息质量要求

一、会计信息★

1. 会计信息的作用

①降低企业和外部利益相关者之间的信息不对称；②有效约束公司管理层的行为，提高公司治理的效率；③帮助投资者甄别其投资的优劣进而作出投资决策；④有利于债权人作出授信决策；⑤维护资本市场秩序、提高经济的运行效率等。

2. 会计信息质量

会计信息质量是指会计信息符合会计法律、会计准则等规定要求的程度，也是会计信息满足企业利益相关者需要的能力和程度。

二、会计信息质量要求★★★

会计信息质量要求是使财务报告所提供的会计信息对投资者等信息使用者决策有用应具备的基本特征，主要包括可靠性、相关性、可理解性、可比性、实质重于形式、重要性、谨慎性、及时性等。会计信息质量要求的具体内容如表1–7所示。

表 1-7　会计信息质量要求的具体内容

会计信息质量要求	具体内容	示例
可靠性	要求企业应当以实际发生的经济业务为依据进行确认、计量、记录和报告，如实反映符合确认和计量要求的会计要素及其他相关信息，保证会计信息真实可靠、内容完整。 【提示】可靠性是高质量会计信息的重要基础和关键	错误示例： 在资产负债表日对应收款项的账面价值进行评估时，并非基于应收款项的信用减值迹象的客观事实进行职业判断并获得评估结果，而是迫于股东或管理层压力——提高当期利润或降低当期利润的主观意图，确认、计量、记录和报告信用减值损失从而达到操纵当期利润的目的
相关性	要求企业提供的会计信息应当与财务报告使用者的经济决策需要相关，有助于投资者等财务报告使用者对企业过去、现在或者未来的情况作出评价或者预测。 【提示】会计信息是否有用是会计信息质量的重要标志和基本特征之一	正确示例： ①在财务会计报告中区分收入和利得、费用和损失，有助于财务报告使用者评价和预测企业的盈利能力。 ②在财务会计报告中区分流动资产和非流动资产、流动负债和非流动负债，有助于财务报告使用者评价和预测企业资产流动性和支付能力、短期偿债能力和长期偿债能力。 ③适度引入公允价值信息，有助于提高会计信息的预测价值和有用性
可理解性	要求企业提供的会计信息清晰明了，便于投资者等财务报告使用者理解和使用。 【提示】会计信息应当使用明确、贴切的语言和简明扼要、通俗易懂的文字，数据记录和文字说明应能一目了然地反映出经济业务的来龙去脉。 ①对于性质和功能不同的项目应当分项列示。 ②对于性质和功能相同的项目应当合并列示。 ③对于分项列示或合并列示的项目应根据需要加以附注说明。 ④对于本身较为复杂的交易或事项或者会计处理较为复杂的信息，对使用者的经济决策相关的，企业应当在财务会计报告中予以充分披露	正确示例： ①对于财务会计报表中计提减值准备的资产项目，在财务会计报表的正表中采用净额列示的，应在附注中说明相应已计提的减值准备金额。 ②财务会计报表中汇总合计列报的项目，如资产负债表中的货币资金、存货等项目，应在附注中逐项列示说明明细核算信息
可比性	要求企业提供的会计信息应当相互可比。 ①纵向可比：同一企业不同时期可比，即同一企业对不同时期发生的相同或者相似的交易或者事项，应当采用一致的会计政策，不得随意变更。确需变更的，应当在附注中说明。 ②横向可比：不同企业相同会计期间可比，即不同企业对同一会计期间发生的相同或者相似的交易或事项，应当采用同一会计政策、确保会计信息口径一致、相互可比	正确示例： ①企业在不同时期采用一致的固定资产折旧政策。 ②不同企业在资产负债表日对存货的计量采用同一会计政策，按照成本与可变现净值孰低计量

（续表）

会计信息质量要求	具体内容	示例
实质重于形式	要求企业应当按照经济业务的经济实质进行会计确认、计量、记录和报告，不仅仅以经济业务的法律形式为依据。 【提示】经济实质重于法律形式	正确示例： ①将企业租入的资产（短期租赁和低值资产租赁除外）视为企业的资产，在资产负债表使用权资产中列示；虽然从法律形式上来讲，企业并不拥有租入资产的所有权，但从其经济实质来看，企业能够控制租入资产所创造的未来经济利益。 ②将达到预定可使用状态但尚未办理竣工决算的在建工程按照暂估价值转为固定资产，并计提折旧
重要性	要求企业提供的会计信息应当反映与企业财务状况、经营成果和现金流量有关的所有重要经济业务。 重要性的应用需要依赖职业判断，企业应当根据其所处的环境和实际情况，从项目的功能、性质和金额大小多方面加以判断。 【提示】重要的事项应充分、准确地披露；次要事项可适当简化、合并披露	正确示例： ①低值易耗品可以采用一次摊销法或分次摊销法摊销，尚未摊销的部分作为周转材料合并列入资产负债表存货项目，而不作为单独项目列报。 ②企业发生的研发支出中属于研究阶段的支出尽管在多数情况下金额较大，但是，从其功能看，其尚未形成预期会给企业带来经济利益的资源，在发生期作为期间费用计入当期损益核算并列报
谨慎性	要求企业对经济业务进行会计确认、计量、记录和报告时应当保持应有的谨慎，不应高估资产或者收益、低估负债或者费用	正确示例： ①对可能发生的资产减值损失计提资产减值准备。 ②对售出商品很可能发生的保修义务确认预计负债。 ③对很可能承担的环保责任确认预计负债。 ④加速计提固定资产折旧
及时性	要求企业对于已经发生的经济业务，应当及时进行会计确认、计量、记录和报告，不得提前或者延后。 ①及时收集会计信息。 ②及时处理会计信息。 ③及时传递会计信息。 【提示】"及时"贯彻始终	错误示例： ①某企业将自行研制的软硬件一体化的商品进行销售，销售合约约定商品销售后还将提供免费维护和免费升级服务。如果企业不考虑商品销售后提供免费维护和升级服务，将全部销售一次性确认为当期销售收入，就属于提前确认销售收入。 ②如果企业在提供后续服务合约到期日再确认全部销售收入，则属于延后确认销售收入。 正确示例： ③正确的会计处理应当按合理的比例在销售当期和后期维护及升级合约持续期间分配确认各期销售收入

【例题·单选题】除短期租赁和低值资产租赁外，将租入的固定资产视为承租企业的资产，体现了（　　）原则。

A. 可比性　　　　　B. 可靠性　　　　　C. 实质重于形式　　　　　D. 谨慎性

【答案】C

【解析】虽然租入的资产（短期租赁和低值资产租赁除外）在法律形式上属于出租方，但按经济实质，其属于承租方。

【例题·多选题】下列各项企业的会计处理中，符合谨慎性质量要求的有（　　）。

A. 在存货的可变现净值低于成本时，计提存货跌价准备

B. 在应收款项实际发生坏账损失时，确认坏账损失

C. 对售出商品很可能发生的保修义务确认预计负债

D. 企业将属于研究阶段的研发支出确认为研发费用

【答案】ACD

【解析】选项 A、C、D 符合企业会计准则的相关规定，会计处理的结果使资产不多计、费用不少计，符合谨慎性质量要求。选项 B 不符合谨慎性质量要求。

第四节　会计职业道德

一、会计职业及其特征 ★

（一）会计职业

会计职业是指利用专业的会计知识和技能，为经济社会提供会计服务，从而获取合理报酬的职业。

（二）会计职业的特征

会计职业的特征包括社会属性、规范性、经济性、技术性和时代性等，具体如表 1-8 所示。

表 1-8　会计职业的特征

特征	相关解释
社会属性	会计职业是一种社会分工，为维护生产关系和经济社会秩序，正确处理企业利益相关者和社会公众的经济权益及其关系提供会计服务
规范性	按照系统性的专业规范操作要求执行会计工作，严格实行职业道德的规范性要求
经济性	会计人员通过会计工作获取合理报酬，赖以谋生
技术性	执行会计工作时需采用相关政策法规规定的专门方法和程序
时代性	执行会计工作应适应当代经济社会生产经营方式，与时俱进

二、会计职业道德概述 ★★★

（一）概念

会计人员在会计工作中应当遵循的、体现会计职业特征的、调整会计职业关系的职业行为准则和规范。

（二）构成内容

会计职业道德由会计职业理想、职业责任、职业技能、工作态度、工作作风和职业纪律等构成。

（三）具体要求

会计的基本职责是如实反映受托责任履行情况的诚实性和可靠性。会计职业道德的核心是诚信，要求会计人员实事求是、客观公正、遵守统一会计制度、不做假账、表里如一、以诚待人。核算准确、真实诚信是会计工作成败和质量好坏的基准。区块链、云计算、人工智能、大数据等现代信息技术在会计工作中广泛运用，对会计诚信提出了更高的要求。

（四）会计职业道德与会计法律制度的联系与区别

会计职业道德与会计法律制度两者之间有一定的联系与区别，具体如表1-9所示。

表1-9 会计职业道德与会计法律制度的联系与区别

项目		会计法律制度	会计职业道德
联系		①内容上相互吸收、渗透；作用上相互补充、协调； ②会计职业道德是对会计法律制度的重要补充，会计法律制度是对会计职业道德的最低要求和基本制度保障	
区别	性质	通过国家行政权力强制执行，具有很强的他律性	通过行业行政管理部门规范和会计从业人员自觉执行，具有内在的控制力和很强的自律性
	作用范围	侧重于调整会计人员的外在行为，追求结果的合法化，具有较强的客观性	不仅调整会计人员的外在行为，还调整会计人员内在的精神世界
	表现形式	由国家立法部门或行政管理部门通过一定的程序制定、颁布，其表现形式是具体的、明确的、正式形成文字的成文规定	出自会计人员的职业生活和职业实践，其表现形式既有成文的规范，也有不成文的规范
	实施保障机制	依靠国家强制力保证其贯彻执行	主要依靠行业行政管理部门监管和职业道德教育、社会舆论、传统习惯和道德评价来实现
	评价标准	以法律规定为评价标准	以行业行政管理规范和道德评价为标准

【例题·多选题】某企业会计人员在讨论会计职业道德和会计法律制度两者的关系时提出的下列观点中，正确的有（ ）。

A. 两者在实施过程中相互作用、相互补充

B. 会计法律制度是会计职业道德的最低要求

C. 违反会计法律制度一定违反会计职业道德

D. 违反会计职业道德也一定违反会计法律制度

【答案】ABC

【解析】会计职业道德和会计法律制度两者在内容上相互渗透、相互吸收；在作用上相互补充、相互协调；会计职业道德是对会计法律制度的重要补充，会计法律制度是对会计职业道德的最低要求，是会计职业道德的基本制度保障。会计法律制度以法律规定为评价标准，会计职业道德以行业行政管理规范和道德评价为标准，违反会计法律制度一定违反会计职业道德。

三、会计职业道德的内容★★★

会计职业道德的主要内容包括以下八个方面:爱岗敬业、诚实守信、廉洁自律、客观公正、坚持准则、提高技能、参与管理、强化服务等,具体内容如表1-10所示。

表1-10 会计职业道德的内容

主要内容	基本要求
爱岗敬业	①要求会计人员正确认知会计职业,树立职业荣誉感。 ②热爱会计工作,敬重会计职业。 ③安心会计工作和工作岗位,任劳任怨,严肃认真,一丝不苟。 ④忠于职守,尽心尽力,尽职尽责
诚实守信	①要求会计人员做老实人,说老实话,办老实事,不弄虚作假。 ②保密守信,不为利益所诱惑。 ③执业谨慎,信誉至上。 ④作为会计人员应该保守单位的商业秘密,除法律规定或单位领导人同意外,不得私自向外界泄露本单位的会计信息
廉洁自律	①要求会计人员树立正确的人生观和价值观。 ②公私分明,清正廉洁,不占不贪。 ③遵纪守法,一身正气。 ④严格约束自我,自觉抵制不良欲望的干扰,坚持职业标准
客观公正	①要求会计人员端正态度,以客观事实为依据,依法依规办事。 ②实事求是,不偏不倚。 ③如实反映,保持应有的独立性
坚持准则	①要求会计人员熟悉国家法律、法规和国家统一的会计制度。 ②始终坚持按法律、法规和国家统一的会计制度的要求进行会计核算,实施会计监督。 ③当会计准则与社会道德发生冲突时,应该做出合理的职业判断,维护国家、社会公众利益关系和经济秩序的正常运行
提高技能	①要求会计人员具有不断提高会计专业技能的意识和愿望。 ②具有勤学苦练的精神和科学的学习方法,刻苦钻研,不断进取,提高业务水平
参与管理	要求会计人员在做好本职工作的同时,努力钻研业务,全面熟悉本单位经营活动和业务流程,主动提出合理化建议,积极参与管理
强化服务	要求会计人员树立为企业、为人民服务的意识,提高服务质量,努力维护和提升会计职业的良好社会形象

【例题·单选题】小屈作为出纳,需要整天与钱财打交道,经常会受到财权等利益的诱惑,但他能够树立正确的人生观和价值观,遵纪守法,一身正气,这体现了( )的会计职业道德规范。

A. 客观公正　　　　　　　　　　B. 坚持准则
C. 诚实守信　　　　　　　　　　D. 廉洁自律

【答案】D

【解析】廉洁自律要求会计人员树立正确的人生观和价值观;公私分明,不贪不占;遵纪守法,一身正气。题干描述符合该定义,因此选项D正确。

【例题·多选题】下列各项中,属于会计职业道德内容的有( )。
A. 提高技能
B. 爱岗敬业
C. 参与管理
D. 客观公正

【答案】ABCD

【解析】会计职业道德的主要内容可概括为爱岗敬业、诚实守信、廉洁自律、客观公正、坚持准则、提高技能、参与管理、强化服务八个方面。

四、会计职业道德的相关管理规定 ★★

会计职业道德的相关管理规定包括以下四个方面的内容,具体如表1-11所示。

表1-11 会计职业道德的相关管理规定的内容

四个方面	具体内容	实施方法
增强会计人员诚信意识	强化会计职业道德意识	①引导会计人员自觉遵纪守法、勤勉尽责、参与管理、强化服务,不断提高专业胜任能力。 ②督促会计人员坚持客观公正、诚实守信、廉洁自律、不做假账,不断提高职业操守
	加强会计诚信教育	①广泛开展会计诚信教育,将会计职业道德作为会计人员继续教育的必修内容。 ②充分发挥新闻媒体对会计诚信建设的宣传教育、舆论监督等作用。 ③引导财会类专业教育开设会计职业道德课程。 ④鼓励用人单位建立会计人员信用管理制度
建设会计人员信用档案	建立严重失信会计人员"黑名单"制度	将与会计职务有关违法行为的会计人员,作为严重失信会计人员列入"黑名单",纳入全国信用信息共享平台,向社会公开披露相关信息
	建立会计人员信用信息管理制度	建立会计人员信息纠错、信用修复、分级管理等制度,建立健全会计人员信用信息体系
	完善会计人员信用信息管理系统	建立和完善会计人员信用档案,构建全国统一的会计人员信用信息平台
会计职业道德管理的组织实施	组织领导	财政部门和中央主管单位要高度重视会计人员诚信建设工作,根据本地区(部门)关于社会信用体系建设的统一工作部署,统筹安排,稳步推进
	广泛宣传	充分利用报纸、广播、电视、网络等渠道,加大对会计人员诚信建设工作的宣传力度
	褒奖守信会计人员	将会计人员信用信息作为先进会计工作者评选、会计职称考试或评审、高端会计人才选拔等资格资质审查的重要依据
建立健全会计职业联合惩戒机制	联合惩戒失信会计人员	建立失信会计人员联合惩戒机制,建立跨地区、跨部门、跨领域联合激励与惩戒机制,推动信用信息公开和共享

第五节 内部控制基础

一、内部控制的概述 ★

（一）内部控制的概念

内部控制，是指由企业董事会、监事会、经理层和全体员工实施的、旨在实现控制目标的过程。

（二）内部控制的作用

内部控制可以提高企业经营管理水平和风险防范能力、促进企业可持续发展以及维护社会主义市场经济秩序和社会公众利益。内部控制的主要作用如表1-12所示。

表1-12 内部控制的主要作用及具体内容

项目	具体内容
主要作用	有利于提高会计信息质量
	有利于合理保证企业合法合规经营管理
	有助于提高企业生产经营效率和经济效益

（三）内部控制的目标

内部控制的目标是企业建立健全并实施内部控制应实现的目的。内部控制的目标包括合理保证企业经营管理合法合规、资产安全完整、财务报告及相关信息真实完整、提高经营效率和效果、促进企业实现发展战略等五个目标。

二、内部控制要素 ★★

内部控制要素，是对内部控制的内容和措施方法的系统的、合理的、简明的划分。建立有效的内部控制，至少应当考虑内部环境、风险评估、控制活动、信息与沟通和内部监督等五项基本要素。内部控制要素及其之间的关系如表1-13所示。

表1-13 内部控制要素及其之间的关系

关系	要素	概念	具体内容
有机的多维的相互联系、相互影响、相互作用的整体	内部环境（基础和环境条件）	是指影响、制约企业内部控制建立与执行的各种内部因素的总称	①治理结构。②组织机构设置与权责分配。③企业文化。④人力资源政策。⑤内部审计机构设置。⑥反舞弊机制等

（续表）

关系	要素	概念	具体内容
有机的多维的相互联系、相互影响、相互作用的整体	风险评估（重要环节、实施控制的对象内容）	是指及时识别、科学分析和评价影响企业内部控制目标实现的各种不确定因素并采取应对策略的过程。 【提示】结合影响目标的内外部因素和企业自身的特点进行风险评估	①风险目标设定。②风险识别。③风险分析和风险应对
	控制活动（方法和手段）	是指企业根据风险评估结果，采用相应的控制措施，将风险控制在可承受范围和程度之内的过程。 【提示】控制措施应结合企业具体业务的特点与要求制定	①职责分工控制。②授权控制。③审核批准控制。④预算控制。⑤财产保护控制。⑥会计系统控制。⑦内部报告控制。⑧经济活动分析控制。⑨绩效考评控制。⑩信息技术控制等
	信息与沟通（重要条件，贯穿于风险评估、控制活动和内部监督之间）	是指及时、准确、完整地收集与企业经营管理相关的各种信息，并使这些信息以适当的方式在企业有关层级之间进行及时传递、有效沟通和正确应用的过程。 【提示】解决企业内部层级之间和与外部信息不对称的问题	①信息的收集机制。②信息的沟通机制
	内部监督（重要保证）	是指企业对其内部控制的健全性、合理性和有效性进行监督检查与评估，形成书面报告并作出相应处理的过程。内部控制自我评价是内部控制监督检查的一项重要内容。 【提示】分为日常监督和专项监督	①对建立健全并执行内部控制的整体情况进行持续性监督检查。②对内部控制的某一方面或者某些方面进行专项监督检查。③提交相应的检查报告、提出有针对性的改进措施并监督整改等

企业对在监督检查过程中发现的内部控制缺陷，应当采取适当的形式及时进行报告。内部控制缺陷的分类具体如图1-4所示。

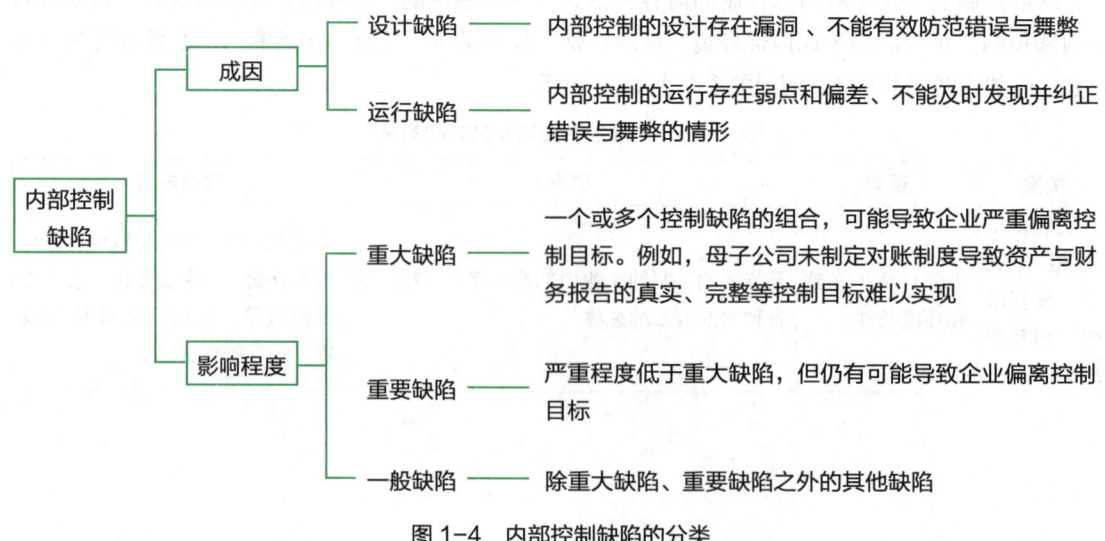

图1-4 内部控制缺陷的分类

【例题·单选题】下列各项内部控制要素中,( )是实施内部控制的重要条件。

A.内部环境　　　　B.控制活动　　　　C.信息与沟通　　　　D.风险评估

【答案】C

【解析】信息与沟通是指及时、准确、完整地收集与企业经营管理相关的各种信息,并使这些信息以适当的方式在企业有关层级之间进行及时传递、有效沟通和正确应用的过程,是实施内部控制的重要条件。

【例题·多选题】下列各项中,属于风险评估程序的有( )。

A.风险目标设定　　B.风险分析　　　　C.风险应对　　　　D.反舞弊机制

【答案】ABC

【解析】风险评估主要包括风险目标设定、风险识别、风险分析和风险应对。

扫一扫,提个小建议

图书勘误、评价建议,"微信"扫一扫。您的感受是我们最好的动力!助您奇兵制胜!

第二章 会计基础

 考情分析

本章主要包括财务会计、成本会计和管理会计等基础内容,其中重点介绍企业财务会计和成本会计基础工作内容。

	小节内容	重要程度	学习要求
第一节 会计要素及其确认与计量	会计要素及其确认条件	★★★	掌握
	会计要素计量属性及其应用原则	★★★	掌握
	会计等式	★★	熟悉
第二节 会计科目和借贷记账法	会计科目与账户	★★	熟悉
	借贷记账法	★★★	掌握
第三节 会计凭证和会计账簿	会计凭证	★★★	掌握
	会计账簿	★★★	掌握
第四节 财产清查	财产清查概述	★	了解
	财产清查的方法与会计处理	★★★	掌握
第五节 会计账务处理程序	会计账务处理程序概述	★★★	掌握
	会计账务处理程序的应用	★★★	掌握
第六节 会计信息化基础	会计信息化的概念	★	了解
	信息化环境下的会计账务处理	★★★	掌握
	财务机器人和财务大数据的应用	★	了解
	财务共享中心的功能与作用	★★	熟悉
第七节 成本与管理会计基础	成本会计基础	★★	熟悉
	管理会计基础	★★	熟悉
第八节 政府会计基础	政府会计概念	★	了解
	政府会计实务概要	★★	熟悉
	政府单位会计核算	★★	熟悉

财务会计基础工作主要包括会计科目及账户的设置、复式记账、会计凭证、会计账簿、成本计算、财产清查和会计报表编制等七方面工作,各部分之间的相互关系如图 2-1 所示。

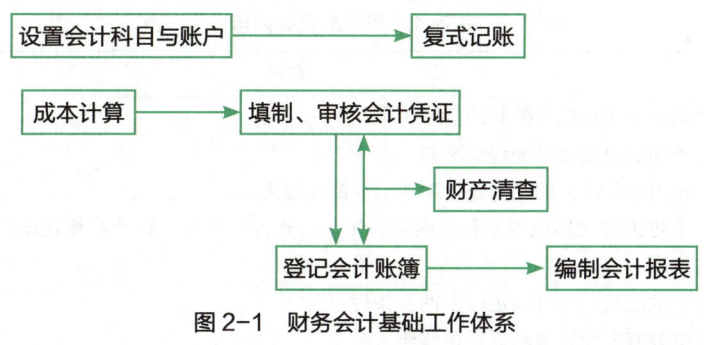

图 2-1　财务会计基础工作体系

第一节　会计要素及其确认与计量

一、会计要素及其确认条件★★★

会计要素是根据交易或者事项的经济特征所确定的财务会计对象和基本分类。

（一）会计要素分类

我国《企业会计准则》将会计要素按照其性质划分为资产、负债、所有者权益、收入、费用和利润六类，如图 2-2 所示。

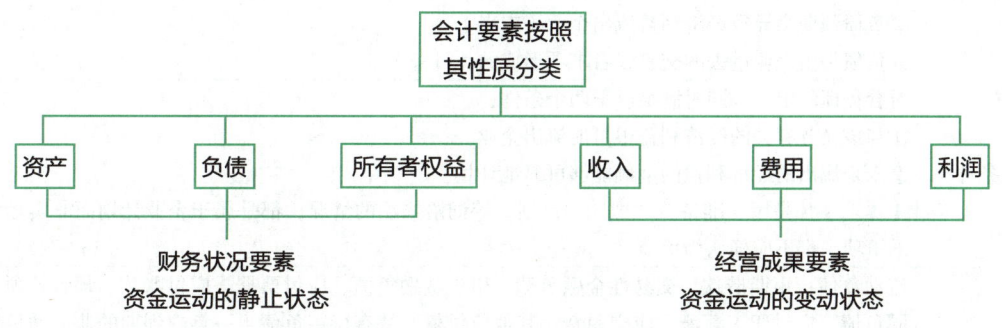

图 2-2　会计要素分类

（二）具体会计要素定义及其确认条件

1. 资产要素

资产，是指企业过去的交易或者事项形成的、由企业拥有或者控制的、预期会给企业带来经济利益的资源。资产的具体内容如表 2-1 所示。

表 2-1 资产的具体内容

项目	资产
特征	①资产是企业拥有或者控制的资源（现在）。 ②资产预期会给企业带来经济利益（未来）。 ③资产是由企业过去的交易或事项所形成的（过去）。 【提示】过去的交易或事项包括购买、生产、建造行为等。资产必须是现时的资产，而不能是预期的资产
确认条件	符合资产的定义，同时满足以下两个条件： ①与该资源有关的经济利益很可能流入企业。 ②该资源的成本或者价值能够可靠地计量
分类和内容	流动资产：货币资金、交易性金融资产、衍生金融资产、应收票据、应收账款、应收款项融资、预付款项、其他应收款、存货、合同资产、持有待售资产、一年内到期的非流动资产、其他流动资产
	非流动资产：债权投资、其他债权投资、长期应收款、长期股权投资、其他权益工具投资、其他非流动金融资产、投资性房地产、固定资产、在建工程、生产性生物资产、油气资产、使用权资产、无形资产、开发支出、商誉、长期待摊费用、递延所得税资产、其他非流动资产

2. 负债要素

负债，是指企业过去的交易或者事项形成的，预期会导致经济利益流出企业的现时义务。负债的具体内容如表 2-2 所示。

表 2-2 负债的具体内容

项目	负债
特征	①负债是企业承担的现时义务（现在）。 ②负债预期会导致经济利益流出企业（未来）。 ③负债是由企业过去的交易或事项形成的（过去）
确认条件	符合负债的定义，同时满足以下两个条件： ①与该义务有关的经济利益很可能流出企业。 ②未来流出的经济利益的金额能够可靠地计量。 【提示】凡是用"准备""拟""计划"等词语描绘的情况，都是属于企业计划而非实际发生的事项，都不应确认为负债
分类和内容	流动负债：短期借款、交易性金融负债、衍生金融负债、应付票据、应付账款、预收款项、合同负债、应付职工薪酬、应交税费、其他应付款、持有待售负债、一年内到期的非流动负债、其他流动负债
	非流动负债：长期借款、应付债券、租赁负债、长期应付款、预计负债、递延收益、递延所得税负债、其他非流动负债

3. 所有者权益要素

所有者权益，是指企业资产扣除负债后，由所有者享有的剩余权益。所有者权益的具体内容如表 2-3 所示。

表 2-3　所有者权益的具体内容

项目	所有者权益（又称股东权益）		
分类	所有者投入的资本	实收资本（股本）	企业接受投资者投入的资本
		资本公积	指企业收到的投资者出资额中超出其在注册资本（股本）中所占份额的部分以及其他资本公积等。资本公积包括资本溢价（股本溢价）和其他资本公积
	其他综合收益	直接计入所有者权益的利得和损失	
	留存收益	盈余公积	企业按照规定从净利润中提取的积累资金（法定盈余公积、任意盈余公积）
		未分配利润	企业实现的净利润经过弥补亏损、提取盈余公积和分配利润后留存在企业的利润
特征	所有者权益与负债共同构成企业全部资产的来源，但两者却有着本质的不同。 【提示】所有者权益与企业特定的、具体的资产并无直接关系，它并不与企业任何具体的资产项目发生对应关系。所有者权益只是在整体上、在抽象的意义上与企业的资产保持数量关系		
确认条件	所有者权益体现的是所有者在企业中的剩余权益，因此，所有者权益的确认和计量不能单独进行，要依赖于资产和负债的确认和计量。所有者权益在数量上等于企业资产总额扣除债权人权益后的净额，即企业的净资产，反映所有者（股东）在企业资产中享有的经济利益		

4. 收入要素

收入，是指企业在日常活动中形成的、会导致所有者权益增加的、与所有者投入资本无关的经济利益的总流入。收入的具体内容如表 2-4 所示。

表 2-4　收入的具体内容

项目	收入
特征	①收入是企业在日常活动中形成的。 ②收入是与所有者投入资本无关的经济利益的总流入。 ③收入会导致所有者权益的增加。 【提示】"日常活动"是指企业为了完成其经营目标所从事的经常性活动以及与之相关的活动。日常活动产生的收入通常包括主营业务收入和其他业务收入，即营业收入
确认条件	当企业与客户之间的合同同时满足下列条件时，企业应当在客户取得相关商品控制权时确认收入： ①合同各方已批准该合同并承诺将履行各自义务。 ②该合同明确了合同各方与所转让商品或提供劳务相关的权利和义务。 ③该合同有明确的与所转让商品或提供劳务相关的支付条款。 ④该合同具有商业实质，即履行合同将改变企业未来现金流量的风险、时间分布或金额。 ⑤企业因向客户转让商品或提供劳务而有权取得的对价很可能收回

【注意1】日常活动：商业企业销售商品，工业企业制造并销售商品等（如房地产企业出售房屋，钢铁企业销售钢铁等产品）。

【注意2】非日常活动：企业接受捐赠。

5. 费用要素

费用，是指企业在日常活动中形成的、会导致所有者权益减少的、与向所有者分配利润无关的经济利益的总流出。费用的具体内容如表2-5所示。

表2-5 费用的具体内容

项目	费用
特征	①费用是企业在日常活动中形成的。 ②费用是与向所有者分配利润无关的经济利益的总流出。 ③费用会导致所有者权益的减少。 【提示】日常活动产生的费用通常包括营业成本（主营业务成本和其他业务成本）、税金及附加、销售费用、管理费用、财务费用等
确认条件	符合费用定义，同时满足以下三个条件： ①与费用相关的经济利益应当很可能流出企业。 ②经济利益流出企业的结果会导致资产的减少或者负债的增加。 ③经济利益的流出额能够可靠地计量

6. 利润要素

利润，是指企业在一定会计期间的经营成果。利润的具体内容如表2-6所示。

表2-6 利润的具体内容

项目	利润
分类	收入减去费用后的净额、直接计入当期利润的利得和损失等。 【提示】①收入减去费用后的净额反映企业日常活动的经营业绩。②直接计入当期利润的利得和损失反映企业非日常活动的流入和流出
确认条件	利润反映收入减去费用、直接计入当期利润的利得减去损失后的净额。利润的确认主要依赖于收入和费用，以及直接计入当期利润的利得和损失的确认，其金额的确定也主要取决于收入、费用、利得和损失金额的计量

企业应当严格区分收入和利得、费用和损失，以便全面反映企业的经营业绩。

利润是评价企业管理层业绩的指标之一，也是投资者等财务报告使用者进行决策时的重要参考依据。

【注意】

项目	收入和利得	费用和损失
区别	①收入与日常活动有关，利得与非日常活动有关。 ②收入是经济利益总流入	①费用与日常活动有关，损失与非日常活动有关。 ②费用是经济利益总流出
联系	都会导致所有者权益增加，且与所有者投入资本无关	都会导致所有者权益减少，且与向所有者分配利润无关

【例题·单选题】负债，是指企业过去的交易或者事项形成的、预期会导致经济利益流出企业的（　　）。

A. 法定义务　　　　B. 潜在义务　　　　C. 现时义务　　　　D. 其他义务

【答案】C

【解析】负债，是指企业过去的交易或者事项形成的，预期会导致经济利益流出企业的现时义务。

二、会计要素计量属性及其应用原则★★★

会计计量是为了将符合确认条件的会计要素登记入账并列报于财务报表而确定其金额的过程。企业应当按照规定的会计计量属性进行计量，确定相关金额。计量属性，是指所计量的某一要素的特性，如桌子长度、铁矿重量、楼房高度等。从会计角度，计量属性反映的是会计要素金额的确定基础，主要包括历史成本、重置成本、可变现净值、现值和公允价值等。具体内容如表2-7所示。

表2-7　会计计量属性的概念及主要应用

计量属性	概念	主要应用
历史成本	又称实际成本，是指取得或制造某项财产物资时所实际支付的现金或者现金等价物（不考虑随后市场价格变动的影响）	我国企业对会计要素的计量一般采用历史成本
重置成本	又称现行成本，是指按照当前市场条件，重新取得同样一项资产所需支付的现金或者现金等价物的金额	盘盈固定资产的计量
可变现净值	在生产经营过程中，以预计售价减去进一步加工成本和销售所必需的预计税金、费用后的净值	存货期末按成本与可变现净值孰低计量
现值	对未来现金流量以恰当的折现率进行折现后的价值。 【提示】现值是考虑货币时间价值因素等的一种计量属性	资产可收回金额计算口径之一
公允价值	市场参与者在计量日发生的有序交易中，出售一项资产所能收到或者转移一项负债所需支付的价格	以公允价值计量且其变动计入当期损益的金融资产的计量

【提示】历史成本是我国会计核算的一个基本计量属性。

三、会计等式★★

会计等式又称会计恒等式、会计方程式或会计平衡公式，是表明各会计要素之间基本关系的等式。

（一）会计等式的表现形式

企业的资产最初来源于两个方面：一是企业所有者的投入；二是债权人借款。所有者和债权人将其拥有的资产提供给企业使用，就相应地对企业的资产享有要求权。前者称为所有者权益，后者则称为债权人权益，即负债。第一会计等式（财务状况等式），如图2-3所示。

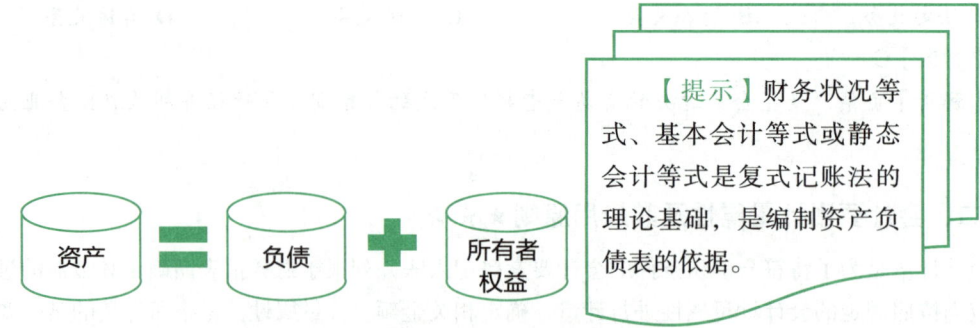

图 2-3 第一会计等式

企业进行生产经营活动的目的是获取收入，实现盈利。企业在取得收入的同时，必然要发生相应的费用。通过收入与费用的比较，才能确定一定期间的盈利水平，确定实现的利润总额。在不考虑利得和损失的情况下，第二会计等式（经营成果等式）如图 2-4 所示。

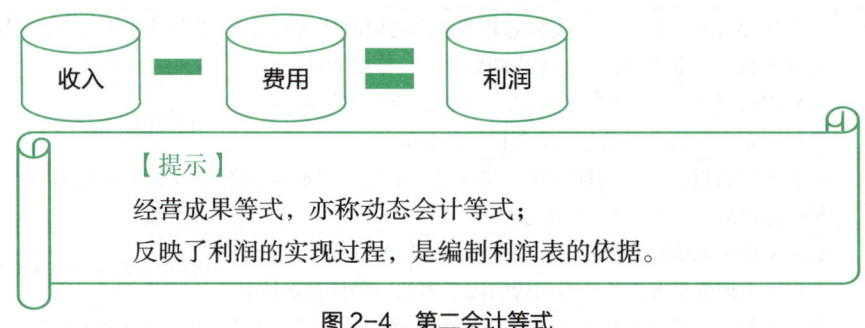

图 2-4 第二会计等式

第三会计等式，如图 2-5 所示。

图 2-5 第三会计等式

【提示】第三会计等式动态地反映了企业财务状况和经营成果之间的关系。

（二）交易或事项对会计等式的影响

交易或事项对会计等式的影响如图 2-6 所示。

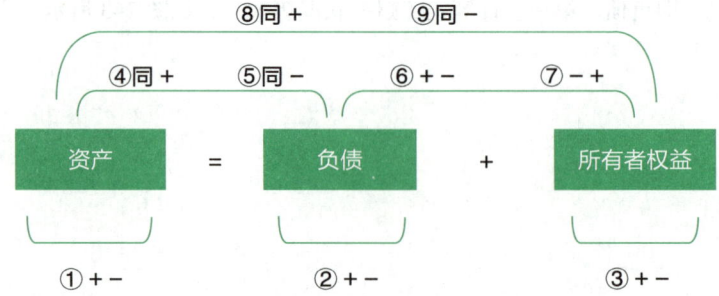

图 2-6 交易或事项对会计等式的影响示意

【提示】（1）一项会计要素变动必然导致另一项或多项会计要素发生等额变动；
（2）经济业务的发生（会计要素的变动），不会影响会计等式的成立。

第二节　会计科目和借贷记账法

一、会计科目与账户★★

（一）会计科目

1. 会计科目的概念

会计科目，简称科目，是对会计要素具体内容进行分类核算的项目，是进行会计核算和提供会计信息的基本单元。

2. 会计科目的分类

会计科目可以按其反映的经济内容（即所属的会计要素）、所提供信息的详细程度及其统驭关系分类。会计科目的分类如表2-8所示。

表2-8　会计科目的分类

分类依据	科目类别		具体内容
按反映的经济内容分类	资产类	流动资产	库存现金、银行存款、应收账款、原材料、库存商品等
		非流动资产	长期股权投资、长期应收款、固定资产、在建工程、无形资产等
	负债类	流动负债	短期借款、应付账款、应付职工薪酬、应交税费等
		非流动负债	长期借款、应付债券、长期应付款等
	共同类		清算资金往来、货币兑换、套期工具、被套期项目等
	所有者权益类		实收资本（或股本）、资本公积、其他综合收益、盈余公积、本年利润、利润分配、库存股等
	成本类		生产成本、制造费用、劳务成本、研发支出等
	损益类	收入类	主营业务收入、其他业务收入等
		费用类	主营业务成本、其他业务成本、销售费用、管理费用、财务费用等
按提供信息的详细程度及其统驭关系分类	总分类科目		又称总账科目或一级科目，是对会计要素的具体内容进行总括分类，提供总括信息的会计科目。 【提示】总分类科目一般由财政部统一制定
	明细分类科目		又称明细科目，是对总分类科目作进一步分类，提供更为详细和具体会计信息的科目。如果某一总分类科目所辖的明细分类科目较多，可在总分类科目下设置二级明细科目，在二级明细科目下设置三级明细科目，以此类推。 【提示】明细分类科目：除会计准则规定设置的明细分类科目以外，企业可以根据本单位经济管理的需要和经济业务的具体内容自行设置。例如，应交税费——应交增值税（销项税额）这个就属于会计准则规定设置的明细分类科目

【注意】

初级会计职称考试常用会计科目（财政部制定）如表2-9所示。

表2-9 常用会计科目

编码	名称	编码	名称
	一、资产类		二、负债类
1001	库存现金	2001	短期借款
1002	银行存款	2201	应付票据
1012	其他货币资金	2202	应付账款
1101	交易性金融资产	2203	预收账款
1121	应收票据	2204	合同负债
1122	应收账款	2211	应付职工薪酬
1123	预付账款	2221	应交税费
	合同资产	2231	应付利息
1131	应收股利	2232	应付股利
1132	应收利息	2241	其他应付款
1221	其他应收款	2501	长期借款
1231	坏账准备	2502	应付债券
1401	材料采购	2701	长期应付款
1402	在途物资	2801	预计负债
1403	原材料	2901	递延所得税负债
1404	材料成本差异		三、共同类（略）
1405	库存商品		四、所有者权益类
1406	发出商品	4001	实收资本
1407	商品进销差价	4002	资本公积
1408	委托加工物资	4003	其他综合收益
1411	周转材料	4101	盈余公积
1471	存货跌价准备	4103	本年利润
1501	债权投资	4104	利润分配
1503	其他债权投资	4201	库存股

（续表）

编码	名称	编码	名称
1504	其他权益工具投资	4401	其他权益工具
1511	长期股权投资		五、成本类
1521	投资性房地产	5001	生产成本
1531	长期应收款	5101	制造费用
1601	固定资产	5201	劳务成本
1602	累计折旧	5301	研发支出
1603	固定资产减值准备		合同取得成本
1604	在建工程		合同履约成本
1605	工程物资		六、损益类
1606	固定资产清理	6001	主营业务收入
1701	无形资产	6051	其他业务收入
1702	累计摊销	6101	公允价值变动损益
1703	无形资产减值准备	6111	投资收益
1711	商誉	6115	资产处置损益
1801	长期待摊费用	6117	其他收益
1811	递延所得税资产	6301	营业外收入
1901	待处理财产损溢	6401	主营业务成本
		6402	其他业务成本
		6403	税金及附加
		6601	销售费用
		6602	管理费用
		6603	财务费用
		6701	资产减值损失
		6702	信用减值损失
		6711	营业外支出
		6801	所得税费用
		6901	以前年度损益调整

（二）账户

1.账户的概念

账户是根据会计科目设置的，具有一定格式和结构，用于分类核算会计要素增减变动情况及其结果的载体。

2.账户的分类

因为账户是根据会计科目设置的,所以账户的分类和会计科目的分类具有相似性。

按不同的标准对账户进行分类,可以从不同的角度认识账户,并把账户划分为各种类别。账户的具体分类如表 2-10 所示。

表 2-10　账户的具体分类

分类依据	具体内容
按核算的经济内容	资产类账户、负债类账户、共同类账户 所有者权益类账户、成本类账户、损益类账户
按提供信息的详细程度及其统驭关系	总分类账户
	明细分类账户

【提示】①会计科目是账户的名称,也是设置账户的依据;②账户是会计科目的具体应用。

3.账户的结构

账户是用来连续、系统、完整地记录企业经济活动的载体。从数量上看,由于经济业务发生所引起的各项会计要素的变动不外乎增加和减少两种情况。

账户的基本结构,通常划分为两个基本部分,即左右两方。账户的左右两方按相反方向来记录增加额和减少额,一方登记增加,则另一方登记减少。

从账户名称、记录增加额和减少额的左右两方来看,账户结构在整体上类似于汉字"丁"和大写的英文字母"T"。因此,账户的基本结构在实务中被形象地称为"丁"字账户或者"T"型账户。丁字账户如图 2-7 所示。

左方（借方）　　　账户名称　　　右方（贷方）

本期期初余额＋本期增加发生额－本期减少发生额＝本期期末余额

图 2-7　丁字账户

账户的期初余额、期末余额、本期增加发生额、本期减少发生额统称为账户的四个金额要素。本期增加发生额和减少发生额是指在一定的会计期间内（月、季或年）,在账户左右两方分别登记的增加金额合计数和减少金额合计数。

四个金额要素之间的关系如下：

本期期初余额 ＋ 本期增加发生额 － 本期减少发生额 ＝ 本期期末余额

【注意】如果将本期的期末余额转入下一期,就是下一期的期初余额。

二、借贷记账法★★★

（一）复式记账法

复式记账法分为借贷记账法、增减记账法、收付记账法等。我国会计准则规定,企业、行政单位和事业单位会计核算采用借贷记账法记账，本节主要对借贷记账法进行详细阐述。复式记账法的具体内容如表2-11所示。

表2-11 复式记账法的具体内容

项目	具体内容		
概念	对发生的每一项经济业务，都要以相等的金额，在相互联系的两个或两个以上的账户中进行记录的记账方法		
优点	①通过账户记录不仅可以全面、清晰地反映经济业务的来龙去脉，还能全面、系统地反映经济活动的过程和结果。 ②可以对记录的结果进行试算平衡，以检查账户记录是否正确		
种类	收付记账法	以"收""付"作为记账符号；有收必有付，收付必相符	
	增减记账法	账户分为资金来源和资金占用两大类；理论依据是"资金占用=资金来源"	
	借贷记账法	概念	以会计等式作为记账原理，以"借""贷"为记账符号的一种复式记账法
		记账原则	有借必有贷，借贷必相等

（二）借贷记账法的基本原理

1.借贷记账法的账户结构

在借贷记账法下，账户通常分为左右两方，账户的左方称为"借方"，账户的右方称为"贷方"，一方记增加；另一方记减少。具体哪一方记增加，哪一方记减少，则取决于账户的性质和所记录经济内容的性质。不同类别账户的借贷方所反映的经济内容是不同的，具体如表2-12所示。

表2-12 账户具体结构内容

账户类别	账户结构	T型账户		余额计算公式
		借方	贷方	
资产类	借方记增加，贷方记减少，余额一般在借方	期初余额 本期增加额	本期减少额	期末借方余额=期初借方余额+本期借方发生额-本期贷方发生额
成本类		本期借方发生额合计	本期贷方发生额合计	
		期末余额		
负债类	贷方记增加，借方记减少，余额一般在贷方	本期减少额	期初余额 本期增加额	期末贷方余额=期初贷方余额+本期贷方发生额-本期借方发生额
所有者权益类		本期借方发生额合计	本期贷方发生额合计	
			期末余额	
损益类	收入类	贷方记增加，借方记减少，期末无余额	本期减少额 本期转出额	本期增加额	本期收入净额在期末转入"本年利润"账户，用于计算当期损益，结转后无余额
			本期借方发生额合计	本期贷方发生额合计	
	费用类	借方记增加，贷方记减少，期末无余额	本期增加额	本期减少额 本期转出额	本期费用净额在期末转入"本年利润"账户，用于计算当期损益，结转后无余额
			本期借方发生额合计	本期贷方发生额合计	

【注意1】资产＋费用＝负债＋所有者权益＋收入（等号左边的要素，借增、贷减；等号右边的要素，贷增、借减）。

【注意2】通常情况下：

资产、成本、费用类账户：借增贷减，余额一般在借方（费用类账户无余额）。

负债、所有者权益、收入类账户：借减贷增，余额一般在贷方（收入类账户无余额）。

借：资产（增加）	贷：资产（减少）
成本、费用（增加）	成本、费用（减少）
收入（减少）	收入（增加）
所有者权益（减少）	所有者权益（增加）
负债（减少）	负债（增加）

2. 借贷记账法的记账规则

借贷记账法要求对每一项经济业务都要按照借和贷两个相反方向，以相等的金额，在两个或两个以上相互联系的账户中进行登记。以"借""贷"符号表示经济业务所涉及的增减变动情况，可以发现，借贷记账法的记账规则是"有借必有贷，借贷必相等"。

具体运用如下：

（1）一方（或几方）记入借方，另一方（或几方）必须记入贷方，且记入借方的金额等于记入贷方的金额。

（2）如果涉及多个账户，记入借方账户金额的合计数应该等于记入贷方账户金额的合计数。

不同类型的经济业务发生的账户记录都同样适用"有借必有贷，借贷必相等"的记账规则，资金运动与记账规则的对应关系如图2-8所示。

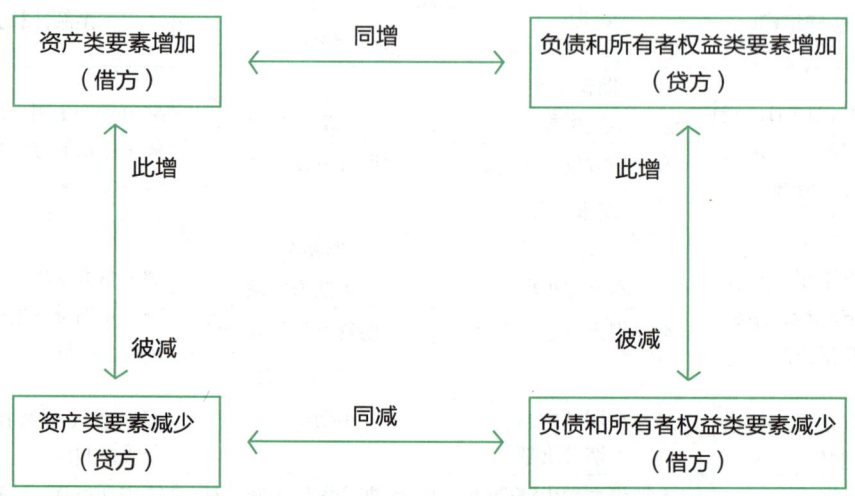

图2-8 资金运动与记账规则的对应关系

3. 借贷记账法下的账户对应关系与会计分录

账户对应关系，是指采用借贷记账法对每笔交易或者事项进行记录时，相关账户之间形成的应借应贷的相互关系。存在对应关系的账户称为对应账户。

会计分录，简称分录，是通过应借应贷方向、相互对应的科目和金额三个要素对每项经济业务所作的一种记录。

在我国，会计分录记载于记账凭证中。按照所涉及账户的多少，会计分录分为简单会计分录和复合会计分录。会计分录的分类如表2-13所示。

表2-13 会计分录的分类

分类	含义	本质	优点	联系
简单会计分录	只由一个账户借方和另一个账户贷方相对应组成的会计分录	一借一贷的会计分录	反映问题直观，便于检查	一笔复合会计分录可以分解为若干笔简单的会计分录，而若干笔相关简单的会计分录又可复合为一笔复合会计分录，复合或分解的目的是便于会计工作更好地反映经济业务的实质
复合会计分录	由两个以上（不含两个）对应账户组成的会计分录	一借多贷、多借一贷或多借多贷的会计分录	既能简化记账手续，又能集中、全面地反映某项经济业务的情况	

【注意】为了保持账户对应关系清晰明了，一般不应把不同经济业务合并在一起，编制多借多贷的会计分录。

4.借贷记账法下的试算平衡

试算平衡，是指根据借贷记账法的记账规则和资产与权益的恒等关系，通过对所有账户的发生额和余额的汇总计算和比较，来检查账户记录是否正确的一种方法。

（1）试算平衡的分类。采用借贷记账法进行试算平衡，有发生额试算平衡和余额试算平衡两种方法。两种试算平衡的具体内容如表2-14所示。

表2-14 两种试算平衡的具体内容

试算平衡	直接依据	平衡等式
发生额试算平衡	借贷记账法记账规则：有借必有贷，借贷必相等	全部账户本期借方发生额合计=全部账户本期贷方发生额合计
余额试算平衡	财务状况等式：资产=负债+所有者权益	全部账户借方期末（初）余额合计=全部账户贷方期末（初）余额合计

（2）试算平衡表的编制。试算平衡是通过试算平衡表进行的。试算平衡表如表2-15所示。

表2-15 试算平衡表

账户名称	期初余额		本期发生额		期末余额	
	借方	贷方	借方	贷方	借方	贷方
规则	资产=负债+所有者权益		有借必有贷 借贷必相等		资产=负债+所有者权益	
合计						

【提示】在编制试算平衡表时，应注意以下几点：

①必须保证所有账户的发生额和余额均已记入试算平衡表；

②如果试算平衡表借贷不相等，账户记录肯定有错误，应认真查找，直到实现平衡为止。

【思考提示】试算平衡表试算平衡，一定说明所有账簿记录完全正确吗？

即便实现了有关三栏的平衡关系，也不能说明账户的记录绝对正确，因为有些错误并不会影响借贷双方的平衡关系。

【提示】不影响借贷双方平衡关系的错误通常有以下几种：①漏记某项经济业务；②重记某项经济业务；③借贷双方金额同时多记或少记，且金额一致；④记错有关账户；⑤颠倒了记账方向；⑥偶然发生多记或少记并相互抵销。

【例题·多选题】下列选项中，属于不会导致试算不平衡的因素有（　　）。

A. 漏记某项经济业务
B. 重记某项经济业务
C. 借贷科目错误
D. 偶然多记或少记并相互抵销

【答案】ABCD

【解析】以上选项均不影响借贷双方平衡关系。

第三节　会计凭证和会计账簿

一、会计凭证★★★

（一）会计凭证的概念

会计凭证是记录经济业务、明确经济责任、作为记账依据的书面证明，是登记账簿的依据，包括纸质会计凭证和电子会计凭证两种形式。每个企业都必须按一定的程序填制和审核会计凭证，根据审核无误的会计凭证进行账簿登记，如实反映企业的经济业务。

会计凭证按照填制程序和用途可分为原始凭证和记账凭证，具体内容如表2-16所示。

表2-16　原始凭证和记账凭证的具体内容

项目	原始凭证（单据）	记账凭证（记账凭单）
概念	在经济业务发生或完成时取得或填制的，用于记录或证明经济业务的发生或完成情况的原始凭据	会计人员根据审核无误的原始凭证，按照经济业务的内容加以归类，并据以确定会计分录后填制的会计凭证，作为登记账簿的直接依据
作用	记载经济业务的发生过程和具体内容（明确经济责任、是组织会计核算的原始资料和重要依据）	确定会计分录，进行账簿登记，反映经济业务的发生或完成情况，监督企业经济活动，明确相关人员的责任

（续表）

项目		原始凭证（单据）	记账凭证（记账凭单）
比较	相同点	都属于会计凭证的范畴，都记录发生的经济业务的内容	
	不同点 填制人员	业务经办人员	会计人员
	不同点 填制依据	发生或完成的经济业务	审核无误的原始凭证
	不同点 填制方法	依经济业务发生或完成情况填制原始证明	依据会计科目对发生或完成的经济业务归类、整理，编制会计分录
	不同点 发挥作用	记账凭证的附件、填制记账凭证的依据	登记账簿的直接依据
联系		原始凭证记录的是经济信息，是编制记账凭证的依据 记账凭证记录的是会计信息，是登记账簿的直接依据	

（二）原始凭证

1. 原始凭证的种类

原始凭证可以按照取得来源、格式、填制的手续和内容进行分类。原始凭证的分类如表 2–17 所示。

表 2–17　原始凭证的分类

分类		内容	举例
按取得来源分类	自制原始凭证	由本单位有关部门和人员，在执行或完成某项经济业务时填制的、仅供本单位内部使用的原始凭证	收料单、领料单、产品入库单、借款单、成本计算单等
按取得来源分类	外来原始凭证	在经济业务发生或完成时，从其他单位或个人直接取得的原始凭证	增值税专用发票、飞机票、火车票、餐饮费发票、银行收付款通知单等
按格式分类	通用凭证	指由有关部门统一印制、在一定范围内具有统一格式和使用方法的凭证。 【提示】这里的范围，既可以是全国范围，也可以是某省、某市、地区或某系统	某省（市）印制的在该省（市）通用的发票、收据等；由中国人民银行制作的在全国通用的银行转账结算凭证、由国家税务总局统一印制的全国通用的增值税专用发票等
按格式分类	专用凭证	指一些单位内部使用的具有特定内容和专门用途的原始凭证	领料单、差旅费报销单、折旧计算表、工资费用分配表等

（续表）

分类		内容	举例
按填制的手续和内容分类	一次凭证	填制手续一次完成的原始凭证。它只记录一笔经济业务且仅一次有效	收据、收料单、发货票、银行结算凭证等
	累计凭证	指一定时期内记载同类重复发生的经济业务并在一张凭证中多次填制、多次有效的原始凭证。它一般为自制原始凭证。 【提示】累计凭证的特点是在一张凭证内可以连续登记相同性质的经济业务，随时结出累计数和结余数，并按照费用限额进行费用控制，期末按实际发生额记账	限额领料单
	汇总凭证	对一定时期内反映经济业务内容相同的若干张原始凭证，按照一定标准综合填制的原始凭证。 【提示】汇总原始凭证合并了同类型经济业务，简化了记账工作	发料凭证汇总表

【提示】

（1）收料单是自制的一次原始凭证；

（2）外来原始凭证是一次凭证；

（3）凡是不能说明经济业务已经完成的文件或证明，均不能算作会计凭证，不能作为会计核算的依据。例如，经济合同、材料请购清单、银行对账单、银行存款余额调节表、盘存单、生产通知单等。

2. 原始凭证的基本内容

原始凭证的格式和内容因经济业务和经营管理的不同而有所差异，但原始凭证应当具备以下基本内容（也称为原始凭证要素）：

（1）凭证的名称；（2）填制凭证的日期；（3）填制凭证的单位名称和填制人姓名；（4）经办人员的签名或者盖章；（5）接受凭证的单位名称；（6）经济业务内容；（7）数量、单价和金额。

3. 原始凭证的填制要求

原始凭证按取得来源分为自制原始凭证和外来原始凭证，原始凭证和自制原始凭证的填制均应满足一定的要求，填制的两种要求和主要内容分别如表2-18和表2-19所示。

表2-18 原始凭证的填制要求和主要内容

项目	基本要求	主要内容
原始凭证填制	记录真实	原始凭证所填列经济业务的内容和数字，必须真实可靠，符合实际情况
	内容完整	原始凭证所要求填列的项目必须逐项填列齐全，不得遗漏或省略。原始凭证中的年、月、日要按照填制原始凭证的实际日期填写；名称要齐全，不能简化；品名或用途要填写明确，不能含糊不清；有关人员的签章必须齐全

（续表）

项目	基本要求	主要内容
原始凭证填制	手续完备	①单位自制的原始凭证必须有经办部门相关负责人的签名盖章。②对外开出的原始凭证必须加盖本单位公章或者财务专用章。③从外部取得的原始凭证，必须盖有填制单位的公章或者财务专用章。④从个人取得的原始凭证，必须有填制人员的签名或盖章。⑤对外开出或从外取得的电子形式的原始凭证必须附有符合《电子签名法》的电子签名
	书写清楚、规范	①原始凭证要按规定填写，文字要简明，字迹要清楚，易于辨认，不得使用未经国务院公布的简化汉字。②大小写金额必须符合填写规范，小写金额用阿拉伯数字逐个书写，不得写连笔字。③在金额前要填写人民币符号"¥"（使用外币时填写相应符号），且与阿拉伯数字之间不得留有空白。④金额数字一律填写到角、分，无角无分的，写"00"或符号"—"；有角无分的，分位写"0"，不得用符号"—"。⑤大写金额用汉字壹、贰、叁、肆、伍、陆、柒、捌、玖、拾、佰、仟、万、亿、元、角、分、零、整等，一律用正楷或行书字书写。⑥大写金额前未印有"人民币"字样的，应加写"人民币"三个字且和大写金额之间不得留有空白。⑦大写金额到元或角为止的，后面要写"整"或"正"字；有分的，不写"整"或"正"字，如小写金额为¥9 007.00，大写金额应写成"玖仟零柒元整"
	编号连续	各种凭证要连续编号，以便检查。如果凭证已预先印定编号，如发票、支票等重要凭证，在因错作废时，应加盖"作废"戳记，妥善保管，不得撕毁
	不得涂改、刮擦、挖补	原始凭证金额有错误的，应当由出具单位重开，不得在原始凭证上更正。原始凭证有其他错误的，应当由出具单位重开或更正，更正处应当加盖出具单位印章
	填制及时	各种原始凭证一定要及时填写，并按规定的程序及时送交会计机构审核

表2-19 自制原始凭证的填制要求

项目	基本要求	主要内容
自制原始凭证填制	一次凭证填制	应在经济业务发生或完成时，由相关业务人员一次填制完成	该凭证往往只能反映一项经济业务，或者同时反映若干项同类的经济业务。一次凭证有些是自制的原始凭证，如收料单、领料单、工资结算表、制造费用分配表等；有些是外来的原始凭证，如增值税专用发票、税收缴款书、各种银行结算凭证等
	累计凭证填制	应在每次经济业务完成后，由相关人员在同一张凭证上重复填制完成	该凭证能在一定时期内不断重复地反映同类经济业务的完成情况。最典型的累计凭证是限额领料单
	汇总凭证填制	应由相关人员在汇总一定时期内反映同类经济业务的原始凭证后填制完成	该凭证只能将类型相同的经济业务进行汇总，不能汇总两类或两类以上的经济业务

4. 原始凭证的审核

为了正确反映经济业务的发生和完成情况，充分发挥会计的监督职能，保证会计信息的真实、完整，会计人员必须对原始凭证进行严格审核。原始凭证审核的主要内容如表2-20所示。

表 2-20　原始凭证审核的主要内容

主要内容	具体表现
真实性	日期是否真实、业务内容是否真实、数据是否真实等。①外来原始凭证：必须有填制单位公章或财务专用章和填制人员签章。②电子外来原始凭证：有符合《电子签名法》的电子签名（章）。③自制原始凭证：必须有经办部门和经办人员的签名或盖章；④通用原始凭证：审核凭证本身的真实性
合法性、合理性	①所记录经济业务是否符合国家法律、法规，是否履行了规定的凭证传递和审核程序。②所记录经济业务是否符合企业经济活动的需要、是否符合有关的计划和预算
完整性	①各项基本要素是否齐全，是否有漏项情况。②日期是否完整，数字是否清晰。③文字是否工整，有关人员签章是否齐全。④凭证联次是否正确
正确性	记载的各项内容是否正确。①接受原始凭证单位的名称是否正确。②金额的填写和计算是否正确。阿拉伯数字分位填写，不得连写。小写金额前要标明"￥"字样，中间不能留有空位。大写金额前要加"人民币"字样，大写金额与小写金额要相符。③更正是否正确。原始凭证记载的各项内容均不得涂改、刮擦和挖补

（三）记账凭证

1. 记账凭证的种类

记账凭证按照其反映的经济业务的内容来划分，通常可分为收款凭证、付款凭证和转账凭证，如表 2-21 所示。

表 2-21　记账凭证的种类

收款凭证	用于现金和银行存款收入业务的记账凭证。收款凭证根据有关库存现金和银行存款收款业务的原始凭证填制，是登记库存现金日记账、银行存款日记账以及有关明细分类账和总分类账等账簿的依据，也是出纳人员收讫款项的依据
付款凭证	用于现金和银行存款支出业务的记账凭证。付款凭证根据有关库存现金和银行存款支付业务的原始凭证填制，是登记库存现金日记账、银行存款日记账以及有关明细分类账和总分类账等账簿的依据，也是出纳人员支付款项的依据
转账凭证	用于记录不涉及现金和银行存款收付业务的其他转账业务的记账凭证。转账凭证根据有关转账业务的原始凭证填制，是登记有关明细分类账和总分类账等账簿的依据

2. 记账凭证的基本内容

由于记账凭证反映的经济业务内容不同，因而在具体格式上也有一些差异。但所有的记账凭证都必须满足记账的要求，保证账簿记录的正确性，需具备下列基本内容：

（1）填制凭证的日期；

（2）凭证编号；

（3）经济业务摘要；

（4）会计科目；

（5）金额；

（6）所附原始凭证张数；

（7）填制凭证人员、稽核人员、记账人员、会计机构负责人、会计主管人员签名或者签章。收款和付款记账凭证还应当由出纳人员签名或者盖章。

3. 记账凭证的填制要求

记账凭证分为收款凭证、付款凭证和转账凭证，不同记账凭证有统一且独立的填制要求，具体的填制要求如表2-22所示。

表2-22　记账凭证的填制要求

项目	具体内容
记账凭证填制的基本要求	记账凭证的填制除了要做到内容完整、书写清楚和规范外，还必须符合下列要求。 （1）除结账和更正错账可以不附原始凭证外，其他记账凭证必须附原始凭证。如果一张原始凭证涉及几张记账凭证，可以把原始凭证附在一张主要的记账凭证后面，并在其他记账凭证上注明附有该原始凭证的记账凭证的编号或者附原始凭证复印件。 （2）记账凭证可以根据每一张原始凭证填制，或根据若干张同类原始凭证汇总填制，也可根据原始凭证汇总表填制；但不得将不同内容和类别的原始凭证汇总填制在一张记账凭证上。 （3）记账凭证应连续编号。凭证应由主管该项业务的会计人员，按业务发生的顺序并按不同种类的记账凭证，采用"字号编号法"连续编号，如银收字1号、现收字2号、现付字1号、银付字2号。 【提示】如果一笔经济业务需要填制两张以上（含两张）记账凭证的，可以采用"分数编号法"编号，如转字$5\frac{1}{3}$号、转字$5\frac{2}{3}$号、转字$5\frac{3}{3}$号。为便于监督，反映付款业务的会计凭证不得由出纳人员编号。 （4）填制记账凭证时若发生错误，应当重新填制。已经登记入账的记账凭证在当年内发现填写错误时，可以用红字填写一张与原内容相同的记账凭证，在摘要栏注明"注销某月某日某号凭证"字样，同时再用蓝字重新填制一张正确的记账凭证，注明"订正某月某日某号凭证"字样。如果会计科目没有错误，只是金额错误，也可以将正确数字与错误数字之间的差额，另编一张调整的记账凭证，调增金额用蓝字，调减金额用红字。发现以前年度记账凭证有错误的，应当用蓝字填制一张更正的记账凭证。 （5）记账凭证填制完成后，如有空行，应当自金额栏最后一笔金额数字下的空行处至合计数上的空行处划线注销
收款凭证的填制要求	收款凭证左上角的"借方科目"按收款的性质填写"库存现金"或"银行存款"；"年月日"栏填收款凭证编制的日期；右上角"编号"栏按现金或银行存款收款业务的顺序编号，分为"现收字第X号"和"银收字第X号"；"摘要"栏是经济业务的说明，填制时言简意赅；"贷方科目"栏填写与收入现金或银行存款相对应的会计科目，设置"总账科目"和"明细科目"；"记账"是指该凭证已登记账簿的标记，防止经济业务重记或漏记；"金额"，是指该项经济业务的发生额；该凭证右边"附单据X张"，是指该记账凭证所附原始凭证的张数；最下边分别由有关人员签章，以明确账证经管责任

（续表）

项目	具体内容
付款凭证的填制要求	凡涉及减少现金或银行存款账户金额时，都应填制付款凭证。付款凭证是用来记录货币资金付款业务的凭证。付款凭证左上方所填列的贷方科目，应是"库存现金"或"银行存款"，"年月日"栏填付款凭证编制的日期；右上方填写"现付字第X号"或"银付字第X号"，顺延编号；"摘要"栏填列经济业务的简要说明；付款凭证的对应科目为"借方科目"，需填写与库存现金或银行存款支出业务有关的总账科目和明细科目；"金额"栏填写该经济业务事项的发生额；凭证右边"附单据X张"，是指本记账凭证所附原始凭证的张数，凭证最下边分别由有关人员签章，以明确账证经管责任。 在经济活动中，对于涉及"库存现金"与"银行存款"之间相互划转的经济业务，如从银行存款中提取现金或以现金存入银行等，只需要填制付款凭证，不再填收款凭证，以免重复记账。出纳人员在办理收款或付款业务后，应在原始凭证上加盖"收讫"或"付讫"的戳记，以免重收重付
转账凭证的填制要求	（1）凡不涉及现金和银行存款增加或减少业务时，都应该填制转账凭证。 （2）在借贷记账法下，将经济业务事项中涉及的全部会计科目，按照先借后贷的顺序记入凭证中的"总账科目"和"明细科目"，并按应借、应贷方向分别记入"借方金额"栏或"贷方金额"栏。 （3）转账业务没有固定账户对应关系，因此，要按"借方科目"和"贷方科目"分别填列有关总账科目和明细科目。"借方金额"栏合计数与"贷方金额"栏合计数应相等

4. 记账凭证的审核

为了保证会计信息的质量，在记账之前应由稽核人员对记账凭证进行严格的审核，审核的主要内容和具体细节如表2-23所示。

表2-23 记账凭证审核的主要内容和具体细节

主要内容	具体细节
内容是否真实	审核记账凭证是否有原始凭证为依据，所附原始凭证或记账凭证汇总表的内容与记账凭证的内容是否一致
项目是否齐全	各项目的填写是否齐全，如日期、凭证编号、摘要、会计科目、金额、所附原始凭证张数及有关人员签章等。 若发现填制有差错或者填列不完整、签章不齐全，应查明原因，责令更正、补充或重填
科目是否正确	记账凭证所列科目、借贷方向和金额是否正确；会计科目是否为全称；前后使用是否一致
金额是否正确	审核金额计算是否正确，每项经济业务的金额是否正确，合计金额是否正确
书写是否规范	审核记账凭证中的记录是否文字工整、数字清晰，是否按规定使用蓝黑墨水或碳素墨水，是否按规定进行更正等
手续是否完备	审核出纳人员在办理收款或付款业务后，是否已在原始凭证上加盖"收讫"或"付讫"的戳记

（四）会计凭证的保管

会计凭证的保管，是指会计凭证记账后的整理、装订、归档和存查工作。任何单位在完成经济业务手续和记账后，必须将会计凭证按规定的立卷归档制度形成会计档案资料，妥善保管，防止丢失，不得任意销毁，以便日后随时查阅。会计凭证的保管要求如表2-24所示。

表 2-24　会计凭证保管要求

会计凭证的保管要求	（1）会计凭证定期装订成册，防止散失。 ①会计机构在依据会计凭证记账以后，应定期（每天、每旬或每月）对各种会计凭证进行分类整理，将各种记账凭证按照编号顺序，连同所附的原始凭证一起加具封面和封底，装订成册，并在装订线上加贴封签，防止抽换凭证。会计凭证封面应注明单位名称、凭证种类、凭证张数、起止号数、年度、月份、会计主管人员和装订人员等有关事项，会计主管人员和保管人员等应在封面上签章。 ②从外单位取得的原始凭证遗失时，应取得原签发单位盖有公章的证明，并注明原始凭证的号码、金额、内容等，由经办单位会计机构负责人、会计主管人员和单位负责人批准后，才能代作原始凭证。 ③若确实无法取得证明的，如车票丢失，则应由当事人写明详细情况，由经办单位会计机构负责人、会计主管人员和单位负责人批准后，代作原始凭证
	（2）原始凭证的单独装订。 原始凭证较多时，可单独装订，但应在凭证封面注明所属记账凭证的日期、编号和种类，同时在所属的记账凭证上应当注明"附件另订"及原始凭证的名称和编号，以便查阅。对各种重要的原始凭证，如押金收据、提货单等，以及各种需要随时查阅和退回的单据，应另编目录，单独保管，并在有关的记账凭证和原始凭证上分别注明日期和编号
	（3）电子会计档案的保管。 同时满足以下条件的，单位内部形成的属于归档范围的电子会计凭证等电子会计资料可仅以电子形式保存，形成电子会计档案，无须打印电子会计资料纸质件进行归档保存： ①形成的电子会计资料来源真实有效，由计算机等电子设备形成和传输。 ②使用的会计核算系统能够准确、完整、有效接收和读取电子会计资料，能够输出符合国家标准归档格式的会计凭证、会计账簿、财务会计报表等会计资料，设定了经办、审核、审批等必要的审签程序。 ③使用的电子档案管理系统能够有效接收、管理、利用电子会计档案，符合电子档案的长期保管要求，并建立了电子会计档案与相关联的其他纸质会计档案的检索关系。 ④采取有效措施，防止电子会计档案被篡改。 ⑤建立电子会计档案备份制度，能够有效防范自然灾害、意外事故和人为破坏的影响。 ⑥形成的电子会计资料不属于具有永久保存价值或者其他重要保存价值的会计档案。 在同时满足上述条件的情况下，单位从外部接收的电子会计资料附有符合《电子签名法》规定的电子签名的，可仅以电子形式归档保存，形成电子会计档案，无须打印电子会计资料纸质件进行归档保存。 单位仅以电子形式保存会计档案的，原则上应从一个完整会计年度的年初开始执行，以保证其年度会计档案保存形式的一致性
	（4）年度终了会计档案的保管。 当年形成的会计档案，在会计年度终了后，可由单位会计机构临时保管1年，期满后再移交本单位档案机构统一保管；因工作需要确需推迟移交的，应当经单位档案管理机构同意，且最长不超过3年；单位未设立档案管理机构的，应在会计机构等机构内部指定专人保管。临时保管期间，会计档案的保管应当符合国家档案管理的有关规定，且出纳人员不得兼管会计档案

（续表）

会计凭证的保管要求	（5）会计档案的外借与复制。 单位保存的会计档案一般不得对外借出，确因工作需要且根据国家有关规定必须借出的，应当严格按照规定办理相关手续；其他单位如有特殊原因，确实需要使用单位会计档案时，经本单位会计机构负责人、会计主管人员批准，可以复制。向外单位提供的会计档案复制件，应在专设的登记簿上登记，并由提供人员和收取人员共同签名或者盖章
	（6）会计档案的保管期限。 单位应当严格遵守会计档案的保管期限要求，保管期满前不得任意销毁。会计档案达到保管期限的，单位应当组织对到期会计档案进行鉴定。经鉴定，仍需继续保存的会计档案，应当重新划定保管期限；对保管期满，确无保存价值的会计档案，可以销毁；保管期满但涉及未结清的债权债务会计档案和涉及其他未了事项的会计档案不得销毁，纸质会计档案应当单独抽出立卷，电子会计档案单独转存，保管到未了事项完结时为止

【例题·单选题】下列各项关于原始凭证的表述中，正确的是（　　）。（2021年）

A. 原始凭证按照来源可分为一次凭证、累计凭证和汇总凭证

B. 原始凭证是记录经济业务发生或完成情况的书面证明

C. 原始凭证按照填制程序和用途可分为自制凭证和外来凭证

D. 原始凭证必须填写应借应贷的会计科目

【答案】B

【解析】原始凭证，是指在经济业务发生或完成时取得或填制的，用于记录或证明经济业务的发生或完成情况的原始凭据（选项B正确）。原始凭证按照取得来源，可分为自制原始凭证和外来原始凭证（选项AC错误）。记账凭证必须填写应借应贷的会计科目（选项D错误）。

【例题·单选题】下列各项中，属于企业外来原始凭证的是（　　）。

A. 生产产品完工验收入库填制的产品入库单

B. 生产产品领用材料填制的领料单

C. 职工出差报销的火车票

D. 发出产品填制的产品出库单

【答案】C

【解析】原始凭证按来源分为自制原始凭证和外来原始凭证。企业外来原始凭证，是指在经济业务发生或完成时，从其他单位或个人直接取得的原始凭证，例如：增值税专用发票、飞机票、火车票（选项C正确）、发票、银行收付款通知单等。企业自制原始凭证，是指由本单位有关部门和人员，在经办或完成某项经济业务时填制的原始凭证，例如：领料单、产品入库单、借款单等，选项A、B、D错误，属于企业自制原始凭证。

二、会计账簿★★★

(一) 会计账簿概念

1. 会计账簿的基本内容

会计账簿简称账簿，是指由一定格式的账页组成的，以经过审核的会计凭证为依据，全面、系统、连续地记录各项经济业务的簿籍。会计账簿的构成如表2-25所示，账簿启用表如图2-9所示，经管本账簿人员一览表如图2-10所示。

【提示】会计凭证→会计账簿→财务报表

表2-25　会计账簿的构成

项目	主要内容
封面	标明记账单位以及账簿的名称，如总分类账、固定资产明细账、银行存款日记账等
扉页	列明会计账簿的使用信息，如科目索引、账簿启用表、经管人员一览表等
账页	记录经济业务的载体，包括账户名称、日期栏、凭证种类、摘要栏、编号栏、金额栏以及总页次和分户页次等内容

账簿启用表					
单位名称	（加盖公章）	负责人	职务	姓名	盖章
账簿名称	账第　　册	单位负责人			
账簿编号	第　　号	单位主管财会工作负责人			
账簿页数		会计机构负责人			
会计主管		会计主管人员			

图2-9　账簿启用表

经管本账簿人员一览表									
职务	姓名	接管			移交			监交		印花粘贴处
		年	月	日	盖章	年	月	日	盖章	职务	姓名	

图2-10　经管本账簿人员一览表

2. 会计账簿的种类

会计账簿可以按照用途、账页格式、外形特征等进行分类。会计账簿的分类如表2-26所示。

表 2-26　会计账簿的分类

分类依据	分类	主要内容	应用	
按用途分类	序时账簿（日记账）	按照经济业务发生时间的先后顺序逐日、逐笔登记的账簿	库存现金日记账、银行存款日记账	
	分类账簿	是指按照分类账户设置登记的账簿，分类账簿是编制财务报表的主要依据，也是会计账簿的主体。分类账簿按其反映经济业务的详略程度，可分为总分类账簿和明细分类账簿	总分类账簿	根据总分类科目开设账户，用来登记全部经济业务，进行总分类核算，提供资产、负债、所有者权益、收入、费用、利润等总括核算资料的分类账簿，通常采用三栏式
			明细分类账簿	根据总账科目所属的二级或明细科目开设账户，用来分类登记某一类经济业务，进行明细核算，提供比较详细的核算资料的账簿。采用的格式主要有三栏式明细账、多栏式明细账、数量金额式明细账
	备查账簿（辅助登记簿或补充登记簿）	又称辅助账簿，简称备查账，是对某些不能在日记账和分类账中记录的经济事项或对记录不全的经济业务进行补充登记的账簿	备查账主要用于登记资产负债表内或分类账账内需要说明原因的重要交易或事项，资产负债表外或分类账外的重要交易或事项，补充说明总账和明细账所不能详细反映的资料，起备查、备忘的作用，如分类账账内未反映的担保事项、分类账内虽已记录但性质重要的应收票据等。备查账可为某些经济业务的经营决策提供必要的参考，如以经营租赁方式租入固定资产的登记簿、受托加工材料登记簿等。各单位的备查账簿按需设置，无固定格式	
按账页格式分类	三栏式	指设有借方、贷方和余额三个基本栏目的账簿。其账页格式是最简单的一种，几乎适用于所有账簿，不同账簿即使记账要求不同，其具体格式也不外乎三栏式的变形。各种日记账、总账以及资本、债权、债务明细账都可采用三栏式账簿	设对方科目	库存现金日记账、银行存款日记账
			不设对方科目	总分类账
	多栏式	指在借方栏和贷方栏下按需要设置多个栏目用于反映经济业务不同内容的账簿	收入、成本、费用明细账	
	数量金额式	指在借方、贷方和余额三个栏目内都分设数量、单价、金额三小栏，借以反映财产物资的实物数量和价值量的账簿	原材料、库存商品等明细账	

（续表）

分类依据	分类	主要内容	应用
按外形特征分类	订本式账簿（订本账）	简称订本账，是在启用前进行顺序编号并固定装订成册的账簿	订本式账簿的账页固定，既可防止散失，又可防止抽换账页，安全性强，因此，订本式账簿适用于具有统驭性、重要性，只应或只需一人登记的账簿，库存现金日记账、银行存款日记账及总账必须使用订本式账簿
	活页式账簿（活页账）	在账簿登记完毕之前不进行固定装订，而是将账页装在账夹内便于随时取放的账簿。活页账在启用前没有编写账页顺序号，在使用中将各张账页放在活页账夹内，或者临时拴扎成册	活页式账簿一般适用于明细分类账
	卡片式账簿（卡片账）	卡片式账簿是由某些具有专门格式的、分散的卡片作为账页组成的账簿。卡片数量可根据业务需要增减，并可跨年度使用	卡片式账簿一般适用于账页需要随着物资的使用或存放地点的转移而重新排列的明细账，如固定资产明细分类账

【提示】

（1）备查账簿只是对其他账簿记录的一种补充，与其他账簿之间不存在严密的依存和勾稽关系，企业可根据实际需要设立，没有固定的格式要求。

（2）订本账的优点是能避免账页散失和防止抽换账页；缺点是不能准确为各账户预留账页。

（3）活页式账簿的优点是会计人员在记账时可以根据实际需要，随时将空白账页装入账簿，或抽去不需要的账页，便于分工记账；缺点是如果管理不善，可能会造成账页散失或故意抽换账页。

（二）会计账簿的登记与生成

1.会计账簿的启用与登记要求

启用会计账簿时，应当在账簿封面上写明单位名称和账簿名称，并在账簿扉页上附启用表。启用订本式账簿应当从第一页到最后一页按顺序编定页数，不得跳页、缺号。企业使用活页式账簿时应当按账户顺序编号，并定期装订成册，装订成册后再按实际使用的账页顺序编定页码，另加目录，以便于记明每个账户的名称和页次。

为了保证账簿记录的正确性，企业必须根据审核无误的会计凭证登记会计账簿，并符合有关法律、行政法规和国家统一的会计制度的规定。会计账簿的登记要求如表2-27所示。

表2-27　会计账簿的登记要求

准确完整	登记会计账簿时，应当将会计凭证日期、编号、业务内容摘要、金额和其他有关资料逐项记入账内。账簿记录中的日期应该填写记账凭证上的日期。以自制原始凭证（如收料单、领料单等）作为记账依据的，账簿记录中的日期应按有关自制凭证上的日期填列

（续表）

书写规范	为了保持账簿记录的持久性，防止涂改，登记账簿必须使用蓝黑墨水或碳素墨水书写，不得使用圆珠笔（银行的复写账簿除外）或者铅笔书写	以下情况可以使用红墨水记账。 （1）按照红字冲账的记账凭证，冲销错误记录。 （2）在不设借贷等栏的多栏式账页中，登记减少数。 （3）在三栏式账户的余额栏前，如未印明余额方向的，在余额栏内登记负数余额。 （4）根据国家规定可以用红字登记的其他会计记录。 除上述情况外，不得使用红色墨水登记账簿
登记连续	会计账簿应当按照连续编号的页码顺序登记。记账时发生错误或者隔页、缺号、跳行的，应在空页、空行处用红色墨水划对角线注销，或者注明"此页空白"或"此行空白"字样，并由记账人员和会计机构负责人（会计主管人员）在更正处签章	
结出余额	凡需要结出余额的账户，结出余额后，应当在"借或贷"栏目内注明"借"或"贷"字样，以示余额的方向。对于没有余额的账户，应在"借或贷"栏内写"平"字，并在"余额"栏"元"位处用"θ"表示。库存现金日记账和银行存款日记账必须逐日结出余额	
过次承前	每一账页登记完毕时，应当结出本页发生额合计及余额，在该账页最末一行"摘要"栏注明"转次页"或"过次页"，并将这一金额记入下一页第一行有关金额栏内，在该行"摘要"栏注明"承前页"，以保持账簿记录的连续性，便于对账和结账	
不可刮擦、挖补、褪色涂改	账簿记录发生错误时，不得刮擦、挖补或用褪色药水更改字迹，而应采用规定的方法更正	

2. 会计账簿的格式与登记方法

（1）日记账的格式与登记方法。日记账，是按照经济业务发生或完成的时间先后顺序逐日逐笔进行登记的账簿。设置日记账的目的是使经济业务按发生的时间顺序清晰地反映在账簿记录中。在我国，大多数企业一般只设库存现金日记账和银行存款日记账。日记账的具体分类和登记方法如表 2-28 所示。

表 2-28 日记账的分类和登记方法

项目	库存现金日记账	银行存款日记账
概念	用来核算和监督库存现金日常收、付和结存情况的序时账簿。 【提示】库存现金日记账必须使用订本账	用来核算和监督银行存款每日的收入、支出和结余情况的账簿。银行存款日记账应按企业在银行开立的账户和币种分别设置，每个银行账户设置一本日记账。由出纳人员根据与银行存款收付业务有关的记账凭证，按时间先后顺序逐日逐笔进行登记。根据银行存款收款凭证和有关的库存现金付款凭证（如现金存入银行的业务）登记银行存款收入栏，根据银行存款付款凭证登记其支出栏，每日结出存款余额
主要格式	库存现金日记账的格式主要为三栏式	与库存现金日记账相同，可采用三栏式，也可采用多栏式。多栏式可以将收入和支出的核算在一本账上进行，也可以分设"银行存款收入日记账"和"银行存款支出日记账"两本账。其格式和登记方法与"库存现金收入日记账"和"库存现金支出日记账"基本相同

（续表）

项目	库存现金日记账	银行存款日记账
登记方法		银行存款日记账的登记方法与库存现金日记账的登记方法基本相同
	日期栏	记账凭证的日期，应与库存现金实际收付日期一致
	凭证栏	登记入账的收付款凭证的种类和编号，如"库存现金收（付）款凭证"，简写为"现收（付）"；"银行存款收（付）款凭证"简写为"银收（付）"；凭证栏还应登记凭证的编号，以便于查账和核对
	摘要栏	摘要说明登记入账的经济业务的内容
	对方科目栏	是库存现金收入的来源科目或支出的用途科目，如从银行提取现金，其来源科目（即对方科目）为"银行存款"
	收入、支出栏（或借方、贷方）	是库存现金实际收付的金额。每日终了，应分别计算库存现金收入和支出的合计数，并结出余额，同时将余额与出纳人员的库存现金核对。如账款不符应查明原因，记录备案。 【提示】月终同样要计算库存现金收、付和结存的合计数

（2）总分类账的格式与登记方法。总分类账是按照总分类账户分类登记以提供总括会计信息的账簿。总分类账最常用的格式为三栏式，设有借方、贷方和余额三个金额栏目。

（3）明细分类账的格式与登记方法。明细分类账是根据有关明细分类账户设置并登记的账簿。它能提供交易或事项比较详细、具体的核算资料，以弥补总账所提供核算资料的不足。因此，各单位在设置总账的同时，还应设置必要的明细账。明细分类账一般采用活页式账簿、卡片式账簿。明细分类账一般根据记账凭证和相应的原始凭证来登记。

根据各种明细分类账所记录经济业务的特点，明细分类账的常用格式主要包括：三栏式、多栏式和数量金额式等，主要内容如表 2-29 所示。

表 2-29 明细分类账的主要内容

项目	主要内容	应用
三栏式	三栏式账页是设有借方、贷方和余额三个栏目，用来分类核算各项经济业务，提供详细核算资料的账簿	格式与三栏式总账格式相同。适用于总账以及资本、债权、债务明细账的核算
多栏式	多栏式账页将属于同一个总账科目的各个明细科目合并在一张账页上进行登记，即在这种格式账页的借方或贷方金额栏内按照明细项目设若干专栏	适用于收入、成本、费用类账户的明细核算，如图 2-22 所示
数量金额式	数量金额式账页适用于既要进行金额核算又要进行数量核算的账户，如原材料、库存商品等存货账户，其借方（收入）、贷方（发出）和余额（结存）都分别设有数量、单价和金额三个专栏	适用于原材料、库存商品等存货账户，如图 2-23 所示

（4）总分类账与明细分类账的平行登记。平行登记，是指对所发生的每项经济业务都要以会计凭证为依据，一方面将其记入有关总分类账户，另一方面将其记入所辖明细分类账户的方法。总分类账户与明细分类账户平行登记的要点如表 2-30 所示。

表 2-30　总分类账户与明细分类账户的登记要点

方向相同	在总分类账户及其所辖的明细分类账户中登记同一项经济业务时，方向通常相同。即在总分类账户中记入借方，在其所辖的明细分类账户中也应记入借方；在总分类账户中记入贷方，在其所辖的明细分类账户中也应记入贷方
期间一致	发生的经济业务，记入总分类账户和所辖明细分类账户的具体时间可以有先后，但应在同一个会计期间记入总分类账户和所辖明细分类账户
金额相等	记入总分类账户的金额必须与记入其所辖的一个或几个明细分类账户的金额合计数相等

3. 对账与结账

1）对账

为了保证账簿记录的真实可靠，对账簿和账户所记录的有关数据加以检查和核对工作在会计上叫对账。对账一般分为账证核对、账账核对、账实核对。对账的主要内容如表 2-31 所示。

表 2-31　对账的主要内容

项目	主要内容
账证核对	将账簿记录与会计凭证核对，这是保证账账相符、账实相符的基础。账证核对主要核对账簿记录与原始凭证、记账凭证的时间、凭证字号、内容、金额等是否一致，记账方向是否相符
账账核对	账账核对的内容主要包括如下几个： ①总分类账簿之间的核对。按照"资产＝负债＋所有者权益"这一会计等式和"有借必有贷，借贷必相等"的记账规则，总分类账簿各账户的期初余额、本期发生额和期末余额之间存在对应的平衡关系，各账户的期末借方余额合计和贷方余额合计也存在平衡关系。通过这种等式和平衡关系，可以检查总账记录是否正确、完整。 ②总分类账簿与所辖明细分类账簿之间的核对。总分类账各账户的期末余额应与其所辖各明细分类账的期末余额之和核对相符。 ③总分类账簿与序时账簿之间的核对。我国各单位对库存现金和银行存款两个科目设置的账簿，在总账中也有相应的记录，但不另设明细账。核对总账与这两本日记账的方法和总账与所属明细账的方法相同。 ④明细分类账簿之间的核对。会计部门财产物资明细账的期末余额应与财产物资保管和使用部门的有关物资明细账相符
账实核对	账实核对，是指各项财产物资、债权债务等账面余额与实有数额之间的核对。账实核对的内容主要包括如下几个： ①逐日核对库存现金日记账账面余额与现金实际库存数是否相符； ②定期核对银行存款日记账账面余额与银行对账单余额是否相符； ③定期核对各项财产物资明细账账面余额与财产物资实有数额是否相符； ④核对有关债权债务明细账账面余额与对方单位债权债务账面记录是否相符

2）结账

为了总结某一会计期间（如月度、季度和年度）的经营活动情况，必须定期结账。结账就是把这一时期内发生的经济业务在全部登记入账的基础上，将各种账簿记录结出"本期发生额"和"期末余额"，然后编制财务报表。结账的内容如图 2-11 所示。

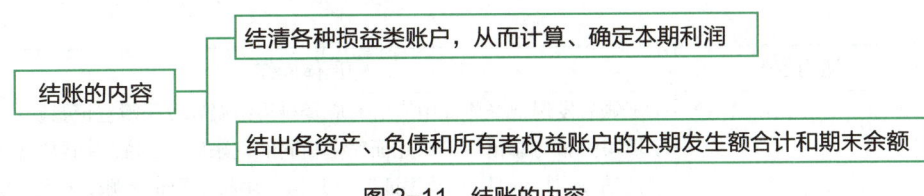

图 2-11 结账的内容

结账的要点主要有如下几个方面：

（1）对不需按月结计本期发生额的账户，月末结账时，只需要在最后一笔经济业务记录下面通栏划单红线，不需要再次结计余额。如各项应收、应付款明细账和各项财产物资明细账等，每次记账以后，都要随时结出余额，每月最后一笔余额是月末余额。

（2）库存现金、银行存款日记账和需要按月结计发生额的收入、费用等明细账，每月结账时，要在最后一笔经济业务记录下面通栏划单红线，结出本月发生额和余额，在摘要栏内注明"本月合计"字样，并在下面通栏划单红线。

（3）对于需要结计本年累计发生额的明细账户，每月结账时，应在"本月合计"行下结出自年初起至本月末止的累计发生额，登记在月份发生额下面，在摘要栏内注明"本年累计"字样，并在下面通栏划单红线。12月末的"本年累计"就是全年累计发生额，全年累计发生额下面通栏划双红线。

（4）总账账户平时只需结出月末余额。年终结账时，为总括反映全年各项资金运动情况的全貌，核对账目，要将所有总账账户结出全年发生额和年末余额，在摘要栏内注明"本年合计"字样，并在合计数下面通栏划双红线。

（5）年度终了结账时，有余额的账户，应将其余额结转下年，并在摘要栏注明"结转下年"字样；在下一会计年度新建有关账户的第一行余额栏内填写上年结转的余额，并在摘要栏注明"上年结转"字样，使年末有余额账户的余额如实地在账户中加以反映，以免混淆有余额的账户和无余额的账户。

（三）错账的更正

在记账过程中，由于种种原因，账簿记录可能发生错误。对于发生的账簿记录错误，应当采用正确、规范的方法予以更正，不得涂改、挖补、刮擦或者用药水消除字迹，不得重新抄写。错账更正的方法一般有划线更正法、红字更正法和补充登记法三种。错账更正的方法如表2-32所示。

表2-32 错账更正的方法

更正方法	适用范围	具体操作
划线更正法	在结账前，账簿记录有文字或数字错误，而记账凭证没有错误	将错误的文字或数字用红线划掉，数字应全部划掉，保持原有数字清晰可辨。将正确的文字或数字写在红线上方，更正后，记账人员和会计机构负责人（会计主管人员）在更正处盖章，以明确责任

（续表）

更正方法	适用范围	具体操作
红字更正法	记账凭证错误而使账簿记录发生错误	①记账后发现记账凭证中应借、应贷科目错误导致账簿登记错误：先用红字填写一张与原错误记账凭证完全相同的记账凭证，在"摘要"栏中写明"注销×月×日×号凭证"，并据以用红字登记入账，以注销原来错误的记账凭证和账簿记录；然后，再用蓝字填写一张正确的记账凭证，并据以用蓝字登记入账； ②记账后，发现记账凭证与账簿记录中所记金额大于应记金额，而应借、应贷科目无误：用红字填制一张与原记账凭证应借、应贷科目完全相同，金额为原多记金额的记账凭证，在摘要中注明"冲销×月×日×号记账凭证多记金额"字样，并据以用红字登记入账，以冲销多记金额
补充登记法	记账凭证和账簿记录中应借、应贷会计科目无误，只是所记金额小于应记金额	用蓝字编制一张与原记账凭证应借、应贷科目完全相同，金额为原少记金额的记账凭证，在摘要中注明"补记×月×日×号记账凭证少记金额"字样，并据以登记入账，以补充登记少记金额

（四）会计账簿的保管

会计账簿是各单位重要的经济资料，各单位必须建立管理制度，妥善保管。会计账簿的保管要求如表2-33所示。

表2-33　会计账簿的保管要求

会计账簿的保管要求	（1）单位对各种账簿的管理要分工明确，指定专人管理。账簿经管人员既要负责记账、对账、结账等工作，又要负责保证账簿安全
	（2）未经领导和会计负责人或者有关人员批准，非经管人员不能随意翻阅查看会计账簿。会计账簿除需要与外单位核对外，一般不能携带外出；对携带外出的账簿，一般应由账簿经管人员或会计主管人员指定专人负责管理
	（3）会计账簿不能随意交与其他人员管理，以保证账簿安全和防止任意涂改账簿等问题发生
会计账簿的保管要求	（4）年度终了更换并启用新账后，对更换下来的旧账要整理装订，造册归档。 归档前旧账的整理工作包括：检查和补齐应办的手续，如改错盖章、注销空行及空页、结转余额等。活页账应撤出未使用的空白账页，再编定页码，装订成册。 旧账装订时应注意：活页账一般按账户分类装订成册，一个账户装订成一册或数册；某些账户账页较少，也可以合并装订成一册。装订时应检查账簿扉页的内容是否填写齐全。装订后应由经办人员及装订人员、会计主管人员在封口处签名或盖章。旧账装订完毕，应当编制目录和编写移交清单，并按期移交档案部门保管
	（5）实行会计电算化的单位，满足《会计档案管理办法》第八条有关规定的，可仅以电子形式保存会计账簿，无需定期打印会计账簿；确需打印的，打印的会计账簿必须连续编号，经审核无误后装订成册，并由记账人员和会计机构负责人、会计主管人员签字或者盖章
	（6）各种账簿同会计凭证和会计报表一样，都是重要的经济档案，必须按照《会计档案管理办法》规定的保存年限妥善保管，不得丢失和任意销毁。保管期满后，应当按照规定进行鉴定，经鉴定可以销毁的，方可按照审批程序报经批准后销毁

【例题·多选题】总账与明细账平行登记的要点有（　　）。（2018年）
A.记账人员相同　　　B.会计期间相同　　　C.记账方向相同　　　D.金额相等
【答案】BCD
【解析】总账与明细账平行登记的要点包括：记账方向相同、会计期间相同、金额相等。

第四节　财产清查

一、财产清查概述★

1. 概念

财产清查，是指通过对货币资金、实物资产和往来款项等财产物资进行盘点或核对，确定其实存数，查明账存数与实存数是否相符的一种专门方法。

2. 程序

财产清查既是会计核算的一种专门方法，又是财产物资管理的一项重要制度。企业必须有计划、有组织地进行财产清查。

财产清查一般包括以下程序：

（1）建立财产清查组织；

（2）组织清查人员学习有关政策规定，掌握有关法律、法规和相关业务知识；

（3）确定清查对象、范围，明确清查任务；

（4）制定清查方案，具体安排清查内容、时间、步骤、方法，以及必要的清查前准备；

（5）清查时本着先清查数量、核对有关账簿记录等，后认定质量的原则进行；

（6）填制盘存清单；

（7）根据盘存清单，填制实物、往来账项清查结果报告表。

3. 种类

财产清查按照清查范围、清查时间和执行系统可分为不同类别，具体内容如表2-34所示。

表2-34　财产清查的具体内容

分类依据	种类	主要内容
清查范围	全面清查	对所有的财产物资进行全面的盘点和核对。需要进行全面清查的情况通常有：①年终决算前。②在合并、撤销或改变隶属关系前。③中外合资、国内合资前。④股份制改造前。⑤开展全面的资产评估、清产核资前。⑥单位主要领导调离工作前等
	局部清查	根据需要只对部分财产进行盘点和核对。 ①库存现金，每日终了，应由出纳人员自行盘点。②银行存款每月至少同银行核对一次。③年内轮流盘点或重点抽查存货，各种贵重物资、每月都应清查盘点一次。④债权债务每年至少要核对一至两次

（续表）

分类依据	种类	主要内容
清查时间	定期清查	按照预先计划安排的时间对财产进行的盘点和核对。定期清查一般在年末、季末、月末进行
	不定期清查	事前不规定清查日期，而是根据特殊需要临时进行的盘点和核对。不定期清查主要在以下情况下进行：①财产物资、库存现金保管人员更换时，要对有关人员保管的财产物资、库存现金进行清查，以分清经济责任，便于办理交接手续。②发生自然灾害和意外损失时，要对受损失的财产物资进行清查，以查明损失情况。③上级主管、财政、审计和银行等部门，对本单位进行会计检查，应按检查的要求和范围对财产物资进行清查，以验证会计资料的可靠性。④进行临时性清产核资时，要对本单位的财产物资进行清查，以便摸清家底
清查的执行系统	内部清查	由本单位内部自行组织清查工作小组所行的财产清查工作。大多数财产清查都是内部清查
	外部清查	由上级主管部门、审计机关、司法部门、注册会计师等根据国家有关规定或情况需要对本单位进行的财产清查。一般来讲，进行外部清查时应有本单位相关人员参加

【例题·多选题】下列各项中，企业必须进行财产全面清查的有（　　）。
A. 股份制改造
B. 单位改变隶属关系
C. 单位主要领导人离任交接前
D. 清产核资

【答案】ABCD

【解析】全面清查，是指对所有的财产进行全面的盘点和核对。需要进行全面清查的情况通常有：（1）年终决算前；（2）合并、撤销或改变隶属关系前；（3）中外合资、国内合资前；（4）股份制改造前；（5）开展全面的资产评估、清产核资前；（6）单位主要领导调离工作前等。

二、财产清查的方法与会计处理★★★

（一）财产清查的方法

不同的财产项目适用的财产清查方法不同，相关项目清查的方法及手续如表2-35所示。

表2-35　相关项目的清查方法及手续

项目	清查方法	清查手续
库存现金	实地盘点法：每日终了，应当将库存现金日记账上的账面余额与库存现金实存数进行核对，做到账实相符	进行盘点时，出纳人员必须在场；如果账实不符，应根据结果填制"库存现金盘点报告表"，并由盘点人员和出纳员共同签字或盖章；"库存现金盘点报告表"是对库存现金清查结果进行处理的原始凭证
银行存款	采用与开户银行核对账目的方法进行，即将本单位银行存款日记账的账簿记录与开户银行转来的对账单逐笔进行核对，查明银行存款的实有数额。银行存款的清查一般在月末进行	如果两者余额相符，通常说明没有错误；如果两者余额不相符，则可能是企业或银行一方或双方记账过程有错误或者存在未达账项；如果存在未达账项，企业应编制"银行存款余额调节表"进行调节，借以确认双方的记录是否相符

（续表）

项目	清查方法	清查手续
实物资产	实地盘点法：通过点数、过磅、量尺等方法来确定实物资产的实有数量。 技术推算法（又称估推法）：指利用技术推算方法确定存货实有量，适用于零散堆放的大宗材料等存货	在清查过程中，实物保管人员和盘点人员必须同时在场
往来款项	发函询证	对各种往来款项进行清查时，应根据企业的债权和债务情况，填写往来款项对账单，交由对方进行核对，并由核对方提出确认或不确认的意见

未达账项，是由于结算凭证在企业与银行之间或收付款银行之间传递需要时间，造成企业与银行之间入账的时间差，一方收到凭证并已入账，另一方未收到凭证因而未能入账而形成的账项。具体包括表 2-36 所示的四种情况。

表 2-36　未达账项的四种情况

企业已入账而银行尚未入账	银行已入账而企业尚未入账
企业已收，银行未收	银行已收，企业未收
企业已付，银行未付	银行已付，企业未付

银行存款余额调节表的编制是以企业银行存款日记账余额和银行对账单余额为基础的。企业和银行各自分别加上对方已收款入账而己方尚未入账的数额，减去对方已付款入账而己方尚未入账的数额。计算公式如下：

企业银行存款日记账余额 + 银行已收企业未收款 − 银行已付企业未付款 = 银行对账单存款余额 + 企业已收银行未收款 − 企业已付银行未付款

（二）财产清查结果的处理

1. 发现盘盈、盘亏、毁损时

发现盘盈、盘亏、毁损时，企业应核实情况，调查分析原因，根据"清查结果报告表""盘点报告表"等编制记账凭证，调整账簿记录，做到账实相符，同时将处理建议上报有关领导和部门。

2. 经批准后

经批准后，企业应在期末结账前处理完毕，在期末结账前若未获批准，应先按相关规定进行处理，并在附注中作出说明，其后如果有关领导和部门批准处理的金额与已处理金额不一致的，调整财务报表相关项目的期初数。

【例题·多选题】下列各项关于财产清查的表述中，正确的有（　　）。

A. 银行存款清查应采用与开户银行核对账目的方法
B. 应收账款清查应采用发函询证的方法
C. 库存现金清查应采用实地盘点法
D. 露天堆放的煤炭清查应采用技术推算法

【答案】ABCD

【解析】银行存款的清查一般是将企业银行存款日记账与开户银行的对账单进行核对,选项 A 正确;往来款项的清查一般采用发函询证的方法,选项 B 正确;库存现金的清查一般是将实地盘点法确定的库存现金实存数与库存现金日记账的账面余额相核对,选项 C 正确;技术推算法只适用于成堆量大而价值不高,逐一清点的工作量和难度较大的财产物资的清查。例如,露天堆放的煤炭等,选项 D 正确。

第五节 会计账务处理程序

一、会计账务处理程序概述★★★

1. 概念

会计账务处理程序也称会计核算组织程序或者会计核算形式,是指会计凭证、会计账簿、会计报表相结合的方式。

2. 种类

企业常用的会计账务处理程序主要有记账凭证账务处理程序、汇总记账凭证账务处理程序和科目汇总表账务处理程序,它们之间的主要区别是登记总分类账的依据和方法不同,不同会计账务处理程序的比较如表 2-37 所示。

表 2-37 会计账务处理程序的比较

项目	特点	适用范围	特点	
			优点	缺点
记账凭证账务处理程序	是会计核算最基本的一种账务处理程序,根据记账凭证逐笔登记总分类账	适用于规模较小、经济业务量较少的单位	简单明了,易于理解,总分类账可以较详细地反映经济业务的发生情况	登记总分类账的工作量较大
汇总记账凭证账务处理程序	根据记账凭证,编制汇总记账凭证,据以登记总账	适合于规模较大、经济业务较多的单位	减轻了登记总分类账的工作量	当转账凭证较多时,编制汇总转账凭证的工作量较大,并且按每一贷方账户编制汇总转账凭证,不利于会计核算的日常分工
科目汇总表账务处理程序	根据记账凭证定期编制科目汇总表,并据以登记总分类账	适用于经济业务较多的单位	减轻了登记总分类账的工作量,易于理解,方便学习,并可做到试算平衡	科目汇总表不能反映各账户之间的对应关系,不利于对账目进行检查

二、会计账务处理程序的应用★★★

三种会计账务处理程序登记总账的依据和方法是不同的，不同账务处理程序的流程如图 2-12、图 2-13 和图 2-14 所示。

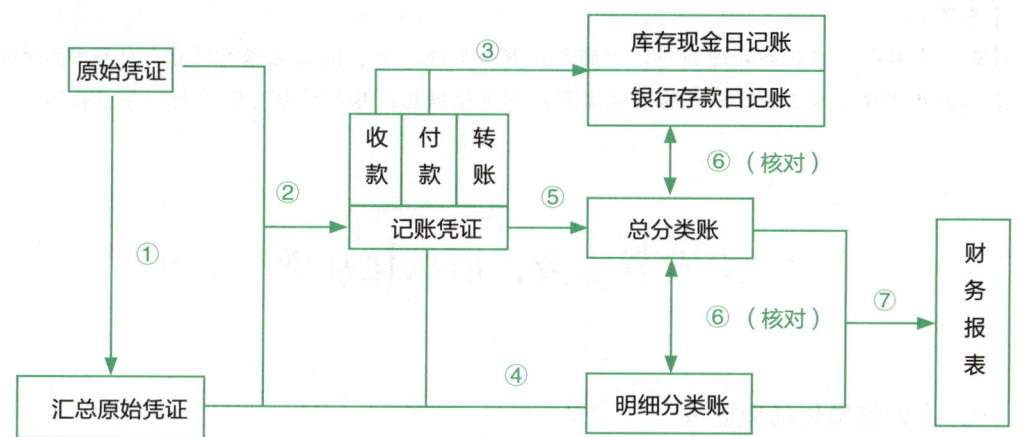

图 2-12　记账凭证账务处理程序示意图

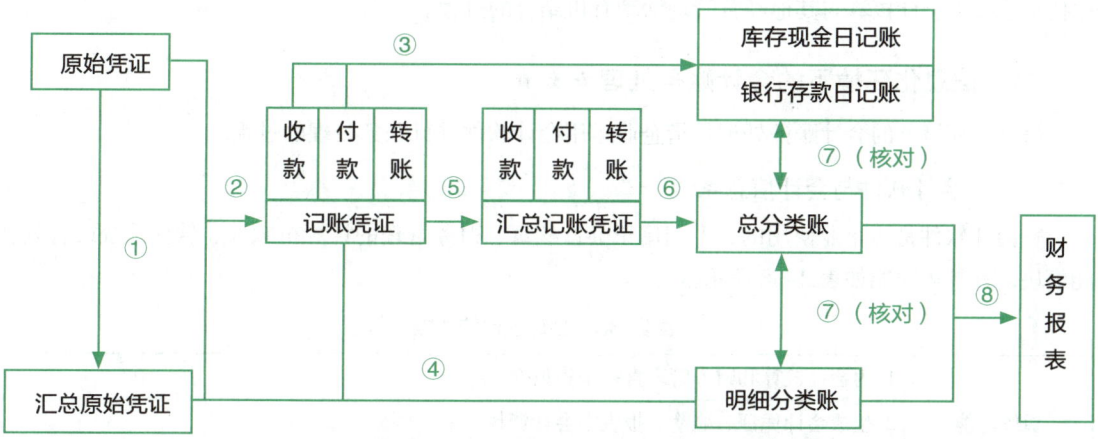

图 2-13　汇总记账凭证账务处理程序示意图

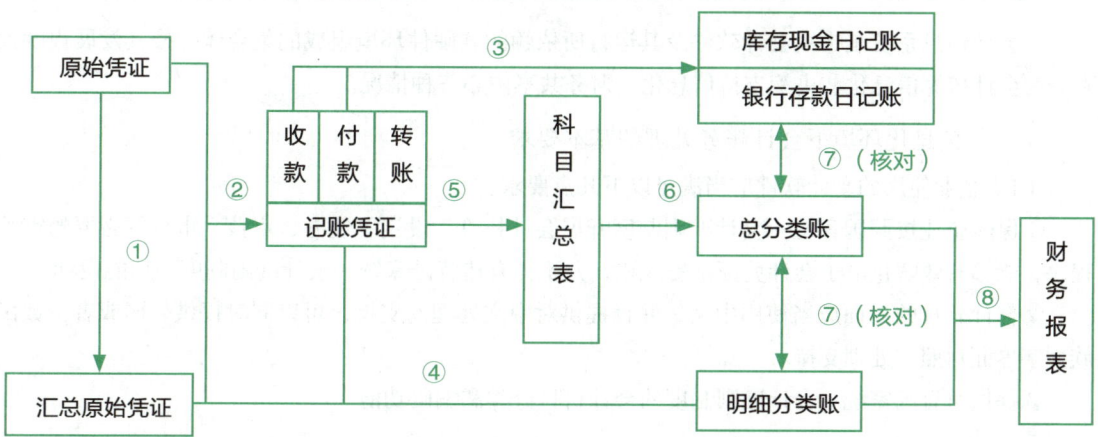

图 2-14　科目汇总表账务处理程序示意图

【例题·单选题】在账务处理程序中，财务报表是根据（　　）资料编制的。
A. 日记账、总账和明细账　　　　　　B. 日记账和明细分类账
C. 明细账和总分类账　　　　　　　　D. 日记账和总分类账
【答案】C
【解析】本题考查账务处理程序。记账凭证账务处理程序、汇总记账凭证账务处理程序和科目汇总表账务处理程序这三种主要的账务处理程序都是根据明细账和总分类账编制财务报表的。

第六节　会计信息化基础

一、会计信息化的概念★

会计信息化，是指企业利用计算机、网络通信等现代信息技术手段开展会计核算，以及利用上述技术手段将会计核算与其他经营管理活动有机结合的过程。

二、信息化环境下的会计账务处理★★★

信息化环境下的会计账务处理是指企业运用会计软件进行账务处理的过程。

（一）会计软件与会计信息系统

1. 会计软件是指企业使用的，专门用于会计核算、财务管理的计算机软件、软件系统或者其功能模块，其具体功能如表2-38所示。

表2-38　会计软件的功能

具体功能	1. 为会计核算和财务管理直接采集数据
	2. 生成会计凭证、账簿、报表等会计资料
	3. 对会计资料进行转换、输出、分析、利用

2. 会计信息系统是指由会计软件及其运行所依赖的软硬件环境组成的集合体。按其发展程度大致分为会计核算信息化、决策支持信息化、财务共享中心三种情况。

（二）信息化环境下会计账务处理的基本要求

（1）企业使用的会计软件应当满足以下几点要求：

①保障企业按照国家统一会计准则制度开展会计核算，设定了经办、审核、审批等必要的审签程序，能够有效防止电子会计凭证重复入账，并不得有违背国家统一会计准则制度的功能设计。

②会计软件的界面应当使用中文，并且提供对中文处理的支持，可以同时提供外国或者少数民族文字界面对照和处理支持。

③提供符合国家统一会计准则制度的会计科目分类和编码功能。

④提供符合国家统一会计准则制度的会计凭证、账簿和报表的显示和打印功能。

⑤提供不可逆的记账功能，确保对同类已记账凭证的连续编号，不得提供对已记账凭证的删除和插入功能，不得提供对已记账凭证日期、金额、科目和操作人的修改功能。

⑥应当具有符合国家统一标准的数据接口，满足外部会计监督需要。

⑦应当具有会计资料归档功能，提供导出会计档案的接口，在会计档案存储格式、元数据采集、真实性与完整性保障方面，符合国家有关电子文件归档与电子档案管理的要求。

⑧应当记录、生成用户操作日志，确保日志的安全、完整，提供按操作人员、操作时间和操作内容查询日志的功能，并能以简单易懂的形式输出。

（2）企业会计信息系统数据服务器的部署应当符合国家有关规定。数据服务器部署在境外的，应当在境内保存会计资料备份，备份频率不得低于每月一次。境内备份的会计资料应当能够在境外服务器不能正常工作时，独立满足企业开展会计工作的需要以及外部会计监督的需要。

（3）企业会计资料中对经济业务事项的描述应当使用中文，可以同时使用外国或者少数民族文字对照。

（4）企业应当建立电子会计资料备份管理制度，确保会计资料的安全、完整和会计信息系统的持续、稳定运行。

（5）企业电子会计档案的归档管理，应当符合《会计档案管理办法》的规定。

（6）实行会计工作集中核算的企业以及企业分支机构，应当为外部会计监督机构及时查询和调阅异地储存的会计资料提供必要条件。

（7）企业不得在非涉密信息系统中存储、处理和传输涉及国家秘密，关系国家经济信息安全的电子会计资料；未经有关主管部门批准，不得将其携带、寄运或者传输至境外。

（三）信息化环境下会计账务处理的流程

1.账务处理流程的主要角色

与手工环境下的账务处理流程相比，信息化环境下的账务处理流程更高效。流程中的主要角色包括：业务人员、凭证编制人员、凭证审核人员、记账和结账人员、查询和分析人员等。

2.信息化环境下会计账务处理基本流程

信息化环境下账务处理的基本流程如下：

（1）经济业务发生时，业务人员将原始凭证提交会计部门；

（2）凭证编制人员对原始凭证的正确性、合规性、合理性进行审核，然后根据审核无误的原始凭证编制记账凭证；

（3）凭证审核人员从凭证文件中获取记账凭证并进行审核。系统对审核通过的记账凭证做审核标记，将审核未通过的凭证返还给凭证编制人员；

（4）在记账人员的记账指令发出后，系统自动对已审核凭证进行记账，更新科目汇总文件等信息，并对相关凭证做记账标记。会计期末，结账人员发出指令进行结账操作；

（5）会计信息系统根据凭证文件和科目汇总文件自动、实时生成日记账、明细账和总账，提供内部和外部使用者需要的内部分析表和财务报表。

三、财务机器人和财务大数据的应用 ★

（一）财务机器人的应用

财务机器人是机器人流程自动化在会计领域具体应用的一套财务数字化应用技术。

当前，财务机器人主要应用于财务、税务、会计核算等基础财务会计领域。此外，财务机器人作为一种新兴人工智能工具，还可以应用于财务共享中心各环节，如供应商管理、应收款项管理流程等。具体应用如下：①会计核算与会计报表列报；②资金预算与管理优化；③费用报账自动化；④采购付款业务自动化；⑤纳税申报；⑥全面预算；⑦优化供应商管理；⑧优化应收款项管理。

（二）财务大数据的应用

财务大数据是贯穿企业业务申请、交易、支付、核算、报账等各环节的财务信息，需进行收集、存储、分析，实现自动化信息管理，帮助企业进行科学合理的决策。

数据采集和数据对比分析是财务大数据应用的主要形式，对财务信息实施大数据管理，可以实现企业财务信息的全面化管理。

四、财务共享中心的功能与作用 ★★

（一）财务共享中心的概念

财务共享中心，是指大型企业或企业集团公司利用信息技术对其会计工作进行集中统一处理的一种新型财务组织管理模式。

（二）财务共享中心的功能与作用

1. 财务共享中心的功能

财务共享中心的功能在不断变化，主要经历了三个阶段，具体如表2-39所示。

表2-39 财务共享中心的功能发展阶段

发展阶段	具体内容
1.0（共享）阶段	流程标准化、集中化、满足集团管控和提高效率要求
2.0（互联）阶段	采购交易、税务管理系统相集成
3.0（智能）阶段	以数据共享为核心的智能财务共享体系

不同企业的财务共享中心可能处于不同的发展阶段。从功能定位来看，不同的企业也有不同的定位。财务共享中心的功能定位可以划分为集中核算型、集中管控型和价值创造型三种。

2. 财务共享中心的作用

（1）有助于降低企业运营成本、提高财务运营效率。

（2）通过内部资源的优化整合提高企业绩效。

（3）支持企业集团的发展战略、向外界提供商业化服务。

第七节　成本与管理会计基础

一、成本会计基础★★

（一）概念

成本会计，是企业为求得产品的总成本和单位成本而核算全部生产成本和费用的会计活动。成本会计核算的对象是产品成本，产品成本是对成本计划执行的结果进行的事后反映。

产品成本核算是对生产经营过程中实际发生的成本、费用进行计算，并进行相应的账务处理。企业通过产品成本核算，一方面，可以审核各项生产费用和经营管理费用的支出，分析和考核产品成本计划的执行情况，促使企业降低成本和费用；另一方面，还可以为计算利润、进行成本和利润预测提供数据，有助于提高企业生产技术和经营管理水平。

企业生产类型不同、管理要求不同，对产品成本计算的影响也不同，并将影响甚至决定产品成本核算对象的确定。

（二）成本会计的基本原理

1. 产品成本核算的要求

1）做好各项基础工作

（1）做好定额的制定和修订工作。产品的各项消耗定额，既是编制成本计划、分析和考核成本水平的依据，也是审核和控制成本的标准。

（2）建立和健全材料物资的计量、收发、领退、转移、报废和盘点制度。成本核算的价值形式是以实物计量为基础的，只有对材料物资的收发、领退严格进行计量和验收，按规定进行盘点，才能保证账实相符，保证成本计算的正确性。

（3）建立和健全原始记录工作。原始记录是反映生产经营活动的原始资料，是进行成本预测、编制成本计划、进行成本核算、分析消耗定额和成本计划执行情况的依据。

（4）做好企业内部计划价格的制定和修订工作。

2）正确划分各种费用支出的界限

（1）正确划分收益性支出和资本性支出的界限。

（2）正确划分成本费用、期间费用和营业外支出的界限。

（3）正确划分本期成本费用与以后期间成本费用的界限。

（4）正确划分各种产品成本费用的界限。

（5）正确划分本期完工产品与期末在产品成本的界限。

【提示】上述五方面费用的划分应当遵循受益原则，即谁受益谁负担、何时受益何时负担、负担费用应与受益程度成正比。

3）根据生产特点和管理要求选择适当的成本计算方法

产品成本计算的方法必须根据产品的生产特点、管理要求及工艺过程等予以确定。目前，企业常用的产品成本计算方法有品种法、分批法、分步法、分类法、定额法、标准成本法等。

4）遵守一致性原则

企业产品成本核算采用的会计政策和会计估计一经确定，不得随意变更。在成本核算中，各种会计处理方法要前后一致，使前后各项的成本资料相互可比。

5）编制产品成本报表

企业一般应当按月编制产品成本报表，全面反映企业生产成本、成本计划执行情况、产品成本及其变动情况等。企业可以根据自身管理要求，确定成本报表的具体格式和列报方式。

2. 产品成本核算的一般程序

产品成本核算的一般程序，是指对企业在生产经营过程中发生的各项生产费用和期间费用，按照成本核算的要求，逐步进行归集和分配，最后计算出各种产品的生产成本和各项期间费用的过程。产品成本核算的一般程序如图 2-15 所示。

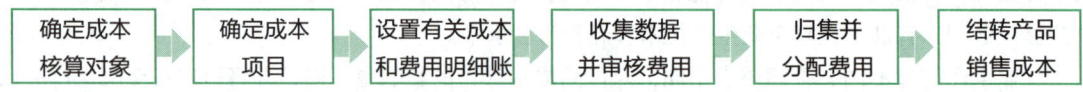

图 2-15　产品成本核算的一般程序

3. 产品成本核算对象

产品成本核算对象，是指确定归集和分配生产费用的具体对象，即承担生产费用的客体。

企业应当根据企业生产经营特点和管理要求来确定成本核算对象。成本核算对象的确定，是设立成本明细分类账户、归集和分配生产费用以及正确计算产品成本的前提。

一般情况下，制造业企业按照产品品种、批次订单或生产步骤等确定产品成本核算对象。具有不同生产经营特点的企业的成本核算对象如表 2-40 所示。

表 2-40　制造业企业成本核算对象的确定

生产经营特点	成本核算对象
大批大量单步骤生产产品或管理上不要求提供有关生产步骤成本信息	产品品种
小批单件生产产品	每批或每件产品
多步骤连续加工产品且管理上要求提供有关生产步骤成本信息	每种（批）产品及各生产步骤
产品规格繁多	适当合并产品结构、耗用原材料和工艺过程基本相同的产品

4. 产品成本项目

为具体反映计入产品生产成本的生产费用的各种经济用途，还应将其进一步划分为若干个项目，即产品生产成本项目，简称产品成本项目或成本项目。

企业应当根据生产经营特点和管理要求，按照成本的经济用途和生产要素内容相结合的原则或者成本性态等设置成本项目。例如，对于制造企业而言，一般可设置"直接材料""燃料及动力""直接人工"和"制造费用"等项目，如表 2-41 所示。

表 2-41　产品成本项目

成本项目	含义
直接材料	直接用于产品生产、构成产品实体的原料、主要材料以及有助于产品形成的辅助材料费用
燃料及动力	直接用于产品生产的外购和自制的燃料和动力
直接人工	直接从事产品生产的工人的职工薪酬
制造费用	间接用于产品生产的各项费用，以及虽直接用于产品生产，但不便于直接计入产品成本，因而没有专设成本项目的费用（如机器设备的折旧费），如车间管理人员的工资和福利费等

5. 产品成本的归集和分配

企业所发生的生产费用，能确定由某一成本对象负担的，应当按照所对应的产品成本项目类别，直接计入产品成本核算对象的生产成本；由几个成本核算对象共同负担的，应当选择合理的分配标准分配计入生产成本。企业应当根据生产经营特点，以正常生产能力水平为基础，按照资源耗费方式确定合理的分配标准。

企业应当按照权责发生制的原则，根据产品的生产特点和管理要求结转成本。企业不得以计划成本、标准成本、定额成本等代替实际成本。如果企业采用计划成本、标准成本、定额成本等类似成本进行直接材料日常核算，期末应当将耗用直接材料的计划成本或定额成本等类似成本调整为实际成本。

如果企业内部管理有相关要求，还可以利用现代信息技术，在确定多维度、多层次成本核算的基础上，对有关费用进行归集、分配和结转。

6. 产品成本计算方法

为了适应各种类型生产的特点和管理要求，产品成本计算方法主要包括以下三种：
① 以产品品种为成本计算对象，简称品种法；
② 以产品批别为成本计算对象，简称分批法；
③ 以产品生产步骤为成本计算对象，简称分步法。

1）品种法

品种法，是指以产品品种作为成本核算对象，归集和分配生产成本，计算产品成本的一种方法。此方法适用于单步骤、大量生产的企业，如发电、供水、采掘等企业。品种法的主要特点如表 2-42 所示。

表 2-42　品种法的主要特点

特点	具体内容
成本核算对象	产品品种
成本计算期	与财务报告期一致，在品种法下，企业一般定期（每月的月末）计算产品成本
月末生产费用在完工产品与在产品之间分配	月末一般不存在在产品，如果有在产品，数量也很少，所以一般不需要将生产费用在完工产品与在产品之间进行划分，当期发生的生产费用总和就是该种完工产品的总成本
	如果企业月末有在产品，要将生产成本在完工产品和在产品之间进行分配

2）分批法

分批法，是指按照产品批别归集生产费用、计算产品成本的一种方法。此方法适用于造船、重型机器制造、精密仪器制造等，也可用于一般企业中的新产品试制或试验的生产、在建工程以及设备修理作业等。分批法的主要特点如表 2-43 所示。

表 2-43　分批法的主要特点

特点	具体内容
成本核算对象	产品的批别。由于产品的批别大多是根据销货订单确定的，因此，这种方法又称订单法
成本计算期	产品成本计算是不定期的，成本计算期与产品生产周期基本一致，但与财务报告期不一致
在计算月末在产品成本时	一般不存在在完工产品和在产品之间分配成本的问题

3）分步法

分步法，是指按照生产过程中各个加工步骤（分品种）为成本核算对象，归集和分配生产成本，计算各步骤半成品和最后产成品成本的一种方法。适用于大量大批的多步骤生产，如冶金、纺织、机械制造等。分步法的主要特点如表 2-44 所示。

表 2-44　分步法的主要特点

特点	具体内容
成本核算对象	各种产品的生产步骤
月末分配成本	月末为计算完工产品成本，还需要将归集在生产成本明细账中的生产成本在完工产品和在产品之间进行分配
其他特点	除了按品种计算和结转产品成本外，还需要计算和结转产品的各步骤成本

【提示】成本计算期是固定的，与产品的生产周期不一致。

在实际工作中，根据成本管理对各生产步骤成本资料的不同要求（如是否要求计算半成品成本）和简化核算的要求，各生产步骤成本的计算和结转，一般采用逐步结转分步法和平行结转分步法。具体如图 2-16 所示。

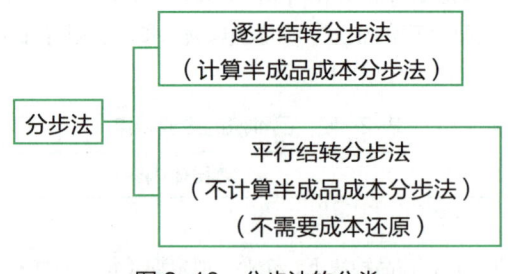

图 2-16　分步法的分类

（1）逐步结转分步法。

逐步结转分步法主要用于分步计算半成品成本的情形，也称为半成品成本分步法，是按照产品加工的顺序，逐步计算并结转半成品成本，直到最后加工步骤完成才能计算产品成本的一种方法。

该方法需要将生产成本在各步骤完工产品和在产品之间进行分配。

（2）平行结转分步法。

平行结转分步法，是指在计算各步骤成本时，不计算各步骤所产半成品的成本，也不计算各步骤所耗上一步骤的半成品成本，而只计算本步骤发生的各项其他成本，以及这些成本中应计入产成品的份额，将相同产品的各步骤成本明细账中的这些份额平行结转、汇总，即可计算出该种产品的产成品成本。

【注意1】不同产品成本计算方法比较

方法	适用范围	适用企业	成本计算对象	成本计算期	完工产品与在产品成本划分
品种法	单步骤、大量生产的企业	发电、供水、采掘等	产品品种	一般定期计算产品成本，成本计算期与财务报告期一致	月末一般不存在在产品，如果月末有在产品，要将生产费用在完工产品与在产品之间进行分配
分批法	单件小批类型的生产	造船、重型机械、精密仪器、新产品试制、设备修理等	产品批别	成本计算期与产品生产周期基本一致，而与财务报告期不一致	一般不存在完工产品与在产品之间分配费用的问题
分步法	大量大批的，管理上要求按照生产步骤计算产品成本的多步骤生产	冶金、纺织、机械制造等	生产步骤	一般定期计算产品成本，与产品的生产周期不一致	月末需将生产费用在完工产品和在产品之间进行费用分配

【注意2】逐步结转分步法和平行结转分步法比较

	是否计算半成品成本	生产费是否随半成品实物的转移而结转
逐步结转分步法	计算	结转
平行结转分步法	不计算	不结转

（三）产品成本核算

1. 产品成本核算的会计科目设置

产品成本核算的会计科目设置如表2-45所示。

表2-45 产品成本核算的会计科目设置

科目名称	核算内容	明细科目	借方	贷方	期末余额
生产成本	企业进行工业性生产发生的各项生产成本	基本生产成本、辅助生产成本	发生的各项生产费用	完工转出的产品成本	借方反映尚未加工完成的各项在产品的成本
制造费用	企业生产车间、部门为生产产品和提供劳务而发生的各项间接生产费用，以及虽然直接用于产品生产但管理上不要求或不便于单独核算的生产费用	按照不同的生产车间、部门和费用项目进行明细核算	归集发生的制造费用	制造费用的分配	除季节性生产外，期末应无余额

【提示 1】小企业对外提供劳务发生的成本，可将"生产成本"科目改为"劳务成本"科目，或者单独设置"劳务成本"科目进行核算。

【提示 2】小企业经过 1 年期以上的制造才能达到预定可销售状态的产品发生的借款费用，也在"制造费用"科目核算；单独核算废品损失和停工损失的企业，还可以另外增设相应的明细科目。

2. 材料、燃料、动力费用的归集和分配

材料、燃料、动力费用的归集和分配具体如表 2-46 所示。

表 2-46　材料、燃料、动力费用的归集和分配

项目	内容
①对于直接用于产品生产、构成产品实体的原材料，一般分产品领用	应根据领退料凭证直接计入相应产品成本的"直接材料"项目
②对于不能分产品领用的材料，如几种产品共同耗用的材料	需要采用适当的分配方法，分配计入各相关产品成本的"直接材料"成本项目

（1）相应的计算公式。

费用分配率＝待分配费用总额 ÷ 分配标准

某种产品应负担的费用＝该产品的分配标准 × 费用分配率

在消耗定额比较准确的情况下，原材料、燃料也可按照产品的材料定额消耗量比例或材料定额费用比例进行分配。计算公式如下：

①某种产品材料定额消耗量＝该种产品实际产量 × 单位产品材料消耗定额

②材料消耗量分配率＝材料实际总消耗量 ÷ 各种产品材料定额消耗量之和

③某种产品应分配的材料费用＝该种产品的材料定额消耗量 × 材料消耗量分配率 × 材料单价

（2）材料、燃料、动力费用分配的账务处理。

借：生产成本——基本生产成本

　　　　　——辅助生产成本

　　制造费用

　　贷：原材料——××材料

3. 职工薪酬的归集和分配

职工薪酬是企业在生产产品或提供劳务活动过程中所发生的各种直接和间接人工费用的总和。工资结算和支付的凭证为工资结算单或工资单，一般按车间、部门分别填制，是职工薪酬分配的依据。直接进行产品生产的生产工人的职工薪酬，直接计入产品成本的"直接人工"项目；不能直接计入产品成本的职工薪酬，按工时、产品产量、产值比例等方式分配计入各有关产品成本的"直接人工"项目。

（1）相应的计算公式。

生产职工薪酬费用分配率＝各种产品生产职工薪酬总额 ÷ 各种产品生产工时之和

某种产品应分配的生产职工薪酬＝该种产品生产工时 × 生产职工薪酬费用分配率

【提示】如果取得各种产品的实际生产工时数据比较困难，而各种产品的单件工时定额比较准确，也可按产品的定额工时比例分配职工薪酬，相应的计算公式如下：

某种产品耗用的定额工时＝该种产品投产量 × 单位产品工时定额

生产职工薪酬费用分配率＝各种产品生产职工薪酬总额 ÷ 各种产品定额工时之和

某种产品应分配的生产职工薪酬＝该种产品定额工时 × 生产职工薪酬费用分配率

（2）职工薪酬的账务处理。

借：生产成本——基本生产成本
　　　　　　——辅助生产成本
　　　制造费用
　　　销售费用
　　　管理费用等
　　贷：应付职工薪酬

4.辅助生产费用的归集和分配

（1）辅助生产费用的归集。

辅助生产费用的归集是通过辅助生产成本总账及明细账进行。一般按车间及产品和劳务设立明细账。当辅助生产发生各项生产费用时记入"生产成本——辅助生产成本"及其明细科目。一般情况下，辅助生产的制造费用，与基本生产的制造费用一样，先通过"制造费用"科目进行单独归集，然后再转入"辅助生产成本"科目。对于辅助生产车间规模很小、制造费用很少且辅助生产不对外提供产品和劳务的，为简化核算工作，辅助生产的制造费用也可以不通过"制造费用"科目，而直接记入"生产成本——辅助生产成本"科目。

（2）辅助生产费用的分配及账务处理。

辅助生产费用的分配方法有直接分配法、交互分配法、计划成本分配法、顺序分配法、代数分配法等。辅助生产费用的主要分配方法具体内容如表 2-47 所示。

表 2-47　辅助生产费用的分配方法

方法	概念	优、缺点
直接分配法	是不考虑各辅助生产车间之间相互提供劳务或产品的情况，而是将各种辅助生产费用直接分配给辅助生产车间以外的各受益单位的分配方法。 【提示】此方法适用于辅助生产内部相互提供产品和劳务不多、不进行费用的交互分配、对辅助生产成本和企业产品成本影响不大的情况	优点：分配一次，计算简单。 缺点：分配结果不够准确

（续表）

方法	概念	优、缺点
交互分配法	是对各辅助生产车间的成本费用进行交互和对外两次分配的一种辅助生产费用的分配方法。在此方法下，首先将辅助生产明细账上的合计数根据各辅助生产车间、部门相互提供的劳务或产品数量计算分配率，在辅助生产车间进行交互分配；然后将各辅助生产车间交互分配后的实际费用（即交互前的费用加上交互分配转入的费用，减去交互分配转出的费用），再按提供的劳务量或产品量在辅助生产车间以外的各受益单位之间进行分配	优点：提高了分配的正确性。 缺点：加大了分配的工作量
计划成本分配法	是按照计划单位成本计算、分配辅助生产费用的一种方法。在此方法下，是辅助生产为各受益单位提供的劳务或产品，都按劳务或产品的计划单位成本进行分配，辅助生产车间实际发生的费用与按计划单位成本分配转出的费用之间的差额采用简化计算方法全部计入管理费用。 【提示】①此方法适用于辅助生产劳务或产品计划单位成本比较准确的企业；②在计划成本分配法下不用算分配率，题目中会将计划单位成本作为已知条件给出	优点：方便成本考核和分析，分清各单位的经济责任。 缺点：成本分配不够准确

辅助生产费用分配方法的比较具体如表 2-48 所示。

表 2-48　辅助生产费用分配方法的比较

项目	直接分配法	交互分配法	计划成本分配法
特点	不在辅助生产车间分配，只对外分配	两次分配：先对内，再对外	按计划成本向所有受益部门分配，差额计入管理费用
单位成本（分配率）	分配率 = $\dfrac{\text{分配前费用}}{\text{对外总量}}$	对内分配率 = $\dfrac{\text{分配前费用}}{\text{对内对外总量}}$ 对外分配率 = $\dfrac{\text{分配前费用} + \text{分入} - \text{分出}}{\text{对外总量}}$	对内、对外分配率 = 计划单位成本 差异 = 分配前费用 + 计划分入 - 计划分出
优缺点	计算简单，但分配结果不够准确	提高了分配的正确性，同时加大了工作量	便于考核经济责任，分配结果不够准确
适用企业	辅助车间之间相互提供劳务或产品不多	—	辅助生产劳务或产品计划单位成本比较准确

5. 制造费用的归集和分配

（1）制造费用的归集。

制造费用是指企业的生产单位为组织和管理生产而发生的各项费用，是产品成本的重要组成部分,包括物料消耗、车间管理人员的薪酬、车间管理用房屋和设备的折旧费、租赁费和保险费、车间管理用具摊销等。为减少费用项目,简化核算工作,可将性质相同的费用合并设立相应的费用项目,也可根据费用比重大小和管理上的要求另行设立制造费用项目。为使各期成本、费用资料可比,制造费用项目一经确定,不应任意变更。月末,应按照一定的方法将通过"制造费用"账户归集的制造费用从贷方分配转入有关成本核算对象。

(2)制造费用的分配。

制造费用分配率 = 制造费用总额 ÷ 各产品分配标准之和

(分配标准:产品生产工时总数或生产工人定额工时总数、生产工人工资总和、机器工时总数、产品计划产量的定额工时总数)

某种产品应分配的制造费用 = 该种产品分配标准 × 制造费用分配率

制造费用的分配方法具体如表2-49所示。

表2-49 制造费用的分配方法

分配方法	分配标准	适用情况
生产工人工时比例法	生产工人工时	是分配间接费用的常用标准之一,较为常用
生产工人工资比例法	生产工人工资	各种产品生产机械化程度相差不多的企业
机器工时比例法	机器工时	产品生产的机械化程度较高的车间
按年度计划分配率分配法	年度计划分配率	季节性生产企业

【提示】企业应当根据制造费用的性质,合理选择分配方法。企业选用哪种分配方法,由企业自行决定。

(3)制造费用的账务处理。

制造费用的分配方法一经确定,不应随意变更。如需变更,应当在附注中予以说明。企业无论采用哪种分配方法,都应根据分配计算结果编制制造费用分配表,根据制造费用分配表进行总分类核算和明细核算,会计分录为:借记"生产成本"科目,贷记"制造费用"科目。

6. 废品损失和停工损失的核算

(1)废品损失的核算。

废品损失是指在生产过程中发生的和入库后发现的超定额的不可修复废品的生产成本,以及可修复废品的修复费用,扣除回收的废品残料价值和应收赔款以后的损失。具体如图2-17所示。

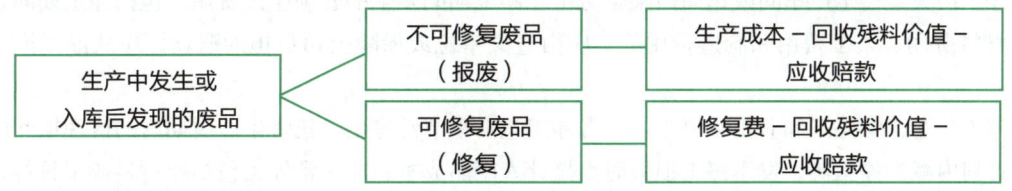

图2-17 废品损失的核算

【提示】经质量检验部门鉴定,不需要返修和可降价出售的不合格品,产品入库后由于保管不善等原因而损坏变质的产品,以及实行"三包"企业在产品出售后发现的废品,不包括在废品损失中。

（2）废品损失也可不单独核算，相应费用等体现在"生产成本——基本生产成本""原材料"等科目中。废品损失的核算方法及账务处理具体如表 2-50 所示。

表 2-50 废品损失的核算方法及账务处理

		不可修复废品损失	可修复废品损失
概述		对于不可修复废品的生产成本，由于其成本在报废之前是与合格品的成本在一起的，因此，需要用适当的分配方法，将某种产品的成本，在合格品和废品之间进行分配，从而计算出不可修复废品的报废损失	可修复废品返修以前发生的生产费用，不是废品损失，不需要计算其生产成本，而应留在"生产成本——基本生产成本"科目和所属有关产品成本明细账中，不需要转出
核算方法	按废品所耗实际费用计算	a.将废品报废前与合格品在一起发生的全部费用，采用一定方法在合格品和废品之间进行分配，计算出废品的实际成本 b.完工后发现的废品，可按合格品产量和废品的数量比例分配生产费用，计算出废品的实际成本	"废品损失"科目只登记返修发生的各种费用，不登记返修前发生的费用
	按废品所耗定额费用计算	废品的生产成本是按废品数量和各项费用定额计算的，不需要考虑废品实际发生的生产费用	
账务处理		a.发生废品损失时结转不可修复的废品成本： 借：废品损失 　　贷：生产成本——基本生产成本 b.收回残料的价值和应收的赔款： 借：原材料、其他应收款 　　贷：废品损失 c.结转废品净损失： 借：生产成本——基本生产成本 　　贷：废品损失	a.可修复废品损失返修发生的各种费用： 借：废品损失 　　贷：原材料、应付职工薪酬等 b.收回残料的价值和应收的赔款： 借：原材料、其他应收款 　　贷：废品损失 c.结转废品净损失： 借：生产成本——基本生产成本 　　贷：废品损失

（2）停工损失的核算。

停工损失是指生产车间或车间内某个班组在停工期间发生的各项生产费用，包括停工期间发生的原材料费用、人工费用和制造费用等。应由过失单位或保险公司负担的赔款，应从停工损失中扣除。

停工分为正常停工和非正常停工。正常停工包括季节性停工、正常生产周期内的修理期间的停工、计划内减产停工等，发生停工损失时直接计入产品成本；非正常停工包括原材料或工具等短缺停工、设备故障停工、电力中断停工、自然灾害停工等，发生停工损失时计入当期损益。

【提示】不满 1 个工作日的停工，一般不计算停工损失。

单独核算停工损失的企业，应增设"停工损失"科目，在成本项目中增设"停工损失"项目。具体账务处理如表 2-51 所示。

表 2-51 停工损失的账务处理

停工期内发生的各项费用		借：停工损失 　贷：管理费用/应付职工薪酬等
应由过失单位及过失人员或保险公司负担的赔款		借：其他应收款 　贷：停工损失
期末，将停工净损失从该科目对应账户贷方转出	属于自然灾害部分	借：营业外支出 　贷：停工损失
	应由本月产品成本负担的部分	借：生产成本——基本生产成本 　贷：停工损失

【提示】

（1）"停工损失"科目对应账户月末无余额。

（2）不单独核算停工损失的企业，不设置"停工损失"科目，停工损失直接反映在"制造费用"和"营业外支出"等科目中。

（3）季节性生产企业在停工期间发生的制造费用，应当在开工期间进行合理分摊，连同开工期间发生的制造费用，一并计入产品的生产成本。

（四）生产费用在完工产品和在产品之间的归集和分配

1. 在产品数量的核算

在产品是指没有完成全部生产过程的产品，包括正在车间加工的在产品和已经完成一个或几个生产步骤但还需继续加工的半成品。正在返修的废品和未经验收入库的产品和等待返修的废品也属于在产品。

【提示】对外销售的自制半成品，属于完工产品，验收入库后不应列入在产品之内。对某个车间或生产步骤而言，在产品只包括该车间或该生产步骤正在加工中的那部分在产品。为确定在产品结存的数量，企业需要做好在产品收发结存的日常核算和产品的清查工作。

在产品盘存盈亏处理的核算，应在制造费用结账前进行。在产品清查的账务处理具体如表 2-52 所示。

表 2-52 在产品清查的账务处理

在产品清查	会计处理	
盘盈	按盘盈在产品成本（一般按定额成本计算）： 借：生产成本——基本生产成本 　贷：待处理财产损溢——待处理流动资产损溢	经批准后转入"制造费用"科目对应账户： 借：待处理财产损溢——待处理流动资产损溢 　贷：制造费用
盘亏/毁损	发生盘亏和毁损的： 借：待处理财产损溢——待处理流动资产损溢 　贷：生产成本——基本生产成本 取得的残料： 借：原材料等 　贷：待处理财产损溢——待处理流动资产损溢	经批准处理时，应分别转入对应账户，其中由于车间管理不善造成的损失，转入"制造费用"科目对应账户： 借：制造费用/营业外支出等 　贷：待处理财产损溢——待处理流动资产损溢

2.生产费用在完工产品和在产品之间的分配

基本公式：

本月完工产品成本＝本月发生生产成本＋月初在产品成本－月末在产品成本

常用的分配方法：不计算在产品成本法、在产品按固定成本计价法、在产品按所耗直接材料成本计价法、约当产量比例法、在产品按定额成本计价法、在产品按完工产品成本计价法、定额比例法等。本节仅介绍约当产量比例法、在产品按完工产品成本计价法、定额比例法。

（1）约当产量比例法。

约当产量比例法下，"基本生产成本"明细账户借、贷方核算内容如图2-18所示。

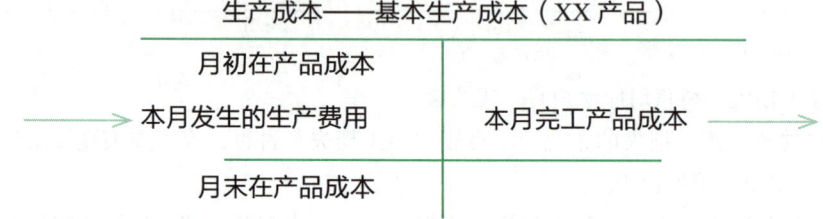

图2-18　约当产量比例法下的成本核算

约当产量是指将月末在产品数量按其投料程度和加工程度折算为相当于完工产品的数量，即完工程度为100%的约当产量，本月完工产品产量和月末在产品约当产量之和，称为约当总产量。

约当产量比例法是指生产费用按照完工产品数量和月末在产品约当产量的比例分配计算完工产品成本和月末在产品成本的一种方法。其计算公式如下：

在产品约当产量＝在产品数量×完工程度

单位成本＝（月初在产品成本＋本月发生生产成本）÷（完工产品产量＋在产品约当产量）

完工产品成本＝完工产品产量×单位成本

在产品成本＝在产品约当产量×单位成本

【提示1】在很多加工生产中，材料是在生产开始时一次性投入的。这时，在产品无论完工程度如何，都应和完工产品负担同样材料成本。

【提示2】如果材料是随着生产过程陆续投入的，则应按照各工序投入的材料成本在全部材料成本中所占的比例计算在产品的约当产量。

（2）在产品按定额成本计价法。

在产品按定额成本计价法中，"基本生产成本"明细账户借、贷方核算内容如图2-19所示。

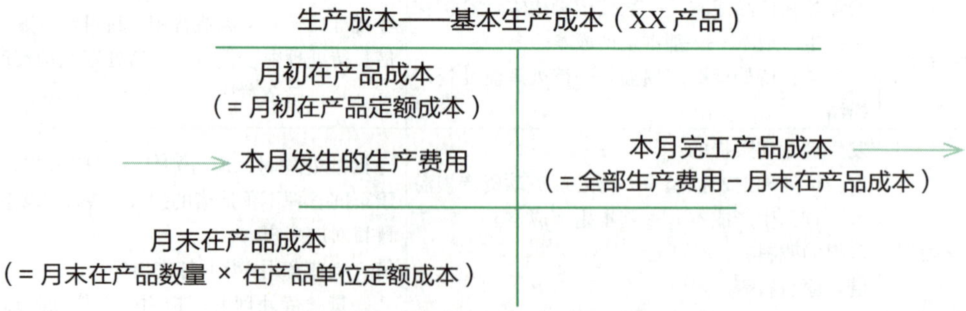

生产成本——基本生产成本（XX产品）

月初在产品成本
（＝月初在产品定额成本）

本月发生的生产费用

本月完工产品成本
（＝全部生产费用－月末在产品成本）

月末在产品成本
（＝月末在产品数量×在产品单位定额成本）

图2-19　在产品按定额成本计价法下的成本核算

【提示】实际脱离定额的差异由完工产品负担。

企业采用在产品按定额成本计价的方法，可根据实际结存的在产品数量、投料和加工程度，以及单位产品定额成本计算出月末在产品的定额成本，将其从月初在产品定额成本和本月生产费用之中扣除，余额即为本月完工产品成本。也就是说，每月生产费用脱离定额的差异，全部计入当月完工产品成本。

在这种方法下，企业事先经过调查研究、技术测定或按定额资料，对各个加工阶段中的在产品直接确定一个单位定额成本。其计算公式如下：

月末在产品成本＝月末在产品数量 × 在产品单位定额成本

完工产品总成本＝（月初在产品成本＋本月发生生产成本）－月末在产品成本

完工产品单位成本＝完工产品总成本 ÷ 完工产品数量

（3）定额比例法。

在定额比例法下，"基本生产成本"明细账户借、贷方核算内容如图 2-20 所示。

图 2-20　定额比例法下的成本核算

采用定额比例法，是将产品的生产费用按照完工产品和月末在产品的定额耗用量（或定额成本）的比例分配，计算完工产品和月末在产品成本。直接材料成本按直接材料的定额消耗量或定额成本比例分配；直接人工等加工成本可以按各该定额成本的比例分配，也可按定额工时比例分配。这种方法的计算公式如下（以按定额成本比例为例）：

①直接材料的分配。

直接材料成本分配率＝（月初在产品实际材料成本＋本月投入的实际材料成本）÷（完工产品定额材料成本＋月末在产品定额材料成本）

完工产品应负担的直接材料成本＝完工产品定额材料成本 × 直接材料成本分配率

月末在产品应负担的直接材料成本＝月末在产品定额材料成本 × 直接材料成本分配率

②直接人工的分配。

直接人工成本分配率＝（月初在产品实际人工成本＋本月投入的实际人工成本）÷（完工产品定额工时＋月末在产品定额工时）

完工产品应负担的直接人工成本＝完工产品定额工时 × 直接人工成本分配率

月末在产品应负担的直接人工成本＝月末在产品定额工时 × 直接人工成本分配率

③制造费用的分配。

制造费用分配率＝（月初在产品制造费用＋本月实际发生制造费用）÷（完工产品定额工时＋月末在产品定额工时）

完工产品应负担的制造费用＝完工产品定额工时 × 制造费用分配率

月末在产品应负担的制造费用＝月末在产品定额工时 × 制造费用分配率

（4）各生产费用分配方法的适用情况。

约当产量比例法、在产品按定额成本计价法、定额比例法的适用情况如表 2-53 所示。

表 2-53　各生产费用分配方法的适用情况

分配方法	适用情况
约当产量比例法	产品数量较多，各月在产品数量变化也较大，且生产成本中直接材料成本和直接人工等加工成本的比重相差不大的产品
在产品按定额成本计价法	各项消耗定额或成本定额比较准确、稳定，而且各月末在产品数量变化不是很大的产品
定额比例法	各项消耗定额或成本定额比较准确、稳定，但各月末在产品数量变动较大的产品

3.联产品和副产品的成本分配

联产品是指使用同种原料，经过同一生产过程同时生产出来的两种或两种以上的主要产品。副产品是指在同一生产过程中，使用同种原料，在生产主要产品的同时附带生产出来的非主要产品。

（1）联产品成本的分配。

联产品的生产特点是在生产开始时，各产品尚未分离，同一加工过程中对联产品的联合加工。当生产过程进行到一定生产步骤，产品才会分离。在分离点以前发生的生产成本，称为联合成本。联产品成本计算的一般程序如图 2-21 所示。

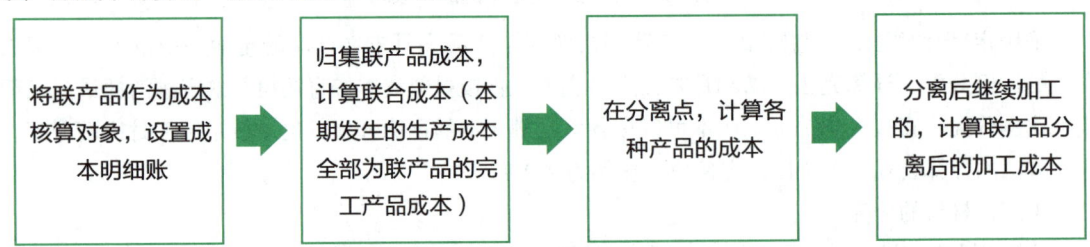

图 2-21　联产品成本计算的一般程序

企业可选择合理的方法进行联合生产成本的分配，具体如表 2-54 所示。

表 2-54　联合生产成本计算方法

联合生产成本计算方法	具体内容
相对销售价格分配法	在此方法下，联合成本是按分离点上每种产品的销售价格比例进行分配的。采用这种方法，要求每种产品在分离点时的销售价格可以可靠的计量。如果联产品在分离点上即可供销售，则可采用销售价格进行分配。如果这些产品尚需要进一步加工后才可供销售，则需要对分离点上的销售价格进行估计。此时，也可采用可变现净值进行分配
实物量分配法	采用实物量分配法时，联合成本是以产品的实物数量为基础分配的。这里的"实物数量"可以是数量或重量。 实物量分配法通常适用于所生产的产品的价格很不稳定或无法直接确定。 单位数量（或重量）成本＝联合成本 ÷ 各联产品的总数量（总重量）

（2）副产品成本的分配。

企业在分配主产品和副产品的生产成本时，通常先确定副产品的生产成本，然后再确定主产品的生产成本。

确定副产品成本的方法有：①不计算副产品成本扣除法；②副产品成本按固定价格或计划价格计算法；③副产品只负担继续加工成本法；④联合成本在主副产品之间分配法；⑤副产品作价扣除法等。

【提示】副产品作价扣除法需要从产品售价中扣除继续加工成本、销售费用、销售税金及相应的利润，即：

副产品扣除单价 = 单位售价 −（继续加工单位成本 + 单位销售费用 + 单位销售税金 + 合理的单位利润）

4. 完工产品成本的结转

企业完工产品经产成品仓库验收入库后，其成本应从"生产成本——基本生产成本"科目及所属产品成本明细账的贷方转出，转入"库存商品"科目对应账户的借方，应借记"库存商品"科目，贷记"生产成本——基本生产成本"科目。

【提示】"生产成本——基本生产成本"科目所对应账户的月末余额，就是基本生产在产品的成本。

二、管理会计基础★★

（一）管理会计指引

1. 管理会计的概念

管理会计是会计的重要分支，主要服务于单位（包括企业和行政事业单位，下同）内部管理需要，是通过利用相关信息，有机整合财务与业务活动，在单位规划、决策、控制和评价等方面发挥重要作用的管理活动。

2. 管理会计的目标

通过运用管理会计工具方法，参与单位规划、决策、控制和评价活动并为之提供有用信息，推动单位实现战略规划。

3. 管理会计指引体系

管理会计指引体系是在管理会计理论研究成果的基础上，形成的具备可操作性的系列标准。管理会计指引体系包括基本指引、应用指引和案例库。

（1）基本指引

管理会计基本指引在管理会计指引体系中起统领作用，是制定应用指引和建设案例库的基础。

【提示】不同于企业会计准则基本准则，管理会计基本指引只是对管理会计普遍规律和基本认识的总结升华，并不对应用指引中未做出描述的新问题提供处理依据。

（2）应用指引

在管理会计指引体系中，应用指引居于主体地位，是对单位管理会计工作的具体指导。

（3）案例库

案例库是对国内外管理会计经验的总结提炼，是对如何运用管理会计应用指引的实例示范。

（二）管理会计要素

单位应用管理会计，应包括应用环境、管理会计活动、工具方法、信息与报告四项管理会计要素，具体如图 2-22 所示。

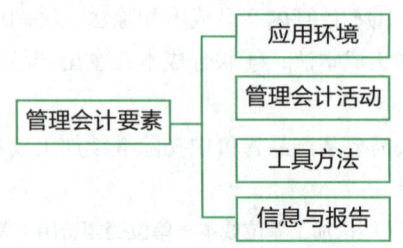

图 2-22　管理会计要素

1）应用环境

管理会计应用环境是单位应用管理会计的基础。单位应用管理会计，首先应充分了解和分析其应用环境，包括外部环境和内部环境。外部环境主要包括国内外经济、市场、法律、行业等因素，内部环境主要包括与管理会计建设和实施相关的价值创造模式、组织架构、管理模式、资源、信息系统等因素。

2）管理会计活动

管理会计活动是单位管理会计工作的具体开展，是单位利用管理会计信息，运用管理会计工具方法，在规划、决策、控制、评价等方面服务于单位管理需要的相关活动。

3）工具方法

管理会计工具方法是实现管理会计目标的具体手段，是单位应用管理会计时所采用的战略地图、滚动预算、作业成本法、本量利分析、平衡计分卡等模型、技术、流程的统称。

（1）战略地图。战略地图，是指为描述企业各维度战略目标之间因果关系而绘制的可视化的战略因果关系图。战略地图通常以财务、客户、内部业务流程、学习与成长四个维度为主要内容。企业通过分析各维度的相互关系，绘制成战略因果关系图。

（2）滚动预算。滚动预算，是指企业根据上一期预算执行情况和新的预测结果，按既定的预算编制周期和滚动频率，对原有的预算方案进行调整和补充，逐期滚动，持续推进的预算编制方法，其分类如图 2-23 所示。

预算编制周期，是指每次预算编制所涵盖的时间跨度。滚动频率，是指调整和补充预算的时间间隔，一般以月度、季度、年度等为滚动频率。

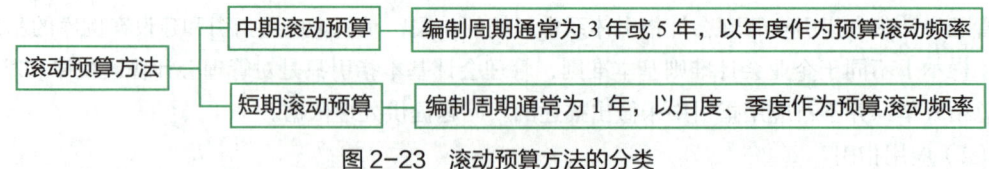

图 2-23　滚动预算方法的分类

（3）作业成本法。作业成本法，是指以"作业消耗资源、产出消耗作业"为原则，按照资源动因将资源费用追溯或分配至各项作业，计算出作业成本，然后再根据作业动因，将作业成本追溯或分配至各成本对象，最终完成成本计算过程的成本计算方法。

作业，是指企业基于特定目的重复执行的任务或活动，是连接资源和成本对象的桥梁。一项作业既可以是一项非常具体的任务或活动，也可以泛指一类任务或活动。作业可分为主要作业和次要作业，具体如图2-24所示。

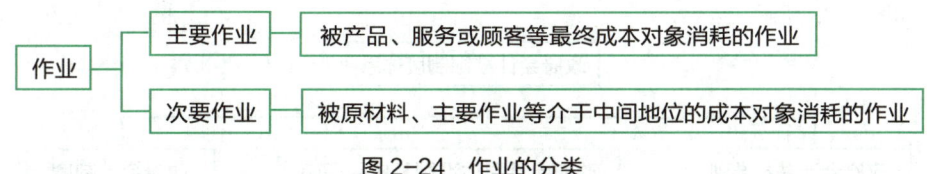

图2-24　作业的分类

作业成本法的适用范围：适用于作业类型较多且作业链较长，同一生产线生产多种产品，规模较大且管理层对产品成本准确性要求较高，产品、顾客和生产过程多样化程度较高以及间接或辅助资源费用所占比重较大的企业。

（4）本量利分析。本量利分析，是指以成本性态分析和变动成本法为基础，运用数学模型和图示，对成本、利润、业务量与单价等因素之间的依存关系进行分析，发现变动的规律性，为企业进行预测、决策、计划和控制等活动提供支持的一种方法。"本"是指成本，包括固定成本和变动成本；"量"是指业务量，一般指销售量；"利"一般指营业利润。

本量利分析的基本公式：营业利润＝（单价－单位变动成本）×业务量－固定成本

（5）平衡计分卡。平衡计分卡，是指基于企业战略，从财务、客户、内部业务流程、学习与成长四个维度，将战略规划目标逐层分解转化为具体的、相互平衡的业绩指标体系，并据此进行绩效管理的方法。平衡计分卡通常与战略地图等其他工具结合使用。

平衡计分卡的适用范围：适用于战略规划目标明确、管理制度比较完善、管理水平相对较高的企业。平衡计分卡的应用对象可为企业、所属单位（部门）和员工。

4）信息与报告

管理会计信息包括管理会计应用过程中的财务信息和非财务信息，属于报告的基本元素。管理会计信息应当相关、可靠、及时、可理解。

管理会计报告是管理会计活动成果的重要表现形式。企业编制管理会计报告的目的是为报告使用者提供满足管理需要的信息，管理会计报告是管理会计活动开展情况和效果的具体呈现。管理会计报告按期间可分为定期报告和不定期报告，按内容可以分为综合性和专项等报告类别。

第八节　政府会计基础

一、政府会计概念★

（一）政府会计的概念

政府会计是会计体系的重要分支，它是运用会计专门方法对政府及其组成主体（包括政府所属的行政事业单位等）的财务状况、运行情况（含运行成本，下同）、现金流量、预算执行等情况进行全面核算、监督和报告。

我国的政府会计准则制度体系主要由政府会计基本准则、具体准则及应用指南和政府会计制度等组成，如图2-25所示。

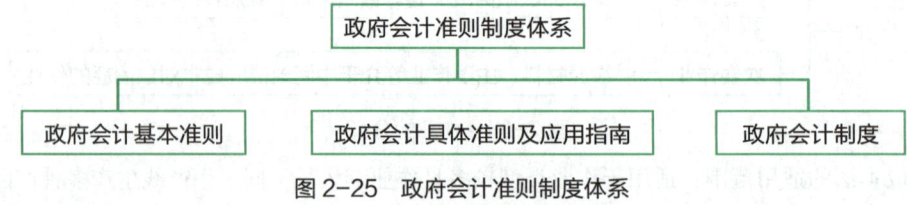

图 2-25 政府会计准则制度体系

1. 基本准则

政府会计基本准则用于规范政府会计目标、政府会计主体、政府会计信息质量要求、政府会计核算基础，以及政府会计要素定义、确认和计量原则、列报要求等原则事项。2015年10月，财政部印发了《政府会计准则——基本准则》（以下简称《基本准则》）。

【提示】基本准则指导具体准则和制度的制定，并为政府会计实务问题提供处理原则。

2. 具体准则及应用指南

政府会计具体准则及应用指南的基本含义如表2-55所示。

表 2-55 政府会计具体准则及应用指南的基本含义

具体准则	依据基本准则制定，用于规范政府会计主体发生的经济业务或事项的会计处理原则，详细规定经济业务或事项引起的会计要素变动的确认、计量、记录和报告
应用指南	对具体准则的实际应用作出的操作性规定

自2016年以来，财政部相继出台了存货、投资、固定资产、无形资产、公共基础设施、政府储备物资、会计调整、负债、财务报表编制和列报、政府和社会资本合作项目合同等10项具体准则，以及固定资产、政府和社会资本合作项目合同等2项具体准则应用指南。

3. 制度

政府会计制度依据基本准则制定，主要规定政府会计科目及账务处理、报表体系及编制说明等。政府会计主体应当根据政府会计准则（包括基本准则和具体准则）规定的原则和政府会计制度及解释的要求，对其发生的各项经济业务或事项进行会计核算。根据《基本准则》，政府会计主体主要包括各级政府、各部门、各单位，如表2-56所示。

表 2-56 政府会计主体

政府会计主体	各级政府	各级政府财政部门，具体负责财政总会计的核算
	各部门	与本级政府财政部门直接或者间接发生预算拨款关系的国家机关、军队、政党组织、社会团体、事业单位和其他单位
	各单位	

【提示】军队、已纳入企业财务管理体系的单位和执行《民间非营利组织会计制度》的社会团体，其会计核算不适用政府会计准则制度。

（二）政府会计的特点

政府会计的特点如表 2-57 所示。

表 2-57 政府会计的特点

特点	具体内容
双功能	政府会计应当实现预算会计和财务会计的双重功能。预算会计对政府会计主体预算执行过程中发生的全部预算收入和全部预算支出进行会计核算，主要反映和监督预算收支执行情况。财务会计对政府会计主体发生的各项经济业务或者事项进行会计核算，主要反映和监督政府会计主体财务状况、运行情况和现金流量等
双基础	预算会计实行收付实现制，国务院另有规定的，从其规定；财务会计实行权责发生制
双要素	政府会计要素包括预算会计要素和财务会计要素。其中，预算会计要素包括预算收入、预算支出与预算结余；财务会计要素包括资产、负债、净资产、收入和费用
双报告	政府会计主体应当编制决算报告和财务报告。其中，政府决算报告是综合反映政府会计主体年度预算收支执行结果的文件，主要以收付实现制为基础编制，以预算会计核算生成的数据为准；政府财务报告是反映政府会计主体某一特定日期的财务状况和某一会计期间的运行情况和现金流量等信息的文件，主要以权责发生制为基础编制，以财务会计核算生成的数据为准

【例题　单选题】政府会计特点中的"双报告"指的是（　）。
A. 预算报告和财务报告　　　　　　B. 绩效报告和预算报告
C. 决算报告和财务报告　　　　　　D. 预算报告和决算报告
【答案】C
【解析】"双报告"指的是决算报告和财务报告。

二、政府会计实务概要★★

（一）政府会计要素及其确认和计量

政府会计要素包括财务会计要素和预算会计要素，具体如图 2-26 所示。

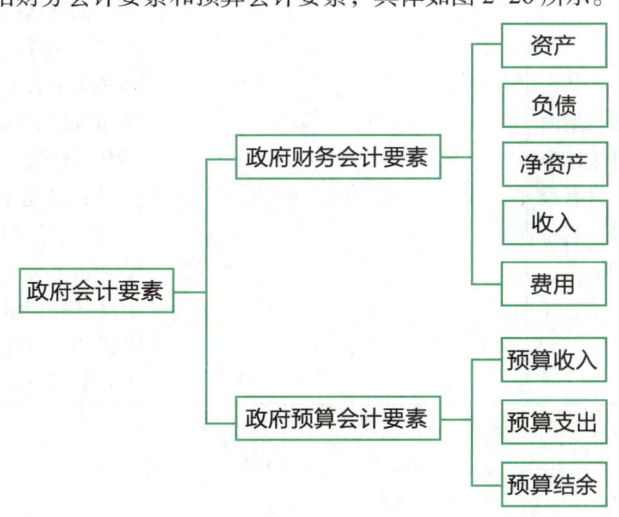

图 2-26　政府会计要素

1. 政府财务会计要素

政府财务会计要素包括资产、负债、净资产、收入和费用，具体内容如表2-58所示。

表2-58 政府财务会计要素

政府财务会计要素	定义	类别	确认条件	计量属性
资产	资产，是指政府会计主体过去的经济业务或者事项形成的，由政府会计主体控制的，预期能够产生服务潜力或者带来经济利益流入的经济资源	流动资产：是指预计在1年内（含1年）耗用或者可以变现的资产，包括货币资金、短期投资、应收及预付款项、存货等。 非流动资产：是指流动资产以外的资产，包括固定资产、在建工程、无形资产、长期投资、公共基础设施、政府储备资产、文物文化资产、保障性住房和自然资源资产等	同时满足以下条件时，确认资产：一是与该经济资源相关的服务潜力很可能实现或者经济利益很可能流入政府会计主体；二是该经济资源的成本或者价值能够可靠地计量	历史成本、重置成本、现值、公允价值和名义金额
负债	负债，是指政府会计主体过去的经济业务或者事项形成的，预期会导致经济资源流出政府会计主体的现时义务	流动负债：是指预计在1年内（含1年）偿还的负债，包括短期借款、应付短期政府债券、应付及预收款项、应缴款项等。 非流动负债：是指流动负债以外的负债，包括长期借款、长期应付款、应付长期政府债券等	同时满足以下条件时，确认为负债：一是履行该义务很可能导致含有服务潜力或者经济利益的经济资源流出政府会计主体；二是该义务的金额能够可靠地计量	历史成本、现值和公允价值
净资产	净资产，是指政府会计主体资产扣除负债后的净额，其金额取决于资产和负债的计量	—	—	—
收入	收入，是指报告期内导致政府会计主体净资产增加的、含有服务潜力或者经济利益的经济资源的流入	—	收入的确认应当同时满足以下条件：一是与收入相关的含有服务潜力或者经济利益的经济资源很可能流入政府会计主体；二是含有服务潜力或者经济利益的经济资源流入会导致政府会计主体资产增加或者负债减少；三是流入的金额能够可靠地计量	—

（续表）

政府财务会计要素	定义	类别	确认条件	计量属性
费用	费用，是指报告期内导致政府会计主体净资产减少的，含有服务潜力或者经济利益的经济资源的流出	—	费用的确认应当同时满足以下条件：一是与费用相关的含有服务潜力或者经济利益的经济资源很可能流出政府会计主体；二是含有服务潜力或者经济利益的经济资源流出会导致政府会计主体资产减少或者负债增加；三是流出的金额能够可靠地计量	—

【提示】政府会计主体的负债可分为偿还时间与金额基本确定的负债和由或有事项形成的预计负债，具体如图 2-27 所示。

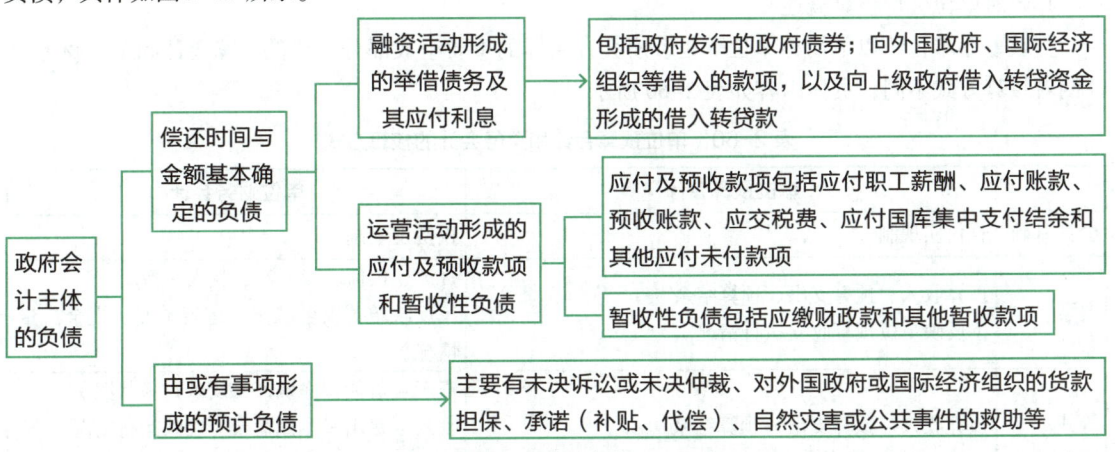

图 2-27　政府会计主体负债的分类

2. 政府预算会计要素

政府预算会计要素包括预算收入、预算支出与预算结余，具体如表 2-59 所示。

表 2-59　政府预算会计要素

政府预算会计要素	概念	确认	计量
预算收入	政府会计主体在预算年度内依法取得的并纳入预算管理的现金流入	一般在实际收到时予以确认	以实际收到的金额计量
预算支出	政府会计主体在预算年度内依法发生并纳入预算管理的现金流出	一般在实际支付时予以确认	以实际支付的金额计量

(续表)

政府预算会计要素	概念	确认	计量
预算结余	政府会计主体预算年度内预算收入扣除预算支出后的资金余额，以及历年滚存的资金余额。预算结余包括结余资金和结转资金	结余资金，是指年度预算执行终了，预算收入实际完成数扣除预算支出和结转资金后剩余的资金 结转资金，是指预算安排项目的支出年终尚未执行完毕或者因故未执行，且下年需要按原用途继续使用的资金	

（二）政府会计核算模式

政府会计由预算会计和财务会计构成。政府会计核算模式实现了预算会计与财务会计适度分离并相互衔接，全面、清晰地反映政府财务信息和预算执行信息。这种核算模式，能够使公共资金管理中预算管理、财务管理和绩效管理相互联结、融合，全面提高管理水平和资金使用效率，对于规范政府会计行为，夯实政府会计主体预算和财务管理基础，强化政府绩效管理具有重要的影响。

三、政府单位会计核算★★

1.政府单位会计核算概述

行政事业单位（以下简称单位）是政府会计主体的重要组成部分。单位预算会计和单位财务会计两者核算方式不同，具体内容如表2-60所示。

表2-60 单位预算会计和财务会计的核算方式

	单位预算会计	单位财务会计
会计基础	收付实现制	权责发生制
要素	预算收入、预算支出、预算结余（反映单位预算收支执行情况）	资产、负债、净资产、收入、费用（反映单位财务状况、运行情况和现金流量情况）
等式	预算收入－预算支出＝预算结余	资产－负债＝净资产（反映财务状况） 收入－费用＝本期盈余（反映运行情况） 【注意】本期盈余经分配后转入净资产
科目设置	预算收入科目："财政拨款预算收入""事业预算收入""非同级财政拨款预算收入"等。 预算支出科目："行政支出""事业支出"，下设"财政拨款支出""非财政专项资金支出"等设置明细科目。 "资金结存"下设"零余额账户用款额度""货币资金""财政应返还额度"三个明细科目。 【注意】"资金结存"科目借方余额和预算结转结余科目贷方余额相等	收入类科目："财政拨款收入""事业收入""附属单位上缴收入""非同级财政拨款收入"等。 费用类科目："业务活动费用""单位管理费用""经营费用""上缴上级费用"等

【提示】

（1）对于单位受托代理的现金、不属于本年度部门预算的现金，以及应上缴财政的、应转拨的、应退回的现金所涉及的收支业务，仅进行财务会计处理。

（2）单位对于纳入年度部门预算管理的现金收支业务，财务会计核算和预算会计核算同时进行；对于其他业务，仅需进行财务会计核算。

2.国库集中收付业务

国库集中收付，是指以国库单一账户体系为基础，将所有财政性资金都纳入国库单一账户体系管理，收入直接缴入国库和财政专户，支出通过国库单一账户体系支付到商品和劳务供应者或用款单位的一项国库管理制度。实行国库集中支付的单位，财政资金的支付方式包括财政直接支付和财政授权支付，具体账务处理如表2-61所示。

表2-61 财政直接支付和财政授权支付的账务处理

支付方式	业务描述	预算会计	财务会计
财政直接支付	对直接支付的支出，单位收到"财政直接支付入账通知书"	借：行政支出、事业支出等 　贷：财政拨款预算收入	借：库存物品、单位管理费用等 　贷：财政拨款收入
	年末，预算指标数与实际支出数差额	借：资金结存——财政应返还额度 　贷：财政拨款预算收入	借：财政应返还额度——财政直接支付 　贷：财政拨款收入
	下年度，恢复额度，发生实际支出	借：行政支出、事业支出等 　贷：资金结存——财政应返还额度	借：库存物品、单位管理费用等 　贷：财政应返还额度——财政直接支付
财政授权支付	收到"授权支付到账通知书"	借：资金结存——零余额账户用款额度 　贷：财政拨款预算收入	借：零余额账户用款额度 　贷：财政拨款收入
	按规定支用额度时，按照实际支用的额度	借：行政支出、事业支出等 　贷：资金结存——零余额账户用款额度	借：库存物品、单位管理费用等 　贷：零余额账户用款额度
	年末，根据代理银行提供的对账单注销额度	借：资金结存——财政应返还额度 　贷：资金结存——零余额账户用款额度	借：财政应返还额度——财政授权支付 　贷：零余额账户用款额度
	下年年初，恢复额度	借：资金结存——零余额账户用款额度 　贷：资金结存——财政应返还额度	借：零余额账户用款额度 　贷：财政应返还额度——财政授权支付
	年末，预算指标数大于零余额账户用款额度下达数，按未下达用款额度	借：资金结存——财政应返还额度 　贷：财政拨款预算收入	借：财政应返还额度——财政授权支付 　贷：财政拨款收入
	下年度，收到上年年末未下达零余额账户用款额度	借：资金结存——零余额账户用款额度 　贷：资金结存——财政应返还额度	借：零余额账户用款额度 　贷：财政应返还额度——财政授权支付

3. 非财政拨款收支业务

1）事业（预算）收入

事业收入是指事业单位开展专业业务活动及其辅助活动实现的收入，不包括从同级政府财政部门取得的各类财政拨款。具体账务处理如表 2-62 所示。

表 2-62 事业（预算）收入的账务处理

事业（预算）收入类别	业务描述	预算会计	财务会计
采用财政专户返还方式管理	收到（应收）应上缴财政专户的事业收入	—	借：银行存款、应收账款等 　贷：应缴财政款
	向财政专户上缴款项	—	借：应缴财政款 　贷：银行存款等
	收到从财政专户返还的事业收入	借：资金结存——货币资金 　贷：事业预算收入	借：银行存款等 　贷：事业收入
采用预收款方式确认	实际收到预收款	借：资金结存——货币资金 　贷：事业预算收入	借：银行存款等 　贷：预收账款
	以合同完成进度计算确认事业收入	—	借：预收账款 　贷：事业收入
采用应收款方式确认	根据合同完成进度计算本期应收的款项	—	借：应收账款 　贷：事业收入
	实际收到款项	借：资金结存——货币资金 　贷：事业预算收入	借：银行存款等 　贷：应收账款
其他方式下确认	实际收到款项	借：资金结存——货币资金 　贷：事业预算收入	借：银行存款等 　贷：事业收入

【提示】

（1）事业活动中涉及增值税业务的，事业收入按扣除增值税销项税额后的金额入账，事业预算收入按含增值税销项税额的金额入账。

（2）事业单位对开展专业业务活动及其辅助活动取得的非同级财政拨款收入，应当通过"事业收入"和"事业预算收入"科目下的"非同级财政拨款"明细科目核算；对于其他非同级财政拨款收入，应当通过"非同级财政拨款收入"和"非同级财政拨款预算收入"科目核算。

2）捐赠（预算）收入

捐赠收入是指单位接受其他单位或者个人捐赠取得的收入，包括现金捐赠收入和非现金捐赠收入。捐赠预算收入指单位接受捐赠的现金资产，具体账务处理如表 2-63 所示。

表 2-63 捐赠（预算）收入的账务处理

业务类型	预算会计	财务会计
货币资金捐赠收入，实际收到的金额	借：资金结存——货币资金 　贷：其他预算收入——捐赠预算收入	借：银行存款等 　贷：捐赠收入

（续表）

业务类型	预算会计	财务会计
非现金（固定资产、存货等）捐赠收入	借：其他支出（发生的相关税费、运输费等） 　　贷：资金结存——货币资金	借：库存物品、固定资产等（确定的成本） 　　贷：银行存款等（发生的相关税费、运输费等） 　　　　捐赠收入（差额）

3）捐赠（支出）费用

单位对外捐赠现金资产和库存物品、固定资产等非现金资产，其会计核算是不相同的，具体账务处理如表2-64所示。

表2-64　捐赠（支出）费用的账务处理

业务类型	预算会计	财务会计
现金捐赠	借：其他支出 　　贷：资金结存——货币资金	借：其他费用 　　贷：银行存款、库存现金等
非现金捐赠	如未支付相关费用，预算会计则不做账务处理	应当将资产的账面价值转入"资产处置费用"账户

4.预算结转结余及分配业务

1）财政拨款结转结余的核算

（1）财政拨款结转的核算。"财政拨款结转"科目核算单位滚存的财政拨款结转资金。其主要账务处理如表2-65所示。

表2-65　财政拨款结转的主要账务处理

业务描述	预算会计	财务会计
期末，将财政拨款收入和对应的支出转入"财政拨款结转"科目	借：财政拨款预算收入 　　贷：财政拨款结转 借：财政拨款结转 　　贷：事业收入——财政拨款支出等	—
从其他单位调入财政拨款结转资金	借：资金结存 　　贷：财政拨款结转——归集调入	借：零余额账户用款额度 　　　财政应返还额度等 　　贷：累计盈余
按规定上缴（或注销）、向其他单位调出财政拨款结转资金	借：财政拨款结转——归集上缴、归集调出 　　贷：资金结存	借：累计盈余 　　贷：零余额账户用款额度 　　　　财政应返还额度等
发生会计差错等事项调整以前年度财政拨款结转资金	借：资金结存（或贷方） 　　贷：财政拨款结转——年初余额调整（或借方）	借：以前年度盈余调整（或贷方） 　　贷：零余额账户用款额度等（或借方）

（续表）

业务描述	预算会计	财务会计
年末，冲销有关明细科目余额	将"财政拨款结转——本年收支结转、年初余额调整、归集调入、归集调出、归集上缴、单位内部调剂"科目余额转入"财政拨款结转——累计结转"科目	—
年末，完成上述结转后，将符合财政拨款结余性质的项目余额转入财政拨款结余	借：财政拨款结转——累计结转 　　贷：财政拨款结余——结转转入	—

（2）财政拨款结余的核算。"财政拨款结余"科目核算单位滚存的财政拨款项目支出结存资金，其主要账务处理如表2-66所示。

表2-66 财政拨款结余的主要账务处理

业务描述	预算会计	财务会计
年末，将符合财政拨款结余性质的项目余额转入财政拨款结余	借：财政拨款结转 　　贷：财政拨款结余	—
财政拨款结余资金改变用途，用于本单位基本支出或其他未完成项目支出	借：财政拨款结余——单位内部调剂 　　贷：财政拨款结转——单位内部调剂	—
按规定上缴或注销财政拨款结余资金额度	借：财政拨款结余——归集上缴 　　贷：资金结存	借：累计盈余 　　贷：零余额账户用款额度等
因发生会计差错等事项调整以前年度财政拨款结余资金	借：资金结存（或贷方） 　　贷：财政拨款结余——年初余额调整（或借方）	借：以前年度盈余调整（或贷方） 　　贷：零余额账户用款额度（或借方） 　　　银行存款等（或借方）
年末，冲销有关明细科目余额	将"财政拨款结余——年初余额调整、归集上缴、单位内部调剂、结转转入"科目余额转入"财政拨款结余——累计结余"科目	—

2）非财政拨款结转结余的核算

（1）非财政拨款结转的核算。非财政拨款结转资金是指事业单位除财政拨款收支、经营收支以外的各非同级财政拨款专项资金收入与其相关支出相抵后剩余滚存的、必须按规定用途使用的结转资金。具体账务处理如表2-67所示。

表 2-67 非财政结转的相关账务处理

业务描述	预算会计	财务会计
结转各类收入及支出	年末，将除财政拨款预算收入、经营预算收入以外的各类预算收入本年发生额中的专项资金收入转入"非财政拨款结转"账户。将行政支出、事业支出、其他支出本年发生额中的非财政拨款专项资金支出转入"非财政拨款结转"科目。	—
按规定从科研项目预算收入中提取项目管理费或间接费	借：非财政拨款结转——项目间接费用或管理费 　　贷：非财政拨款结余——项目间接费用或管理费	借：业务活动费用/单位管理费用等 　　贷：预提费用——项目间接费用或管理费
因会计差错更正等事项调整非财政拨款结转资金	借：资金结存——货币资金 　　贷：非财政拨款结转——年初余额调整 （或相反分录）	借：以前年度盈余调整 　　贷：银行存款 （或相反分录）
单位按照规定缴回非财政拨款结转资金	借：非财政拨款结转——缴回资金 　　贷：资金结存——货币资金	借：累计盈余 　　贷：银行存款等
冲销有关明细科目对应账户余额	将"非财政拨款结转——年初余额调整、项目间接费用或管理费、缴回资金、本年收支结转"账户余额转入"非财政拨款结转——累计结转"账户。结转后，"非财政拨款结转"科目除"累计结转"明细科目所对应账户外，其他明细科目所对应账户应无余额	—
将留归本单位使用的非财政拨款专项（项目已完成）剩余资金转入非财政拨款结余	借：非财政拨款结转——累计结转 　　贷：非财政拨款结余——结转转入	

（2）非财政拨款结余的核算。非财政拨款结余指单位历年滚存的非限定用途的非同级财政拨款结余资金，主要为非财政拨款结余扣除结余分配后滚存的金额。具体账务处理如表 2-68 所示。

表 2-68 非财政拨款结余的主要账务处理

业务描述	预算会计	财务会计
年末，对于留归本单位使用的非财政拨款专项（项目已完成）剩余资金	借：非财政拨款结转——累计结转 　　贷：非财政拨款结余——结转转入	—
缴纳企业所得税	借：非财政拨款结余——累计结余 　　贷：资金结存——货币资金	借：其他应交税费——单位应交所得税 　　贷：银行存款等

（续表）

业务描述	预算会计	财务会计
因会计差错更正等调整非财政拨款结余资金	借：资金结存——货币资金 　　贷：非财政拨款结余——年初余额调整 （或相反分录）	借：以前年度盈余调整 　　贷：银行存款等 （或相反分录）
冲销有关明细科目对应账户余额	将"非财政拨款结余——年初余额调整、项目间接费用或管理费、结转转入"账户余额转入"非财政拨款结余——累计结余"账户。 【提示】结转后，本科目除"累计结余"明细科目所对应账户外，其他明细科目所对应账户应无余额	—
年末，事业单位结转"非财政拨款结余分配"账户余额	借：非财政拨款结余——累计结余 　　贷：非财政拨款结余分配 （或相反分录）	—
年末，行政单位结转"其他结余"账户余额	借：非财政拨款结余——累计结余 　　贷：其他结余 （或相反分录）	—

（3）专用结余和经营结余的核算。专用结余和经营结余两者核算不同，其具体内容如表2-69所示。

表2-69　专用结余和经营结余的核算内容

	科目设置	账务处理
专用结余	"专用结余"科目，核算专用结余资金的变动和滚存情况；年末贷方余额，反映事业单位从非同级财政拨款结余中提取的专用基金的累计滚存数额	①根据有关规定从本年度非财政拨款结余或经营结余中提取基金的，按照提取金额： 借：非财政拨款结余分配 　　贷：专用结余 ②根据规定使用从非财政拨款结余或经营结余中提取的专用基金时，按照使用金额： 借：专用结余 　　贷：资金结存——货币资金
经营结余	"经营结余"科目，核算事业单位本年度经营活动收支相抵后余额弥补以前年度经营亏损的余额；年末，如"经营结余"科目为贷方余额，将余额结转入"非财政拨款结余分配"科目；如为借方余额，为经营亏损，不予结转	①期末，事业单位应当结转本期经营收支，根据经营预算收入本期发生额： 借：经营预算收入 　　贷：经营结余 ②根据经营支出本期发生额： 借：经营结余 　　贷：经营支出 ③年末，将"经营结余"贷方余额转入"非财政拨款结余分配" 借：经营结余 　　贷：非财政拨款结余分配

（4）其他结余和非财政拨款结余分配的核算。其他结余和非财政拨款结余分配的具体内容如表 2-70 所示。

表 2-70 其他结余和非财政拨款结余分配的账务处理

	科目设置	账务处理
其他结余	"其他结余"科目，核算单位本年度除财政拨款收支、非同级财政专项资金收支和经营收支以外各项收支相抵后的余额	年末，行政单位将本账户余额转入"非财政拨款结余——累计结余"账户；事业单位将本账户余额转入"非财政拨款结余分配"账户
非财政拨款结余分配	"非财政拨款结余分配"科目，核算事业单位本年度非财政拨款结余分配的情况和结果	①年末： 借：其他结余、经营结余 　　贷：非财政拨款结余分配 ②提取专用基金： 预算会计： 借：非财政拨款结余分配 　　贷：专用结余 同时，财务会计： 借：本年盈余分配 　　贷：专用基金 然后，预算会计： 借：非财政拨款结余分配 　　贷：非财政拨款结余

5. 净资产业务

单位财务会计净资产的来源，主要包括累计实现的盈余和无偿调拨的净资产。财务会计应设置"本期盈余""本年盈余分配""专用基金""无偿调拨净资产""权益法调整""以前年度盈余调整""累计盈余"科目核算净资产业务。核算内容如表 2-71 所示。

表 2-71 净资产业务核算内容

事项	科目设置	核算内容
本期盈余及本年盈余分配	本期盈余	核算单位本期各项收入、费用相抵后的余额，期末将本期发生额转入"本期盈余"科目；年末将科目余额转入"本年盈余分配"科目
	本年盈余分配	核算单位本年度盈余分配的情况和结果。根据预算会计计算的提取金额，借记"本年盈余分配"科目，贷记"专用资金"科目，再将"本年盈余分配"科目余额转入"累计盈余"科目
专用基金	专用结余（预算会计）/专用基金（财务会计）	核算事业单位按照规定提取或设置的具有专门用途的净资产，主要包括职工福利基金、科技成果转换基金等
无偿调拨净资产	无偿调拨净资产	核算无偿调入或调出非现金资产引起的净资产变动金额，年末，将"无偿调拨净资产"科目余额转入"累计盈余"科目

（续表）

事项	科目设置	核算内容
权益法调整	权益法调整	核算事业单位持有的长期股权投资采用权益法核算时，按照被投资单位除净损益和利润分配以外的所有者权益变动份额调整长期股权投资账面余额而计入净资产的金额。处置该项长期股权投资时，按原计入净资产的相应部分金额，借记"权益法调整"科目，贷记"投资收益"科目，或编制相反会计分录
以前年度盈余调整	以前年度盈余调整	核算本年度发生的调整以前年度盈余的事项，包括本年度发生的重要前期差错更正涉及调整以前年度盈余的事项。相关事项调整后，应将"以前年度盈余调整"科目余额转入"累计盈余"科目
累计盈余	累计盈余	核算历年实现的盈余和扣除盈余分配后滚存的金额，以及因无偿调入调出资产产生的净资产变动额 【提示】按规定上缴、缴回、单位间调剂结转结余资金产生的净资产变动额，以及对以前年度盈余的调整金额，也通过"累计盈余"科目核算

6. 资产业务

资产业务是单位会计核算的重要内容，本节主要介绍资产业务的几个共性内容及固定资产的核算。

1）资产业务的结构共性内容

（1）资产取得。单位取得资产的方式包括外购、自行加工或自行建造和接受捐赠等。资产在不同取得方式下其成本核算不同，其具体内容如表 2-72 所示。

表 2-72 不同方式下取得资产的入账成本

取得方式	入账成本
外购	购买价款、相关税费（不包括可抵扣的进项）、达到目前场所和状态或交付使用前发生的归属于该资产的其他费用等
自行加工或建造	该项资产至验收入库或交付使用前发生的全部必要支出
接受捐赠	一般根据有关凭据注明的金额加上相关税费确定，若没有凭据则按照下列规则进行： （1）按规定经过资产评估的，由评估价值加上相关税费确定； （2）没有经过资产评估的，参照同类或类似资产的市场价格加上相关税费等确定； （3）没有相关凭据且未经过资产评估、同类或类似资产的市场价格也无法可靠取得的，按照名义金额（人民币 1 元）入账。 【注意】对于投资和公共基础设施、政府储备物资、保障性住房、文物文化资产等经管资产而言，其初始成本只能按照前三个层次进行计量，不能采用名义金额计量。确认捐赠收入应该按照确定的成本减去相关税费的净额确定
无偿调入	调出方账面价值加上相关税费，根据确定的成本减去相关税费后的金额计入无偿调拨净资产
置换	换出资产的评估价值加上支付的补价或减去收到的补价，加上为换入资产发生的其他相关支出

（2）资产处置。按照规定，资产处置的形式包括无偿调拨、出售、出让、转让、置换、对外捐赠、报废、毁损以及货币性资产损失核销等。通常情况下，单位应当将被处置资产账面价值转销计入资产处置费用，并按照"收支两条线"将处置净收益上缴财政。

2）固定资产

固定资产的核算内容如表 2-73 所示。

表 2-73　固定资产的核算内容

分类	固定资产一般分为六类：房屋及构筑物，专用设备，通用设备，文物和陈列品，图书、档案，家具、用具、装具及动植物。 【提示】单位价值虽未达到规定标准，但是使用年限超过 1 年（不含 1 年）的大批同类物资，如图书、家具等，也应确认为固定资产
折旧范围	单位应当按月对固定资产计提折旧，下列固定资产除外： ①文物和陈列品； ②动植物； ③图书、档案； ④单独计价入账的土地； ⑤以名义金额计量的固定资产
折旧规则	按月计提折旧，当月增加当月开始计提折旧；当月减少，当月不再计提折旧。提足折旧后，无论能否继续使用，均不再计提折旧；提前报废的固定资产，也不再补提折旧

7. 负债业务

单位负债的财务会计核算与企业会计基本相同。本节主要介绍应缴财政款和应付职工薪酬的核算。其具体内容如表 2-74 所示。

表 2-74　应缴财政款和应付职工薪酬核算内容

	概念	账务处理
应缴财政款	是指单位取得或应收的按照规定应当上缴财政的款项，包括应缴国库的款项和应缴财政专户的款项	①单位取得或应收按照规定应缴财政的款项时： 借：银行存款等 　　贷：应缴财政款 ②单位上缴应缴财政的款项时，按照实际上缴的金额： 借：应缴财政款 　　贷：银行存款 【提示】 由于应缴财政的款项不属于纳入部门预算管理的现金收支，因此不进行预算会计处理

（续表）

	概念	账务处理
应付职工薪酬	是指单位按有关规定应付给职工（含长期聘用人员）及为职工支付的各种薪酬，包括基本工资、国家统一规定的津贴补贴、规范津贴补贴（绩效工资）、改革性补贴、社会保险费（如职工基本养老保险、职业年金、基本医疗保险费等）、住房公积金等	①计算应付职工薪酬时： 借：业务活动费用等 　　贷：应付职工薪酬 ②代扣个人所得税时： 借：应付职工薪酬 　　贷：其他应交税费——应交个人所得税 ③实际支付职工薪酬时： 借：应付职工薪酬 　　贷：零余额账户用款额度 同时：在预算会计： 借：事业支出 　　贷：资金结存——零余额账户用款额度 ④上缴代扣的个人所得税时： 借：其他应交税费——应交个人所得税 　　贷：零余额账户用款额度 同时：在预算会计： 借：事业支出 　　贷：资金结存——零余额账户用款额度

扫一扫，提个小建议

图书勘误、评价建议，"微信"扫一扫。您的感受是我们最好的动力！助您奇兵制胜！

第三章 流动资产

考情分析

　　流动资产是初级会计实务考试中的高频考点，与其他章节内容密不可分，因此本章内容十分重要。考生在学习本章内容时，不仅要对所有考点学好弄懂各个击破，还要注意与其他章节内容的融会贯通。

	小节内容	重要程度	学习要求
第一节 货币资金	库存现金	★★★	掌握
	银行存款	★★★	掌握
	其他货币资金	★★★	掌握
第二节 交易性金融资产	金融资产概述	★★	熟悉
	交易性金融资产的概述	★	了解
	交易性金融资产的账务处理	★★★	掌握
	短期投资的核算	★	了解
第三节 应收及预付款项	应收票据	★★★	掌握
	应收账款	★★★	掌握
	预付账款	★★★	掌握
	应收股利和应收利息	★★★	掌握
	其他应收款	★★★	掌握
	应收款项减值	★★★	掌握
第四节 存货	存货概述	★★	熟悉
	存货的初始计量	★★★	掌握
	发出存货的计价方法	★★★	掌握
	原材料	★★★	掌握
	周转材料	★★★	掌握
	委托加工物资	★★	熟悉
	库存商品	★★★	掌握
	消耗性生物资产	★	了解
	存货清查	★★★	掌握
	存货减值	★★★	掌握

第一节 货币资金

货币资金，是指企业生产经营过程中处于货币形态的资产，属于企业的一种金融资产，包括库存现金、银行存款和其他货币资金。

一、库存现金★★★

库存现金，是指存放于企业财会部门、由出纳人员经管的货币。库存现金是企业流动性最强的资产。企业应当严格遵守国家有关现金管理制度，正确进行现金收支的核算，监督现金使用的合法性与合理性。

（一）库存现金管理制度

根据国务院发布的《现金管理暂行条例》的规定，企业现金管理制度具体如表3-1所示。

表3-1 现金管理制度的内容

项目	主要内容
现金使用范围	①职工工资、津贴。 ②个人劳务报酬。 ③根据国家规定颁发给个人的科学技术、文化艺术、体育比赛等各种奖金。 ④各种劳保、福利费用以及国家规定的对个人的其他支出。 ⑤向个人收购农副产品和其他物资的价款。 ⑥出差人员必须随身携带的差旅费。 ⑦结算起点（1 000元）以下的零星支出。 ⑧中国人民银行确定需要支付现金的其他支出。 【提示】除第⑤⑥项以外，企业支付给个人的款项中，超过现金使用限额的金额，应以支票或银行本票等方式支付，确认需要全额支付现金的，经开户银行审核后，予以支付现金
现金限额	现金限额，是指实行现金管理的单位根据日常零星现金开支需要，由银行核定的允许单位留存现金的最高额度。这一限额由开户银行根据单位的实际需要核定，一般按照单位3～5天日常零星开支所需确定。边远地区和交通不便地区的开户单位的库存现金限额，可按多于5天、但不得超过15天的日常零星开支的需要确定。经核定的库存现金限额，开户单位必须严格遵守，超过部分应于当日终了前存入银行。需要增加或者减少库存现金限额的，应当向开户银行提出申请，由开户银行核定
现金收支规定	①开户单位现金收入应当于当日送存开户银行，当日送存确有困难的，由开户银行确定送存时间。 ②开户单位支付现金，可以从本单位库存现金限额中支付或从开户银行提取，不得从本单位的现金收入中直接支付（即坐支）。因特殊情况需要坐支现金的，应当事先报经开户银行审查批准，由开户银行核定坐支范围和限额。坐支单位应当定期向开户银行报送坐支金额和使用情况。 ③开户单位从开户银行提取现金时，应当写明用途，由本单位财会部门负责人签字盖章，经开户银行审核后，予以支付。 ④因采购地点不确定、交通不便、生产或市场急需、抢险救灾以及其他特殊情况必须使用现金的，开户单位应向开户银行提出申请，由本单位财会部门负责人签字盖章，经开户银行审核后，予以支付现金

【提示】除上述情况可以用现金支付外，其他款项的支付应通过银行转账结算。

（二）库存现金的账务处理

库存现金的账务处理如表 3-2 所示。

表 3-2 库存现金的账务处理

库存现金用途	账务处理
为了反映和监督企业库存现金的收入、支出和结存情况	设置"库存现金"科目，该科目对应账户的借方登记库存现金的增加，贷方登记库存现金的减少，期末借方余额反映期末企业实际持有的库存现金的金额
企业内部各部门周转使用的备用金	可以单独设置"备用金"科目
为了全面、连续地反映和监督库存现金的收支和结存情况	企业应当设置库存现金总账和库存现金日记账，分别进行库存现金的总分类核算和明细分类核算

（三）库存现金的清查

企业应当按照规定进行现金的清查，一般采用实地盘点法，对于清查的结果应当编制"库存现金盘点报告表"。如果账款不符，发现有待查明原因的现金短缺或溢余，应先通过"待处理财产损溢"科目核算。按管理权限报经批准后，分情况处理，具体账务处理如表 3-3 所示。

表 3-3 库存现金清查的账务处理

现金短缺（实存＜账存）	现金溢余（实存＞账存）
报经批准前： 借：待处理财产损溢 　　贷：库存现金（实际短缺的金额） 报经批准后： 借：其他应收款（应由责任人或保险公司赔偿的） 　　管理费用（无法查明原因的） 　　贷：待处理财产损溢	报经批准前： 借：库存现金（实际溢余的金额） 　　贷：待处理财产损溢 报经批准后： 借：待处理财产损溢 　　贷：其他应付款（应支付给有关人员或单位） 　　　营业外收入（无法查明原因的）

【例题·单选题】下列各项中，企业无法查明原因的现金短缺经批准后应记入的会计科目是（　　）。

A. 管理费用　　　　　　　　　　B. 营业外支出
C. 其他应收款　　　　　　　　　D. 财务费用

【答案】A

【解析】企业无法查明原因的现金短缺，报经批准后计入管理费用。

二、银行存款★★★

（一）银行存款的管理

银行存款是企业除现金之外流动性最强的资产，企业应当加强对银行存款的管理，其具体内容如表 3-4 所示。

表 3-4　银行存款的概念和管理

概念	银行存款是企业存放在银行或其他金融机构的货币资金
管理	①企业应当根据日常经营业务和管理活动的需要合理确定银行存款规模；加强银行存款管理，有利于加速企业资金周转，提高企业资金效益。 ②企业应当严格遵守国家金融监管机构的支付结算法律法规和企业有关银行存款的管理制度，正确进行银行存款收支的核算，监督银行存款使用的合法性与合理性。 ③企业应当根据业务需要，按照规定在其所在地银行开设账户，运用所开设的账户，进行存款、取款以及各种收支转账业务的结算

【提示】银行存款的收付应严格执行银行结算制度的规定。

（二）银行存款的账务处理

银行存款的账务处理如表 3-5 所示。

表 3-5　银行存款的账务处理

用途	企业应当设置科目	规则	账务处理
为了反映和监督企业银行存款的收入、支出和结存情况	银行存款	该科目对应账户的借方登记银行存款的增加，贷方登记银行存款的减少，期末借方余额反映期末企业实际持有的银行存款的金额	①将款项存入银行或其他金融机构时： 借：银行存款 　　贷：库存现金等 ②提取或支付已存入银行和其他金融机构存款时： 借：库存现金等 　　贷：银行存款

【提示】企业应当设置银行存款总账和银行存款日记账，分别进行银行存款的总分类核算和明细分类核算。

（三）银行存款的核对

银行存款日记账的账面余额应定期与开户银行转来的"银行对账单"的余额核对相符，至少每月核对一次。企业银行存款账面余额与银行对账单余额之间如有差额，应通过编制"银行存款余额调节表"调节（除记账错误外）。

未达账项，是由于结算凭证在企业与银行之间或收付款银行之间传递需要时间，造成企业与银行之间入账的时间差，一方收到凭证并已入账，另一方未收到凭证因而未能入账由此形成的账款。发生未达账项的具体情况有四种，如表 3-6 所示。

表 3-6　发生未达账项的具体情况

具体情况	结果
企业已收款入账，银行尚未收款入账	企业账上余额大
企业已付款入账，银行尚未付款入账	银行对账单余额大
企业尚未收款入账，银行已收款入账	银行对账单余额大
企业尚未付款入账，银行已付款入账	企业账上余额大

【提示】编制"银行存款余额调节表"只是为了核对账目,不能把它作为调整企业银行存款账面记录的记账依据。

【例题·单选题】下列各项中,导致银行存款日记账余额大于银行对账单余额的未达账项是（　　）。

A.银行根据协议支付当月电话费并已入账,企业尚未收到付款通知

B.企业签发现金支票并入账,收款方尚未提现

C.银行已代收货款并入账,企业尚未收到收款通知

D.企业签发转账支票并入账,收款方未办理转账

【答案】A

【解析】选项B、C、D,企业已付银行未付、企业未收银行已收会导致银行存款日记账余额小于银行对账单余额。

【例题·单选题】企业银行存款日记账余额与银行对账单不符,企业银行日记账余额是150万元,企业日记账和银行对账单差异包括:企业收到货款10万元,银行未入账,企业开出支票5万元,对方尚未到银行办理收款,银行代扣水电费2万元,企业尚未入账,调节之后的企业银行存款日记账余额为（　　）万元。

A.160 B.165
C.152 D.148

【答案】D

【解析】以企业的银行存款日记账余额为基础,银行已付企业未付的项目属于调节项目,所以调节之后的银行存款余额=150-2=148（万元）,选项D正确。

三、其他货币资金★★★

（一）其他货币资金的管理

其他货币资金,是指企业除库存现金、银行存款以外的其他各种货币资金,主要包括信用卡存款、信用证保证金存款、存出投资款、外埠存款、银行汇票存款和银行本票存款等。

（二）其他货币资金的账务处理

1.科目设置

企业应当设置"其他货币资金"科目核算其他货币资金收、支、存的情况,借方登记其他货币资金的增加,贷方登记其他货币资金的减少,期末余额在借方,反映企业实际持有的其他货币资金的金额。"其他货币资金"科目应当按照其他货币资金的种类设置明细科目进行核算。

2.账务处理

其他货币资金主要有6种,其具体含义及账务处理如表3-7所示。

表 3-7　其他货币资金的含义及账务处理

其他货币资金	含义	账务处理
银行汇票	由出票银行签发的，由其在见票时按照实际结算金额无条件支付给收款人或者持票人的票据。 【提示】银行汇票可以用于转账，填明"现金"字样的银行汇票也可以用于支取现金	1. 采购货物时 （1）填写申请书，款项存入银行： 借：其他货币资金——银行汇票 　　贷：银行存款 （2）采购货物，收到发票账单： 借：原材料、库存商品等 　　应交税费——应交增值税（进项税额） 　　贷：其他货币资金——银行汇票 （3）采购完毕，收回剩余款项： 借：银行存款 　　贷：其他货币资金——银行汇票 2. 销售货物时 收到汇票，办理款项入账： 借：银行存款 　　贷：主营业务收入等 　　　　应交税费——应交增值税（销项税额）
银行本票	银行签发的，承诺自己在见票时无条件支付确定的金额给收款人或持票人的票据。单位和个人在同一票据交换区域需要支付的各种款项，均可使用银行本票。 【提示】银行本票可以用于转账，注明"现金"字样的银行本票可以用于支取现金；提示付款期限自出票日起不得超过两个月	1. 采购货物时 （1）填写申请书，款项存入银行： 借：其他货币资金——银行本票 　　贷：银行存款 （2）采购货物，收到发票账单： 借：原材料、库存商品等 　　应交税费——应交增值税（进项税额） 　　贷：其他货币资金——银行本票 2. 销售货物时 收到本票，办理款项入账： 借：银行存款 　　贷：主营业务收入等 　　　　应交税费——应交增值税（销项税额）

（续表）

其他货币资金	含义	账务处理
信用卡存款	企业为取得信用卡而存入银行信用卡专户的款项	1. 填制申请表，提交相关资料，根据银行盖章退回的进账单第一联记账 借：其他货币资金——信用卡 　　贷：银行存款 2. 支付相关费用，收到银行转来的付款凭证及发票账单 借：管理费用等 　　贷：其他货币资金——信用卡 3. 续存资金 借：其他货币资金——信用卡 　　贷：银行存款 4. 注销账户，卡内余额转入企业基本存款账户 借：银行存款 　　贷：其他货币资金——信用卡
信用证保证金	采用信用证结算方式的企业为开具信用证而存入银行信用证保证金专户的款项。 【提示】只限于转账，不得支取现金	1. 填写申请书，款项存入银行，根据银行盖章退回的申请书回单记账 借：其他货币资金——信用证保证金 　　贷：银行存款 2. 收到银行通知，根据结算凭证及发票账单 借：原材料、库存商品等 　　应交税费——应交增值税（进项税额） 　　贷：其他货币资金——信用证保证金 3. 余额转回开户行时 借：银行存款 　　贷：其他货币资金——信用证保证金
存出投资款	企业为购买股票、债券、基金等根据有关规定存入在证券公司指定银行开立的投资款专户的款项	1. 向证券公司划出资金 借：其他货币资金——存出投资款 　　贷：银行存款 2. 购买用于交易的股票、债券、基金 借：交易性金融资产 　　贷：其他货币资金——存出投资款

（续表）

其他货币资金	含义	账务处理
外埠存款	企业为了到外地进行临时或零星采购，而汇往采购地银行开立采购专户的款项	1. 款项汇往外地，编制付款凭证 借：其他货币资金——外埠存款 　　贷：银行存款 2. 收到采购人员提供的报销凭证 借：原材料、库存商品等 　　应交税费——应交增值税（进项税额） 　　贷：其他货币资金——外埠存款 3. 收回剩余款项 借：银行存款 　　贷：其他货币资金——外埠存款

【例题·多选题】下列各项中，应通过"其他货币资金"科目核算的有（　　）。
A. 申请开具信用证向银行交存的信用证保证金
B. 申请银行本票向银行转存的款项
C. 销售商品收到购货方交来的商业汇票
D. 为购买有价证券向证券公司指定账户划出的资金
【答案】ABD
【解析】选项C，应通过"应收票据"科目核算。

第二节　交易性金融资产

一、金融资产概述★★

（一）金融资产的概念

金融资产，是指企业持有的现金、其他方的权益工具以及符合一定条件的资产，具体如表3-8所示。

表 3-8 金融资产的具体内容

	确定为金融资产需要符合的条件
金融资产	（1）从其他方收取现金或其他金融资产的合同权利。例如，企业的银行存款、应收账款、应收票据和贷款等均属于金融资产。 【提示】预付账款产生的未来经济利益是商品或服务，不是收取现金或其他金融资产的权利，不是金融资产
	（2）在潜在有利条件下，与其他方交换金融资产或金融负债的合同权利。例如，企业持有的看涨期权或看跌期权等
	（3）将来须用或可用企业自身权益工具进行结算的非衍生工具合同，且企业根据该合同将收到可变数量的自身权益工具。例如，企业的普通债券合同或普通股等
	（4）将来须用或可用企业自身权益工具进行结算的衍生工具合同。 【提示1】以固定数量的自身权益工具交换固定金额的现金或其他金融资产的衍生工具合同除外。 【提示2】企业自身权益工具不包括应当按照《企业会计准则第 37 号——金融工具列报》分类为权益工具的可回售工具或发行方仅在清算时才有义务向另一方按比例交付其净资产的金融工具，也不包括本身就要求在未来收取或交付企业自身权益工具的合同
备注	在企业全部资产中，库存现金、银行存款、应收账款、应收票据、贷款、其他应收款、应收利息、债权投资、股权投资、基金投资及衍生金融资产等统称为金融资产

（二）金融资产的管理

现代金融市场的健康、可持续发展与金融工具的广泛运用和不断创新息息相关。企业管理金融资产的业务模式是通过金融市场交易产生现金流量，其主要目的多为解决资金闲置问题并增加企业投资收益。金融市场与普遍存在的商品市场不同，资金的所有权和使用权被金融市场分离，其具有不确定性、普遍性、扩散性和突发性等特征，存在不可分散的系统风险。因此，对于金融资产的会计核算和会计监督的难度大、要求高，企业会计应准确计量、如实谨慎反映金融资产上的风险，关注金融资产公允价值的顺周期性特点和可能的不良经济后果，加强金融资产监督管理，防止金融资产过度投资导致的高度经济虚拟化影响企业主业核心竞争力和长期稳定健康发展。

（三）金融资产的分类

企业应当根据管理金融资产的业务模式和金融资产的合同现金流量特征，对金融资产进行合理分类。《企业会计准则第 22 号——金融工具确认和计量》（2017）将金融资产划分为三类，具体类别及相关内容如表 3-9 所示。

表 3-9 金融资产的分类

类别	具体内容
以摊余成本计量的金融资产	企业应当将同时符合下列条件的金融资产分类为以摊余成本计量的金融资产：①管理该金融资产的业务模式是以收取合同现金流量为目标。②该金融资产的合同条款规定，在特定日期产生的现金流量，仅为对本金和以未偿付本金金额为基础的利息的支付。例如，债权投资的合同现金流量包括投资期间各期应收的利息和到期日收回的本金等。其他属于以摊余成本计量的金融资产性质的金融资产还有"贷款""应收账款"等

（续表）

类别	具体内容
以公允价值计量且其变动计入其他综合收益的金融资产	企业应当将同时符合下列条件的金融资产分类为以公允价值计量且其变动计入其他综合收益的金融资产：①管理该金融资产的业务模式，既以收取合同现金流量为目标又以出售该金融资产为目标。②该金融资产的合同条款规定，在特定日期产生的现金流量，仅为对本金和以未偿付本金金额为基础的利息的支付，如其他债权投资
以公允价值计量且其变动计入当期损益的金融资产	企业应当将除上述分类为以摊余成本计量的金融资产和以公允价值计量且其变动计入其他综合收益的金融资产之外的金融资产，分类为以公允价值计量且其变动计入当期损益的金融资产，即交易性金融资产

二、交易性金融资产的概述 ★

交易性金融资产，是指以公允价值计量且其变动计入当期损益的金融资产。它是企业为了近期内出售而持有的金融资产，如企业以赚取差价为目的从二级市场购入的股票、债券、基金等；或者在初始确认时属于集中管理的可辨认金融工具组合的一部分，且有客观证据表明近期实际存在短期获利模式的金融资产等，如企业管理的以公允价值进行业绩考核的某项投资组合。交易性金融资产预期能在短期内变现以满足日常经营的需要，因此，在资产负债表中作为流动资产列示。

需要说明的是，从金融资产的合同现金流量特征来看，尽管交易性金融资产也收取合同现金流量，但只是偶尔为之，收取现金流量并非为了实现业务模式目标（收取合同现金流量）而不可或缺。

三、交易性金融资产的账务处理 ★★★

（一）会计科目设置

企业应当设置"交易性金融资产""公允价值变动损益""投资收益"等科目核算交易性金融资产的取得、收取现金股利或利息、出售等情况。交易性金融资产相关科目核算及账务处理如表3-10所示。

表3-10 交易性金融资产相关科目核算内容及账务处理

会计科目	核算内容	账务处理
交易性金融资产	核算企业为交易目的所持有的债券投资、股票投资、基金投资等交易性金融资产的公允价值。企业持有的直接指定为以公允价值计量且其变动计入当期损益的金融资产也在本科目核算	本科目可按照"成本""公允价值变动"等进行明细核算。本科目属于资产类科目，本科目对应账户的借方登记取得成本、资产负债表日公允价值高于账面余额的差额及后续出售时公允价值低于账面余额的变动金额。贷方登记资产负债表日公允价值低于账面余额的差额及出售时结转的成本和公允价值高于账面余额的变动金额
公允价值变动损益	核算企业交易性金融资产等的公允价值变动而形成的应计入当期损益的利得或损失	资产负债表日企业应按交易性金融资产的公允价值高于其账面余额的差额，借记"交易性金融资产——公允价值变动"科目，贷记"公允价值变动损益"科目；如果公允价值低于其账面余额的差额，编制相反的会计分录

(续表)

会计科目	核算内容	账务处理
投资收益	本科目核算企业持有交易性金融资产等期间内确认的投资收益或投资损失，可按照投资项目设置明细科目	本科目对应账户的借方登记企业取得交易性金融资产时支付的交易费用、出售交易性金融资产等发生的投资损失；贷方登记企业持有交易性金融资产等的期间内取得的投资收益以及出售交易性金融资产等实现的投资收益

（二）取得交易性金融资产

金融资产的公允价值应当以市场交易价格为基础确定。取得交易性金融资产的账务处理如表3-11所示。

表3-11 取得交易性金融资产的账务处理

取得交易性金融资产的账务处理	借：交易性金融资产——成本（取得时的公允价值） 　　投资收益（发生的交易费用） 　　应交税费——应交增值税（进项税额）（注明的增值税进项税额） 贷：其他货币资金（实际支付的金额）
交易性金融资产所支付价款中包含的已宣告但尚未发放的现金股利或已到付息期但尚未领取的债券利息	借：应收股利或应收利息 贷：其他货币资金

【提示】交易费用，是指可直接归属于购买、发行或处置金融工具的增量费用。增量费用，是指企业没有发生购买、发行或处置相关金融工具的情形就不会发生的费用，包括支付给代理机构、咨询公司、券商、证券交易所、政府有关部门等的手续费、佣金、相关税费以及其他必要支出，不包括债券溢价、折价、融资费用、内部管理成本和持有成本等与交易不直接相关的费用。

（三）持有交易性金融资产

交易性金融资产持有期间主要有宣布发放股利或利息、期末调整账面价值两项业务，相关账务处理如表3-12所示。

表3-12 交易性金融资产持有期间账务处理

对被投资单位宣告发放的现金股利，或已到付息期但尚未领取的债券利息，应当确认为应收项目	借：应收股利、应收利息 贷：投资收益
实际收到股利或利息时	借：其他货币资金等 贷：应收股利、应收利息
资产负债表日，公允价值＞账面余额的差额	借：交易性金融资产——公允价值变动 贷：公允价值变动损益
资产负债表日，公允价值＜账面余额的差额	借：公允价值变动损益 贷：交易性金融资产——公允价值变动

【提示】企业只有在同时满足三个条件时，才能确认交易性金融资产所取得的股利或利息收入并计入当期损益：

（1）企业收取股利的权利已经确立（例如，被投资单位已宣告发放股利）。

（2）与股利或利息相关的经济利益很可能流入企业。

（3）股利或利息的金额能够可靠地计量。

（四）出售交易性金融资产

企业出售交易性金融资产时，应当将该金融资产出售时的公允价值与其账面余额之间的差额作为投资损益进行会计处理。账务处理如下：

借：其他货币资金——存出投资款（实际收到的金额）

　　贷：交易性金融资产——成本

　　　　　　　　　　——公允价值变动（或借方）

　　　　投资收益（差额，或借方）

（五）转让金融商品应交增值税

金融商品转让按照卖出价扣除买入价（不需要扣除已宣告未发放现金股利和已到付息期未领取的利息）后的余额作为销售额计算增值税，即转让金融商品按盈亏相抵后的余额为销售额。若相抵后出现负差，可结转至下一纳税期，与下期转让金融商品销售额互抵，但年末时出现的负差，不得转入下一会计年度。转让交易性金融资产的相关账务处理如表3-13所示。

表3-13　转让交易性金融资产的相关账务处理

情况	账务处理
转让金融资产当月月末，产生转让收益	借：投资收益等 　　贷：应交税费——转让金融商品应交增值税
如产生转让损失，则按可结转下月的抵扣税额进行账务处理	借：应交税费——转让金融商品应交增值税 　　贷：投资收益等
年末如果"应交税费——转让金融商品应交增值税"账户有借方余额，说明本年度的金融商品转让损失无法弥补，且本年度的金融资产转让损失不可转入下年度继续抵减转让金融资产的收益，因此： 借：投资收益 　　贷：应交税费——转让金融商品应交增值税 将"应交税费——转让金融商品应交增值税"账户的借方余额转出	

> **案例分析**

【3-1】甲公司为增值税一般纳税人，2020年2月1日，甲公司从证券市场购入乙公司股票50 000股，将其划分为交易性金融资产进行管理和核算。甲公司为此支付价款1 050 000元，其中已宣告但尚未发放的现金股利为10 000元，另支付相关交易费用5 000元，取得的增值税专用发票上注明的增值税税额为300元。甲公司应编制如下会计分录。

（1）2020年2月1日，购入乙公司股票时：

借：交易性金融资产——乙公司股票——成本　　　　　　　　　　1 040 000

　　应收股利——乙公司股票　　　　　　　　　　　　　　　　　　10 000

　　贷：其他货币资金——存出投资款　　　　　　　　　　　　　1 050 000

（2）2020年2月1日，支付相关交易费用时：

借：投资收益——乙公司股票 5 000
　　应交税费——应交增值税（进项税额） 300
　　贷：其他货币资金——存出投资款 5 300

（3）假定2020年2月28日，甲公司收到乙公司向其发放的现金股利10 000元。不考虑相关税费，甲公司应编制如下会计分录：

借：其他货币资金——存出投资款 10 000
　　贷：应收股利——乙公司股票 10 000

（4）假定2020年3月31日，该股票的公允价值为1 100 000元，不考虑其他因素，甲公司应编制如下会计分录：

借：交易性金融资产——乙公司股票——公允价值变动 60 000
　　贷：公允价值变动损益——乙公司股票 60 000

（5）假定2020年12月31日，该股票的公允价值为960 000元，不考虑其他因素，甲公司应编制如下会计分录：

借：公允价值变动损益——乙公司股票 140 000
　　贷：交易性金融资产——乙公司股票——公允价值变动 140 000

（6）假定2021年4月30日，乙公司宣告发放2020年现金股利，甲公司按其持有该上市公司股份计算确定待分配的现金股利为200 000元，假定不考虑其他因素，甲公司应编制如下会计分录：

借：应收股利——乙公司股票 200 000
　　贷：投资收益——乙公司股票 200 000

（7）假定2021年5月30日，甲公司将持有的乙公司股票全部出售，取得价款1 150 000元，不考虑相关税费和其他因素，甲公司应编制如下会计分录：

借：其他货币资金——存出投资款 1 150 000
　　交易性金融资产——乙公司股票——公允价值变动 80 000
　　贷：交易性金融资产——成本 1 040 000
　　　　投资收益——乙公司股票 190 000

【3-2】2021年1月3日，甲公司以11 000 000元（其中包含已到付息期但尚未领取的债券利息250 000元）购入丙公司发行的公司债券，另支付100 000元交易费用，将其确认为交易性金融资产，该债券面值为10 000 000元，票面利率为5%，每年年初付息一次，不考虑其他因素，甲公司应编制如下会计分录。

（1）2021年1月3日，购入丙公司债券时：

借：交易性金融资产——丙公司债券——成本 10 750 000
　　应收利息——丙公司债券 250 000
　　贷：其他货币资金——存出投资款 11 000 000

（2）2021年1月3日，支付相关交易费用时：

  借：投资收益——丙公司债券   100 000

    贷：其他货币资金——存出投资款   100 000

（3）假定2021年1月31日，甲公司收到价款中包含已到付息期但尚未领取的债券利息，甲公司应编制如下会计分录：

  借：其他货币资金——存出投资款   250 000

    贷：应收利息——丙公司债券   250 000

（4）假定2021年3月31日，甲公司购买丙公司债券的公允价值为10 700 000元，不考虑相关税费和其他因素，甲公司应编制如下会计分录：

  借：公允价值变动损益——丙公司债券   50 000

    贷：交易性金融资产——丙公司债券——公允价值变动   50 000

（5）假定2021年6月30日，甲公司购买丙公司债券的公允价值为12 000 000元，不考虑相关税费和其他因素，甲公司应编制如下会计分录：

  借：交易性金融资产——丙公司债券——公允价值变动   1 300 000

    贷：公允价值变动损益——丙公司债券   1 300 000

（6）假定2022年1月31日，甲公司出售了所持有的全部丙公司债券，售价为15 000 000元，不考虑相关税费和其他因素，甲公司应编制如下会计分录：

  借：其他货币资金——存出投资款   15 000 000

    贷：交易性金融资产——丙公司债券——成本   10 750 000

           ——公允价值变动   1 250 000

      投资收益   3 000 000

【小结】交易性金融资产的账务处理总结如表3-14所示。

表3-14 交易性金融资产的账务处理

情况	账务处理

取得时	借：交易性金融资产——成本（价款）
	   应收股利、应收利息（已宣告/已到期）
	   投资收益（交易费用）
	   应交税费——应交增值税（进项税额）
	  贷：其他货币资金（实际支付的金额）

(续表)

情况		账务处理
持有期间	持有期间的股利或利息	被投资单位宣告发放现金股利或确认债券利息时： 借：应收股利、应收利息 　　贷：投资收益 收到现金股利或债券利息时： 借：其他货币资金、银行存款 　　贷：应收股利、应收利息
	资产负债表日公允价值计量	公允价值高于其账面余额时： 借：交易性金融资产——公允价值变动 　　贷：公允价值变动损益（按两者的差额） 公允价值低于其账面余额时： 借：公允价值变动损益（按两者的差额） 　　贷：交易性金融资产——公允价值变动
出售时		借：其他货币资金 　　贷：交易性金融资产——成本 　　　　　　　　　　　——公允价值变动（借或贷） 　　　　投资收益（差额，或借方）

【例题·单选题】甲公司为增值税一般纳税人，购入乙上市公司股票并通过"交易性金融资产"科目核算。该股票价款为200万元（其中包含已宣告但尚未发放的现金股利6万元），另支付交易费用0.5万元，取得的增值税专用发票注明的增值税税额为0.03万元。不考虑其他因素，甲公司购入股票的初始入账金额为（　　）万元。

A.194.53　　　　　　B.200.5　　　　　　C.200　　　　　　D.194

【答案】D

【解析】会计分录如下：

借：交易性金融资产——成本　　　　　　　　　　　　　　　　　194
　　应收股利　　　　　　　　　　　　　　　　　　　　　　　　　6
　　贷：其他货币资金　　　　　　　　　　　　　　　　　　　　200
借：投资收益　　　　　　　　　　　　　　　　　　　　　　　　0.5
　　应交税费——应交增值税（进项税额）　　　　　　　　　　　0.03
　　贷：其他货币资金　　　　　　　　　　　　　　　　　　　　0.53

四、短期投资的核算 ★

按照《小企业会计准则》的相关规定，小企业购入的能随时变现并且持有时间不准备超过1年（含1年）的投资应设置"短期投资"科目核算。本科目应按照股票、债券、基金等短期投资种类进行明细核算。本科目为流动资产类科目，小企业取得短期投资记入本科目的借方；出售短期投资记入本科目的贷方；本科目期末借方余额，反映小企业持有的短期投资成本。

（一）取得短期投资的账务处理

取得短期投资的相关账务处理如表 3-15 所示。

表 3-15　取得短期投资的相关账务处理

情况	账务处理
取得时 （小企业购入股票作为短期投资）	借：短期投资（实际支付的购买价款和相关税费扣除已宣告但尚未发放的现金股利后的金额） 　　应收股利（应收的现金股利） 　贷：银行存款（实际支付的购买价款和相关税费）
取得时 （小企业购入债券作为短期投资）	借：短期投资（实际支付的购买价款和相关税费扣除已到付息期但尚未领取的债券利息后的金额） 　　应收利息（应收的债券利息） 　贷：银行存款（实际支付的购买价款和相关税费）

（二）持有期间账务处理

持有短期投资的账务处理如表 3-16 所示。

表 3-16　持有短期投资期间的账务处理

情况	账务处理
在短期投资持有期间，被投资单位宣告分派现金股利	借：应收股利 　贷：投资收益
在债务人应付利息日，按照分期付息、一次还本债券投资的票面利率计算利息收入	借：应收利息 　贷：投资收益

（三）出售时账务处理

出售短期投资的账务处理如表 3-17 所示。

表 3-17　出售短期投资的账务处理

类型	账务处理
出售短期投资	借：银行存款或库存现金（实际收到的出售价款） 　贷：短期投资（该项短期投资的账面余额） 　　应收股利或应收利息（尚未收到的现金股利或债券利息） 　　投资收益（差额，或借方）

第三节　应收及预付款项

应收及预付款项是指企业在日常生产经营过程中发生的各项债权，包括应收款项（应收票据、应收账款、应收股利、应收利息、其他应收款等）和预付款项（预付账款等）。

一、应收票据★★★

（一）应收票据概述

应收票据，是指企业因销售商品、提供服务等收到的商业汇票。商业汇票是一种由出票人签发的，委托付款人在指定日期无条件支付确定金额给收款人或者持票人的票据。

在我国，商业汇票的付款期限一般不超过6个月，因此，我国的应收票据是一种流动资产。

按照票据承兑人的不同，商业汇票分为商业承兑汇票和银行承兑汇票。承兑，是指汇票付款人承诺在汇票到期日支付汇票金额的票据行为。商业汇票的分类如表3-18所示。

表3-18 商业汇票的分类

商业承兑汇票	银行承兑汇票
由付款人签发并承兑，或由收款人签发交由付款人承兑的汇票	由在承兑银行开立存款账户的存款人（即出票人）签发，由承兑银行承兑的票据

（二）应收票据的账务处理

1. 科目设置

为了反映和监督应收票据取得、票款收回等情况，应当设置"应收票据"科目，本科目对应账户的具体内容如表3-19所示。

表3-19 应收票据的核算内容

科目	借方登记	贷方登记	期末余额
应收票据	取得的应收票据的面值	到期收回票款或到期前向银行贴现的应收票据的票面金额	借方余额，反映企业持有的商业汇票的票面金额

企业对"应收票据"科目可按照开出、承兑商业汇票的单位进行明细核算，并设置"应收票据备查簿"。商业汇票到期结清票款或退票后，在备查簿中应予注销。

2. 应收票据的取得与收回

根据取得原因的不同，票据的账务处理也相应不同，具体账务处理如表3-20所示。

表3-20 应收票据取得与收回的账务处理

情况	账务处理
因债务人抵偿前欠货款而取得应收票据	借：应收票据 　　贷：应收账款
因企业销售商品、提供劳务等而收到开出、承兑的商业汇票	借：应收票据 　　贷：主营业务收入 　　　　应交税费——应交增值税（销项税额）
商业汇票到期，企业收回款项时，应按实际收到的金额核算	借：银行存款 　　贷：应收票据

3. 应收票据的转让

实务中，企业可以将自己持有的商业汇票背书转让，用于购买所需物资或偿还债务。背书，是指在票据背面或者粘单上记载有关事项并签章的行为。背书转让的背书人应当承担票据责任。应收票据转让的账务处理如表 3-21 所示。

表 3-21 应收票据转让的账务处理

情况	账务处理
企业将持有的商业汇票背书转让以取得所需物资时，按应计入取得物资成本的金额核算	借：在途物资、材料采购、原材料、库存商品等
按照增值税专用发票上注明的可抵扣的增值税税额核算	借：应交税费——应交增值税（进项税额）
按商业汇票的票面金额核算	贷：应收票据
如有差额	借或贷：银行存款

4.应收票据的贴现

企业可以持未到期的商业汇票向银行申请贴现。将商业汇票贴现后，企业可以从银行取得贴现款。应收票据贴现的账务处理如表 3-22 所示。

表 3-22 应收票据贴现的账务处理

情况	账务处理
企业按实际收到的金额核算	借：银行存款
按应收票据的票面金额核算	贷：应收票据
按其差额	借或贷：财务费用

二、应收账款★★★

（一）应收账款的内容

应收账款，是企业对外销售商品、提供服务等经营活动而应向客户收取的款项，主要包括企业销售商品或提供服务等应向有关债务人收取的价款、增值税及代购货单位垫付的包装费、运杂费等。

（二）应收账款的账务处理

为了反映和监督应收账款的增减变动及其结存情况，企业应设置"应收账款"科目，不单独设置"预收账款"科目的企业，预收的账款也在"应收账款"科目核算。"应收账款"科目所对应账户的具体核算内容如表 3-23 所示。应收账款的账务处理如表 3-24 所示。

表 3-23 应收账款的核算内容

科目	借方登记	贷方登记	借方余额	贷方余额
应收账款	应收账款的增加	应收账款的收回及确认的坏账损失	余额一般在借方，反映企业尚未收回的应收账款	如果期末余额在贷方，一般则反映企业预收的账款

表 3-24 应收账款的账务处理

类型	账务处理
发生赊销商品、代购货单位垫付的包装费、运杂费	借：应收账款 　　贷：主营业务收入 　　　　应交税费——应交增值税（销项税额） 　　　　银行存款（代垫款项）
应收账款改用应收票据结算，收到承兑的商业汇票	借：应收票据 　　贷：应收账款

【例题·多选题】下列各项中，应列入资产负债表"应收账款"项目的有（   ）。
A. 代购货单位垫付的运杂费　　　　　　B. 代职工垫付的医疗费
C. 销售产品应收取的款项　　　　　　　D. 对外提供服务应收取的款项
【答案】ACD
【解析】代职工垫付的医疗费通过"其他应收款"核算。

三、预付账款★★★

（一）预付账款的内容

预付账款，是指企业按照合同规定，预先支付供应单位的款项，如预付的材料、商品采购款、在建工程价款等。

（二）预付账款的账务处理

为了反映和监督预付账款的增减变动及其结存情况，企业应当设置"预付账款"科目，本科目对应账户的具体核算内容如表 3-25 所示。预付账款的账务处理如表 3-26 所示。

表 3-25 预付账款的核算内容

科目	借方登记	贷方登记	借方余额	贷方余额
预付账款	预付的款项及补付的款项	收到所购物资时根据有关发票账单记入"原材料"等科目的金额及收回多付款项的金额	反映企业实际预付的款项	反映企业应付或应补付的款项

【提示】预付款项情况不多的企业可以不设置"预付账款"科目，而将预付的款项通过"应付账款"科目核算。

表 3-26 预付账款的账务处理

类型	账务处理
企业根据购货合同的规定向供应单位预付款项	借：预付账款 　　贷：银行存款
企业收到所购物资，分别按应计入购入物资成本的金额以及按可抵扣的增值税进项税额核算	借：材料采购、原材料、库存商品等 　　应交税费——应交增值税（进项税额） 　　贷：预付账款

（续表）

类型	账务处理
当预付价款小于采购货物所需支付的款项时，应将不足部分补付	借：预付账款 　　贷：银行存款
当预付价款大于采购货物所需支付的款项时，对收回的多余款项进行账务处理	借：银行存款 　　贷：预付账款

【例题·单选题】企业未设置"预付账款"科目，发生预付货款业务时应借记的会计科目是（　）。

A. 预收账款　　　　　　　　　　　B. 其他应付款
C. 应收账款　　　　　　　　　　　D. 应付账款

【答案】D

【解析】企业未设置"预付账款"科目，发生预付货款业务时应借记的会计科目是"应付账款"科目。

四、应收股利和应收利息★★★

（一）应收股利的账务处理

应收股利，是指企业应收取的现金股利和应收取其他单位分配的利润。企业应设置"应收股利"科目核算应收股利的增减变动及其结存情况，并应当按照被投资单位设置明细科目进行核算。本科目对应账户的具体核算内容如表3-27所示。应收股利的账务处理如表3-28所示。

表3-27　应收股利的核算内容

科目	借方登记	贷方登记	期末余额
应收股利	应收现金股利或利润的增加	收到的现金股利或利润	一般在借方，反映企业尚未收到的现金股利或利润

表3-28　应收股利的账务处理

类型	账务处理	
企业在持有以公允价值计量且其变动计入当期损益的金融资产（交易性金融资产）期间，被投资单位宣告发放现金股利，按应享有的份额，确认为当期投资收益	借：应收股利 　　贷：投资收益	
企业收到被投资单位分配的现金股利或利润	区别两种情况	对于企业通过证券公司购入上市公司股票所形成的股权投资取得的现金股利： 借：其他货币资金——存出投资款 　　贷：应收股利
		对于企业持有的其他股权投资取得的现金股利或利润： 借：银行存款 　　贷：应收股利

（二）应收利息的核算内容

应收利息，是指企业根据合同协议规定应向债务人收取的利息。企业应设置"应收利息"科目核算应收利息的增减变动及其结存情况，并应当按照借款人或被投资单位设置明细科目进行核算。本科目对应账户的具体核算内容如表 3-29 所示。

表 3-29 应收利息的核算内容

科目	借方登记	贷方登记	期末余额
应收利息	应收利息的增加额	收到的利息	一般在借方，反映企业尚未收到的利息

五、其他应收款★★★

（一）其他应收款的内容

其他应收款，是指企业除应收票据、应收账款、预付账款、应收股利和应收利息以外的其他各种应收及暂付款项。

【注意】其他应收款：赔、罚、租、押（存出保证金）、垫。

（二）其他应收款的核算内容

1. 科目设置

企业应当设置"其他应收款"科目核算其他应收款的增减变动及其结存情况，并应当按照对方单位（或个人）设置明细科目进行核算。本科目对应账户的具体核算内容如表 3-30 所示。

表 3-30 其他应收款的核算内容

科目	借方登记	贷方登记	期末余额
其他应收款	其他应收款的增加	其他应收款的收回	一般在借方，反映企业尚未收回的其他应收款项

2. 账务处理

其他应收款应当按实际发生的金额入账，其主要内容及账务处理如表 3-31 所示。

表 3-31 其他应收款的主要内容及账务处理

主要内容	账务处理
应收的各种赔款、罚款，如因企业财产等遭受意外损失而应向有关保险公司收取的赔款等	借：其他应收款 　　贷：营业外收入/待处理财产损溢/固定资产清理等
应收的出租包装物租金	借：其他应收款 　　贷：其他业务收入等
应向职工收取的各种垫付款项，如为职工垫付的水电费、医药费、房租费等	①垫付款时： 借：其他应收款 　　贷：银行存款等 ②扣款时： 借：应付职工薪酬 　　贷：其他应收款

（续表）

主要内容	账务处理
存出保证金，如租入包装物支付的押金	借：其他应收款 　　贷：银行存款等
其他各种应收、暂付款项，如备用金、预付职工差旅费等	借：其他应收款 　　贷：库存现金

六、应收款项减值★★★

（一）应收款项减值的核算方法

应收款项减值有两种核算方法，即直接转销法和备抵法，两者比较如表3-32所示。

表3-32　直接转销法和备抵法

项目	直接转销法	备抵法
内容	不考虑日常核算中应收项可能发生的坏账损失，只有在实际发生坏账时，才将坏账损失计入当期损益	采用一定的方法按期估计坏账损失，计入当期损益，同时建立坏账准备，待坏账实际发生时，冲销已提取的坏账准备和相应的应收款项
优点	账务处理简单，在坏账实际发生时将其确认为损失符合其偶发性特征和小企业经营管理的特点	（1）符合权责发生制和会计谨慎性要求，使财务报表使用者能了解企业应收款项预期可收回的金额和谨慎的财务状况。 （2）有利于落实企业管理者的经管责任，有利于企业外部利益相关者如实评价企业的经营业绩，作出谨慎的决策
缺点	（1）只有坏账实际发生时，才将坏账损失确认为当期费用，导致资产不实、各期损益不实。 （2）在资产负债表上，应收账款是按账面余额而不是按账面价值反映，这在一定程度上高估了期末应收款项	（1）对会计职业判断的要求较高，部分估计因素带有一定主观性，可能导致预期信用损失的确定不够准确、客观。 （2）影响各期营业利润金额的计算与确定，客观上存在企业管理者通过平滑利润进行盈余管理甚至实施利润操纵与舞弊的可能性，增加会计职业风险及注册会计师审计难度和审计风险，增加政府和行业的会计监管难度和风险
应用	小企业会计准则规定，应收款项减值采用直接转销法	我国企业会计准则规定，应收款项减值的核算应采用备抵法

1. 直接转销法

1）坏账损失的确认

企业无法收回的应收款项称为坏账。小企业应收及预付款项符合下列条件之一的，减除可收回的金额后确认的无法收回的应收及预付款项，作为坏账损失：

（1）债务人依法宣告破产、关闭、解散、被撤销，或者被依法注销、吊销营业执照，其清算财产不足清偿的。

（2）债务人死亡，或者依法被宣告失踪、死亡，其财产或者遗产不足清偿的。

（3）债务人逾期3年以上未清偿，且有确凿证据证明已无力清偿债务的。

（4）与债务人达成债务重组协议或法院批准破产重整计划后，无法追偿的。

（5）因自然灾害、战争等不可抗力导致无法收回的。

（6）国务院财政、税务主管部门规定的其他条件。

2）坏账损失的账务处理

按照小企业会计准则规定，企业确认应收账款实际发生的坏账损失，应做如下账务处理：

借：银行存款（可收回的金额）
    营业外支出——坏账损失（差额）
  贷：应收账款（账面余额）

2. 备抵法

在备抵法下，企业采用一定的方法按期确定预期信用损失计入当期损益，作为坏账准备，待坏账损失实际发生时，冲销已计提的坏账准备和相应的应收款项。企业采用这种方法，需要对预期信用损失进行复杂的评估和判断，履行预期信用损失的确定程序。

1）预期信用损失的概念

预期信用损失，是指以发生违约的风险为权重的金融工具信用损失的加权平均值。信用损失，是指企业按照原实际利率折现的、根据合同应收的所有合同现金流量与预期收取的所有现金流量之间的差额，即全部现金短缺的现值。

2）预期信用损失的确定方法

企业对于《企业会计准则第 14 号——收入》准则所规定的由规范的交易形成且不含重大融资成分的应收款项，应当始终按照相当于整个存续期内预期信用损失的金额计量其损失准备。

（1）对信用风险显著增加的评估。

①判断标准。企业应当通过比较应收款项在初始确认时所确定的预计存续期内的违约概率与该工具在资产负债表日所确定的预计存续期内的违约概率，来判定金融工具信用风险是否显著增加。

②其他情形。如果企业确定应收款项在资产负债表日只具有较低的信用风险的，可以假设该应收款项的信用风险自初始确认后并未显著增加。

③逾期与信用风险显著增加。逾期是应收款项信用风险显著增加的常见结果，除非企业无需付出不必要的额外成本或努力即可获得合理且有依据的信息，包括前瞻性信息，证明即使逾期超过 30 日，信用风险自初始确认后仍未显著增加。

④以组合为基础的评估。企业在单项应收款项层面无法以合理成本获得关于信用风险显著增加的充分证据，企业应按照应收款项的类型、信用风险评级、初始确认日期、剩余合同期限为共同风险特征，对应收账款进行分组并以组合为基础考虑评估信用风险是否显著增加。

（2）判断信用风险是否显著增加，企业应考虑以下具体信息：

①债务人未能按合同到期日支付款项的情况；

②已发的或预期的债务人的外部或内部信用评级的严重恶化；

③已发生的或预期的债务人经营成果的严重恶化；

④现存的或预期的技术、市场、经济或法律环境变化，这种变化将对债务人的还款能力产生重大不利影响。

（3）应收款项预计信用减值损失的确定方法。

考虑到应收款项的流动性特征，企业通常按照应收款项的账面余额和预计可收回金额的差额确定预计信用减值损失。

（4）应收款项坏账准备的计算确定：以分项分类和以组合为基础计算。

> **案例分析**

【3-3】2021年12月31日，甲公司应收账款借方余额100万元，"坏账准备"科目贷方余额20万元；综合考虑各种信用减值损失风险因素，预计可收回金额为72万元。甲公司的账务处理如下。

2021年12月31日，甲公司确定的预期信用损失为28（100-72）万元，即当期应补提8万元坏账准备。

借：信用减值损失　　　　　　　　　　　　　　　　　　　　　　　　　　　8
　　贷：坏账准备　　　　　　　　　　　　　　　　　　　　　　　　　　　　8

（二）备抵法下坏账准备的账务处理

1. 科目设置

企业应当设置"坏账准备"科目，核算应收款项的坏账准备计提、转销等情况。本科目对应账户的具体核算内容如表3-33所示。

表3-33　坏账准备的核算内容

科目	借方登记	贷方登记	贷方余额
坏账准备	实际发生的坏账损失金额和冲减的坏账准备金额	当期计提的坏账准备、收回已转销的应收账款而恢复的坏账准备	反映企业已计提但尚未转销的坏账准备

2. 计算公式

当期应计提的坏账准备＝当期按应收款项计算应提坏账准备金额－（或＋）"坏账准备"科目的贷方（或借方）余额

应收账款的账面价值＝应收款项的账面余额－相应的坏账准备金额

应收款项的账面余额＝应收款项期初余额＋本期增加发生额－本期减少发生额

3. 账务处理

应收账款、应收票据和其他应收款等债权类科目的坏账计提都通过"坏账准备"科目核算。坏账准备的账务处理如表3-34所示。

表3-34　坏账准备的账务处理

情况	账务处理
企业计提坏账准备时，按照应收款项应减记的金额	借：信用减值损失——计提的坏账准备 　　贷：坏账准备
冲减多计提的坏账准备时	借：坏账准备 　　贷：信用减值损失——计提的坏账准备
企业确实无法收回的应收款项按管理权限报经批准后作为坏账转销时	借：坏账准备 　　贷：应收账款、其他应收款等
企业实际发生坏账损失时	

（续表）

情况	账务处理
已确认并转销的应收款项以后又收回时	借：应收账款、其他应收款等 　　贷：坏账准备 同时，借：银行存款 　　　　贷：应收账款、其他应收款等

【提示】已确认并转销的应收款项以后又收回的，企业应当按照实际收到的金额增加坏账准备的账面余额。

【例题·单选题】2021年年初，永恒公司"坏账准备——应收账款"账户贷方余额为30万元，3月20日收回已核销的坏账120万元并入账，12月31日"应收账款"账户余额2 200万元（所属明细账户为借方余额），评估减值金额为200万元，不考虑其他因素，2021年年末，该公司计提的坏账准备金额为（　　）万元。

A.170　　　　　　　　　　　　B.290
C.200　　　　　　　　　　　　D.50

【答案】D

【解析】2021年年末，该公司应计提的坏账准备金额＝200－（120＋30）＝50（万元）。

第四节　存货

一、存货概述★★

存货，是指企业在日常活动中持有以备出售的产品或商品、处在生产过程中的在产品、在生产过程中或提供劳务过程中储备的材料或物料等。存货的内容及其概念如表3-35所示。

表3-35　存货的内容及其概念

内容	概念
原材料	企业在生产过程中经过加工会改变其形态或性质并构成产品主要实体的各种原料、主要材料、辅助材料、燃料、修理用备件（备品备件）、包装材料、外购半成品（外购件）等
在产品	企业正在制造尚未完工的生产物，包括正在各个生产工序加工的产品和已加工完毕但尚未检验或已检验但尚未办理入库手续的产品
半成品	经过一定生产过程并已检验合格交付半成品仓库保管，但尚未制造完工成为产成品，仍需进一步加工的中间产品
产成品	企业已经完成全部生产过程并已验收入库，可以按照合同规定的条件送交订货单位，或者可以作为商品对外销售的产品。企业接受来料加工制造的代制品和为外单位加工修理的代修品，制造和修理完成验收入库后，应视同企业的产成品

（续表）

内容	概念
商品	商品流通企业外购或委托加工完成验收入库，用于销售的各种商品
包装物	为了包装本企业的商品而储备的各种包装容器，如桶、箱、瓶、坛、袋等，其主要作用是盛装、装潢产品或商品
低值易耗品	不能作为固定资产核算的各种用具物品，如工具、管理用具、玻璃器皿、劳动保护用品以及在经营过程中周转使用的容器等。 特点：单位价值较低，或使用期限相对于固定资产较短，在使用过程中保持其原有实物形态基本不变

二、存货的初始计量★★★

1. 存货应当按照成本进行初始计量

存货成本包括采购成本、加工成本和其他成本以及自制存货成本等，具体内容如表3-36所示。

表3-36 存货的初始成本

存货成本	采购成本	购买价款	购入的材料或商品的发票账单上列明的价款，但不包括按照规定可以抵扣的增值税进项税额
		相关税费	购买存货发生的进口关税、消费税、资源税和不可抵扣的增值税进项税额以及相应的教育费附加等
		其他可归属于存货采购成本的费用	采购过程中发生的包装费、装卸费、运输费、保险费、仓储费、入库前的挑选整理费、运输途中的合理损耗等
	加工成本		存货的加工过程中发生的追加费用，包括直接人工以及按照一定方法分配的制造费用
存货成本	其他成本		除采购成本、加工成本以外的，使存货达到目前场所和状态所发生的其他支出，如为特定客户设计产品所发生的、可直接确定的设计费用
	企业自制存货的成本		自制原材料、自制包装物、自制低值易耗品、自制半成品及库存商品等，其成本包括直接材料、直接人工和制造费用等的各项实际支出

【提示】

（1）直接人工，是指企业在生产产品过程中发生的直接从事产品生产人员的职工薪酬。

（2）制造费用，是指企业为生产产品而发生的各项间接费用。

（3）运输途中的合理损耗仅增加存货的单位成本，总成本不变。

商品流通企业在采购商品过程中发生的运输费、装卸费、保险费以及其他可归属于存货采购成本的费用等进货费用，应当计入所购商品成本，也可以先进行归集，期末根据所采购商品的存销情况进行分摊。对于已售商品的进货费用，计入当期主营业务成本；对于未售商品的进货费用，计入期末存货成本。如果企业采购商品的进货费用金额较小，也可以在发生时直接计入当期销售费用。商品流通企业进货费用的处理方式如图3-1所示。

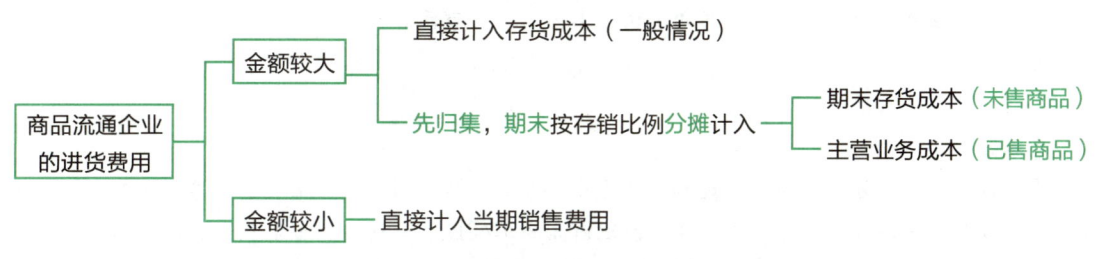

图 3-1　商品流通企业进货费用的处理方式

小企业（批发业、零售业）在购买商品过程中发生的费用（包括运输费、装卸费、包装费、保险费、运输途中的合理损耗和入库前的挑选整理费等），不计入成本，而是通过"销售费用"科目核算。

存货应当按照成本进行初始计量，不同存货成本的构成如表 3-37 所示。

表 3-37　不同存货成本的构成

项目	成本的构成	存货
购入的存货	买价、运杂费（运输费、装卸费、保险费、包装费、仓储费等）、运输途中的合理损耗、入库前的挑选整理费用（挑选整理过程中发生的工、费支出和挑选整理过程中所发生的数量损耗，扣除回收的下脚废料价值）以及按规定应计入存货成本的税费和其他费用	—
自制的存货	直接材料、直接人工和制造费用等的各项实际支出	自制原材料、自制包装物、自制低值易耗品、自制半成品及库存商品等
委托外单位加工完成的存货	实际耗用的原材料或者半成品、加工费、装卸费、保险费、委托加工的往返运输费等费用以及按规定应计入存货成本的税费	加工后的原材料、包装物、低值易耗品、半成品、产成品等

2. 在发生时直接计入当期损益的情况

在有些情况中，相关费用应当在发生时确认为当期损益，不计入存货成本，如表 3-38 所示。

表 3-38　相关费用不计入存货成本的情况

情况	处理	举例
非正常消耗的直接材料、直接人工和制造费用	计入当期损益	由于自然灾害发生的料、工、费
存货在采购入库后领用前所发生的仓储费用		存货入库后发生的仓储费用（不包括在生产过程中为达到下一生产阶段所必需的仓储费用，如酒类产品）
不能归属于使存货达到目前场所和状态的其他支出		专业人员培训费

【例题·单选题】某企业为增值税一般纳税人，本期购入一批商品100千克，进货价格为100万元，增值税税额为13万元。所购商品到达后验收发现商品短缺25%，其中合理损失15%，另

10%的短缺无法查明原因。该批商品的单位成本为（　　）万元。

A.1　　　　　　　　　　　　　　　　B.1.4

C.1.2　　　　　　　　　　　　　　　D.1.25

【答案】C

【解析】购入存货发生的非合理损耗会减少存货总成本，计入管理费用，发生的合理损耗不影响存货总成本，但会减少实际入库数量。该批商品的单位成本＝总成本（不包含非合理损耗）÷总数量（包含非合理损耗）＝100×（1－10%）÷（100－100×25%）＝1.2（万元）。

三、发出存货的计价方法★★★

在实际成本核算方式下，企业应当采用个别计价法、先进先出法、月末一次加权平均法及移动加权平均法计算发出存货成本。

实务中，企业发出的存货可以按实际成本核算，也可以按计划成本核算。企业应当根据各类存货的实物流转方式、企业管理的要求、存货的性质等实际情况，合理地选择发出存货的计价方法，确定当期发出存货的成本。不同计价方法的具体内容如表3-39所示。

表3-39　发出存货的计价方法

计价方法	假设前提	具体计算过程	优点	缺点
个别计价法	存货实物流转与成本流转一致	逐一辨认各批发出存货和期末存货所属的购进批别或生产批别，分别按其购入或生产时所确定的单位成本计算各批发出存货和期末存货成本	计算准确，符合实际情况	工作量大，不适用于所有企业
先进先出法	先购入的存货先发出	按先进先出的假定流转顺序来确定发出存货的成本及期末结存存货的成本	可随时结转存货成本	较烦琐，若存货收发业务较多，且存货单价不稳定时，工作量较大。物价上涨时，会高估当期利润和库存存货价值；反之，会低估企业存货价值和当期利润

（续表）

计价方法	假设前提	具体计算过程	优点	缺点
月末一次加权平均法	本月全部进货成本加上月初存货成本，除以本月全部进货数量加上月初数量	①存货单位成本=[月初存货成本+Σ（本月各批进货的实际单位成本×本月各批进货的数量）]÷（月初存货数量+本月购进存货数量） ②发出存货成本=发出存货数量×单位成本 ③结存存货成本=月末结存存货数量×单位成本 或者 本月月末结存存货成本=月初结存存货成本+本月购入存货成本-本月发出存货成本	简化成本计算工作	由于月末一次计算加权平均单价和发出存货成本，不利于存货成本日常管理和控制
移动加权平均法	每购进一批，就计算一次单价	①存货单位成本=（原有库存存货成本+本次进货的成本）÷（原有库存存货数量+本次购进存货数量） ②本次发出存货成本=本次发出存货数量×本次发货前的单位成本 ③月末结存存货成本=月末结存存货数量×本月月末单位成本 或者 本月月末结存存货成本=月初结存存货成本+本月购入存货成本-本月发出存货成本	及时了解存货的结存情况，计算的成本比较客观（包括计算的平均单位成本、发出成本和结存成本）	计算工作量较大，不适用于收发货较频繁的企业

【提示1】如采用计划成本核算发出存货的成本，会计期末应调整为实际成本。

【提示2】小企业应当采用先进先出法、加权平均法或者个别计价法确定发出存货的实际成本。

【例题·单选题】某企业采用先进先出法计算发出原材料的成本。2021年9月1日，甲材料结存200千克，每千克实际成本为300元；9月7日，购入甲材料350千克，每千克实际成本为310元；9月21日，购入甲材料400千克，每千克实际成本为290元；9月28日，发出甲材料500千克。9月份甲材料发出成本为（　　）元。

A.145 000　　　　　　　　　　B.150 000

C.153 000　　　　　　　　　　D.155 000

【答案】C

【解析】发出材料成本=200×300+300×310=153 000（元）。

【例题·单选题】某企业采用月末一次加权平均法计算发出材料成本。2019年3月1日，结存甲材料200件，单位成本40元；3月15日，购入甲材料400件，单位成本35元；3月20

日，购入甲材料400件，单位成本38元；当月共发出甲材料500件。3月份发出甲材料的成本为（　　）元。

A.18 500　　　　　　　　　　B.18 600
C.19 000　　　　　　　　　　D.20 000

【答案】B

【解析】材料单位成本＝（200×40＋400×35＋400×38）÷（200＋400＋400）＝37.2（元／件）；3月份发出甲材料成本＝37.2×500＝18 600（元）。

四、原材料★★★

原材料的日常收发及结存可以采用实际成本核算，也可以采用计划成本核算。

（一）采用实际成本核算

1. 会计科目设置

材料采用实际成本核算时，企业对材料的收发及结存，无论是总分类核算还是明细分类核算，均按照实际成本计价，使用的会计科目有"原材料""在途物资"等。

原材料采用实际成本法核算，由于其收发和结存都采用实际成本计价，所以能直接提供材料资金的结存数额；为计算产品的生产成本提供较为准确的材料耗用数，适用于规模小、收发业务少、监督管理要求不高的企业。但这种计价核算方式不能在账簿中反映采购的材料成本是节约了还是超支了，不便于对材料等及时实施监督管理，不便于对采购部门的经营成果进行有效的考核。所以，材料收发业务较多、监督管理复杂、要求较高且计划成本资料较为健全的企业，一般采用计划成本进行核算。实际成本法下会计科目的设置如表3-40所示。

表3-40　实际成本法下会计科目的设置

会计科目	核算内容	借方登记	贷方登记	期末余额
原材料	企业库存各种材料的收发与结存情况	在按实际成本核算时，借方登记入库材料的实际成本	贷方登记发出材料的实际成本	期末余额在借方，反映企业库存材料的实际成本
在途物资	企业采用实际成本进行材料、商品等物资的日常核算、价款已付尚未验收入库的各种物资（即在途物资）的采购成本	借方登记企业购入的在途物资的实际成本	贷方登记验收入库的在途物资的实际成本	期末余额在借方，反映企业在途物资的采购成本
应付账款	企业因购买材料、商品和接受劳务等经营活动应支付的款项	借方登记支付的应付账款	贷方登记企业因购入材料、商品和接受劳务等尚未支付的款项	期末余额一般在贷方，反映企业尚未支付的应付账款

【提示】"原材料"科目应按照材料的保管地点（仓库）、材料的类别、品种和规格等设置明细账进行明细核算。"在途物资"科目应按照供应单位和物资品种设置明细账进行明细核算。"应付账款"科目应按照债权人设置明细科目进行明细核算。

2. 账务处理

由于支付方式不同，原材料入库时间与付款时间可能一致，也可能不一致，在账务处理上也有所不同。实际成本法下相关账务处理如表 3-41 所示。

表 3-41 实际成本法下的账务处理

类型	具体情况	账务处理
购入材料	发票与材料同时到达	借：原材料 　　应交税费——应交增值税（进项税额） 　贷：银行存款等
	发票已到，材料未到	借：在途物资 　　应交税费——应交增值税（进项税额） 　贷：银行存款等
	材料已到、发票未到，也无结算凭证 【提示】等、估、冲、记	①暂不入账，等待发票； ②月末发票仍未到达，在月末按估计价值入账： 借：原材料 　贷：应付账款——暂估应付账款 ③下月月初红字冲回： 借：原材料（红字） 　贷：应付账款——暂估应付账款（红字） ④发票到达时根据发票登记入账： 借：原材料 　　应交税费——应交增值税（进项税额） 　贷：银行存款等
发出材料	生产经营领用材料	借：生产成本（车间生产部门领用） 　　制造费用（车间管理部门领用） 　　销售费用（销售环节领用） 　　管理费用（行政管理部门领用） 　　研发支出等（研发环节领用） 　贷：原材料
	出售材料结转成本	借：其他业务成本 　贷：原材料
	发出委托外单位加工的材料	借：委托加工物资 　贷：原材料

企业各生产单位及有关部门领用的材料具有种类多、业务频繁等特点。为了简化核算，企业可以在月末根据"领料单"或"限额领料单"中有关领料的单位、部门等加以归类，编制"发料凭证汇总表"，据以编制记账凭证、登记入账。

【提示】如果企业采用实际成本进行材料日常核算，对发出材料的实际成本可以采用先进先出法、月末一次加权平均法、移动加权平均法或个别计价法计算确定。

【注意】计价方法一经确定，不得随意变更（可比性），如需变更，应在附注中予以说明。

（二）采用计划成本核算

1.原材料核算应设置的会计科目

企业采用计划成本核算材料时，材料的收发及结存无论是总分类核算还是明细分类核算均按照计划成本计价。使用的会计科目有"原材料""材料采购"，同时通过"材料成本差异"科目核算材料实际成本与计划成本的差异。

月末，计算本月发出材料应负担的成本差异并进行分摊，根据领用材料的用途将差异计入相关资产的成本或者当期损益，从而将发出材料的计划成本调整为实际成本。计划成本法下会计科目的设置如表3-42所示。

表3-42　计划成本法下会计科目的设置

会计科目	借方登记	贷方登记	借方余额	贷方余额	备注
原材料	入库材料的计划成本	发出材料的计划成本	企业库存材料的计划成本	—	"材料采购"账户借方大于贷方表示超支，从其账户贷方转入"材料成本差异"账户的借方；反之，表示节约，从其账户借方转入"材料成本差异"账户的贷方
材料采购	采购材料的实际成本	入库材料的计划成本	企业在途材料的实际采购成本	—	
材料成本差异	超支差异及发出材料应负担的节约差异	节约差异及发出材料应负担的超支差异	企业库存材料的实际成本大于计划成本的差异（超支差异）	企业库存材料实际成本小于计划成本的差异（节约差异）	

2.原材料的账务处理

原材料采用计划成本核算，本质上其核算的还是实际成本，只是将实际成本分为计划成本和材料成本差异。采用计划成本核算，会计期末要对存货计划成本和实际成本之间的差异进行单独核算，最终将计划成本调整为实际成本。计划成本法下相关账务处理如表3-43所示。

表3-43　计划成本法下的账务处理

类型	具体情况	账务处理	
购入材料	验收入库前	借：材料采购（实际成本） 　　应交税费——应交增值税（进项税额） 　贷：银行存款、应付账款等	
	验收入库时	实际成本＞计划成本	借：原材料（计划成本） 　　材料成本差异（超支差） 　贷：材料采购（实际成本）
		实际成本＜计划成本	借：原材料（计划成本） 　贷：材料采购（实际成本） 　　　材料成本差异（节约差）
	暂估入账	账务处理和实际成本法下暂估入账的会计处理方式相同，金额按计划成本计算	

（续表）

类型	具体情况	账务处理
发出材料	结转发出材料时	借：生产成本（车间生产部门领用） 　　制造费用（车间管理部门领用） 　　销售费用（销售部门领用） 　　管理费用等（行政管理部门领用） 　　委托加工物资（发出委托外单位加工） 　　其他业务成本（出售） 　贷：原材料（计划成本）
	月末，结转发出材料应负担的差异额	借：生产成本（车间生产部门领用） 　　制造费用（车间管理部门领用） 　　销售费用（销售部门领用） 　　管理费用等（行政管理部门领用） 　贷：材料成本差异（或借方）

【提示】

本月材料成本差异率＝（月初结存材料的成本差异＋本月验收入库材料的成本差异）÷（月初结存材料的计划成本＋本月验收入库材料的计划成本）×100%

【注意1】分清材料成本差异的正负数（超支差为正数，节约差为负数）。成本差异率也有正负数之分（正数是超支成本差异率，负数是节约成本差异率）。

发出材料应负担的成本差异＝发出材料的计划成本 × 材料成本差异率

发出材料的实际成本＝发出材料的计划成本＋发出材料应负担的成本差异
　　　　　　　　　＝发出材料的计划成本 ×（1＋材料成本差异率）

结存材料的实际成本＝结存材料的计划成本＋结存材料应负担的成本差异
　　　　　　　　　＝结存材料的计划成本 ×（1＋材料成本差异率）

【注意2】

（1）采购时：按实际成本记入"材料采购"账户的借方。

（2）材料验收入库时：

　①按计划成本借记"原材料"科目；

　②按实际成本贷记"材料采购"科目；

　③差额形成材料成本差异。

（3）发出材料时一律用计划成本。

（4）期末：

　①计算材料成本差异率：超支用正号，节约用负号；

　②结转发出材料应负担的差异额。

【注意3】实务中，材料成本差异既可以逐笔结转，也可以月末一次结转。

> **案例分析**

【3-4】甲公司为增值税一般纳税人,增值税税率为13%,月初原材料没有余额。对于原材料采用计划成本核算,M 材料计划单位成本为25元/千克。4月份发生的有关 M 材料购入、发出及结存的经济业务如下:

(1) 4月6日,从乙公司采购 M 材料500千克,材料验收入库,价款为12 000元,增值税税额1 560元,以支票付讫,并以现金支付包装费75元。甲公司应编制如下会计分录:

借:材料采购——M 材料	12 075
应交税费——应交增值税(进项税额)	1 560
贷:银行存款	13 560
库存现金	75

同时:

借:原材料——M 材料	12 500
贷:材料采购——M 材料	12 075
材料成本差异	425

(2) 4月12日,从丙公司采购 M 材料180千克,结算凭证到达并办理付款手续。货款5 000元,增值税税额650元,材料尚未运到。甲公司应编制如下会计分录:

借:材料采购——M 材料	5 000
应交税费——应交增值税(进项税额)	650
贷:银行存款	5 650

(3) 4月23日,收到本月12日购进的 M 材料并验收入库,材料计划成本为4 500元。甲公司应编制如下会计分录:

借:原材料——M 材料	4 500
材料成本差异	500
贷:材料采购——M 材料	5 000

(4) 根据本月发料凭证汇总表,共计发出 M 材料680千克,计划成本17 000元。其中,直接用于产品生产400千克,计划成本10 000元;车间一般耗用200千克,计划成本5 000元;管理部门耗用60千克,计划成本1 500元;产品销售消耗20千克,计划成本500元。甲公司应编制如下会计分录:

借:生产成本	10 000
制造费用	5 000
管理费用	1 500
销售费用	500
贷:原材料——M 材料	17 000

(5) 月末按本月材料成本差异率,计算分摊本月发出材料负担的成本差异,将发出材料的计划成本调整为实际成本。甲公司的会计处理如下:

本月材料成本差异率 = (-425 + 500) ÷ (12 500 + 4 500) × 100% = 0.44%

生产成本应负担的差异 = 10 000 × 0.44% = 44（元）
制造费用应负担的差异 = 5 000 × 0.44% = 22（元）
管理费用应负担的差异 = 1 500 × 0.44% = 6.6（元）
销售费用应负担的差异 = 75 −（44 + 22 + 6.6）= 2.4（元）

借：生产成本　　　　　　　　　　　　　　　　　　　　　　44
　　制造费用　　　　　　　　　　　　　　　　　　　　　　22
　　管理费用　　　　　　　　　　　　　　　　　　　　　　6.6
　　销售费用　　　　　　　　　　　　　　　　　　　　　　2.4
　　贷：材料成本差异　　　　　　　　　　　　　　　　　　75

五、周转材料★★★

企业的周转材料包括包装物和低值易耗品，以及小企业（建筑业）的钢模板、木模板、脚手架等。

（一）包装物

1. 包装物的内容

包装物，是指为了包装本企业商品而储备的各种包装容器，如袋、桶、箱、瓶、坛等。包装物的内容具体如图3-2所示。

图3-2　包装物的内容

【提示】小企业的各种包装材料，如纸、绳、铁丝、铁皮等，应在"原材料"科目内核算；用于储存和保管产品、材料而不对外出售的包装物，应按照价值大小和使用年限长短，分别在"固定资产"科目或"原材料"科目核算。

2. 核算包装物的科目设置

企业应该设置"周转材料——包装物"科目用于核算包装物的增减变动及其价值损耗、结存等情况，按计划成本核算的包装物，在发出时，应同时结转应负担的材料成本差异。本科目的借方登记包装物的增加，贷方登记包装物的减少，期末余额在借方，反映企业期末结存包装物的金额。

3. 包装物的账务处理

包装物可以按实际成本核算，也可以按计划成本核算。如果按计划成本核算，"周转材料"科目按计划成本结转，同时结转材料成本差异。包装物的账务处理如表3-44所示。

表 3-44 包装物的账务处理

项目	实际成本核算	计划成本核算
生产过程中用于包装产品作为产品组成部分	借：生产成本 　　贷：周转材料——包装物	借：生产成本 　　材料成本差异（或贷） 　　贷：周转材料——包装物
随同商品出售而不单独计价	借：销售费用 　　贷：周转材料——包装物	借：销售费用 　　材料成本差异（或贷） 　　贷：周转材料——包装物
随同商品出售而单独计价	出售时： 借：银行存款 　　贷：其他业务收入 　　　　应交税费——应交增值税（销项税额） 结转成本： 借：其他业务成本 　　贷：周转材料——包装物	结转成本： 借：其他业务成本 　　材料成本差异（或贷） 　　贷：周转材料——包装物
出租或出借包装物的押金和租金	借：周转材料——包装物——出租包装物（或出借包装物） 　　贷：周转材料——包装物——库存包装物 收取押金： 借：库存现金、银行存款等 　　贷：其他应付款——存入保证金 退还押金： 借：其他应付款——存入保证金 　　贷：库存现金、银行存款等	借：周转材料——包装物——出租包装物（或出借包装物） 　　材料成本差异（或贷） 　　贷：周转材料——包装物——库存包装物
出租或出借包装物的押金和租金	收取租金： 借：库存现金、银行存款、其他应收款等 　　贷：其他业务收入	
出租或出借包装物的摊销	借：其他业务成本（出租包装物） 　　销售费用（出借包装物） 　　贷：周转材料——包装物——包装物摊销	借：其他业务成本（出租包装物） 　　销售费用（出借包装物） 　　材料成本差异（或贷） 　　贷：周转材料——包装物——包装物摊销
出租或出借包装物的维修	借：其他业务成本（出租包装物） 　　销售费用（出借包装物） 　　贷：库存现金、银行存款、原材料、应付职工薪酬等	借：其他业务成本（出租包装物） 　　销售费用（出借包装物） 　　材料成本差异（或贷） 　　贷：库存现金、银行存款、原材料、应付职工薪酬等

【提示】在计划成本法下，企业领用包装物时，"生产成本""销售费用""其他业务成本"科目应按实际成本金额登记，"周转材料——包装物"科目应按计划成本金额登记。

【例题·单选题】随同商品出售而不单独计价的包装物，应按照其实际成本记入的会计科目是（　　）。
A. 管理费用　　　　　　　　　　B. 其他业务成本
C. 营业外支出　　　　　　　　　D. 销售费用
【答案】D
【解析】随同商品出售不单独计价的包装物，是为了销售商品而产生的，应按实际成本计入销售费用。

（二）低值易耗品

1. 低值易耗品的内容

作为存货核算和管理的低值易耗品，一般划分为一般工具、专用工具、替换设备、管理用具、劳动保护用品和其他用具等。

2. 核算低值易耗品的科目设置

企业应当设置"周转材料——低值易耗品"科目核算低值易耗品的增减变动及其结存等情况。本科目的借方登记低值易耗品的增加，贷方登记低值易耗品的减少，期末余额在借方，通常反映企业期末结存低值易耗品的金额。

3. 低值易耗品的账务处理

低值易耗品等周转材料符合存货定义和条件的，按照使用次数分次计入成本费用，金额较小的，可在领用时一次计入成本费用，并在备查簿上进行登记，以便于实物的管理。

企业采用分次摊销法摊销低值易耗品时，低值易耗品在领用时摊销其账面价值的单次平均摊销额（五五摊销法）。分次摊销法适用于可供多次反复使用的低值易耗品。

在采用分次摊销法时，需单独设置"周转材料——低值易耗品——在用""周转材料——低值易耗品——在库""周转材料——低值易耗品——摊销"明细科目。其中，"周转材料——低值易耗品——摊销"明细科目为"周转材料——低值易耗品——在用"明细科目的备抵科目。低值易耗品的账务处理如表3-45所示。

表3-45　低值易耗品的账务处理

项目	实际成本核算	计划成本核算
领用低值易耗品	借：周转材料——低值易耗品——在用 　贷：周转材料——低值易耗品——在库	
摊销低值易耗品	借：制造费用等 　贷：周转材料——低值易耗品——摊销	借：制造费用等 　贷：周转材料——低值易耗品——摊销 　　　材料成本差异（或借方）
结转全部摊销额	借：周转材料——低值易耗品——摊销 　贷：周转材料——低值易耗品——在用	

> **案例分析**

【3-5】甲公司生产车间领用工具一批,实际成本1.8万元,预计使用2年。使用期满,工具报废,入库残料计价200元。甲公司的账务处理如下。

(1)领用材料时:

借:周转材料——低值易耗品——在用　　　　　　　　　　　　　　18 000
　　贷:周转材料——低值易耗品——在库　　　　　　　　　　　　　　18 000

(2)当月及以后各月摊销时:

借:制造费用　　　　　　　　　　　　　　　　　　　　　(18 000÷24)750
　　贷:周转材料——低值易耗品——摊销　　　　　　　　　　　　　　　　50

(3)报废时,按回收残料价值:

借:原材料——辅助材料　　　　　　　　　　　　　　　　　　　　　　200
　　贷:制造费用　　　　　　　　　　　　　　　　　　　　　　　　　　200

(4)结转全部摊销额:

借:周转材料——低值易耗品——摊销　　　　　　　　　　　　　　18 000
　　贷:周转材料——低值易耗品——在用　　　　　　　　　　　　　　18 000

六、委托加工物资★★

(一)委托加工物资的内容和成本

委托加工物资,是指企业委托外单位加工的各种材料、商品等物资。与材料或商品销售不同,企业发出委托加工材料后,虽然其保管地点发生位移,但仍属于企业存货范畴。经过加工,材料或商品的实物形态、性能和使用价值将发生变化,加工过程中也要消耗其他材料,发生加工费、税费等加工成本。

委托加工物资的成本 = 实际耗用物资的成本 + 支付的加工费用 + 相关税费 + 运杂费等

【提示】委托加工物资核算内容主要包括拨付加工物资、支付加工费用和税金、收回加工物资和剩余物资等。

(二)委托加工物资的科目设置

企业应当设置"委托加工物资"科目核算委托加工物资的增减变动及其结存情况。本科目的借方登记委托加工物资的实际成本,贷方登记加工完成验收入库物资的实际成本和剩余物资的实际成本,期末余额在借方,反映企业尚未完工的委托加工物资的实际成本等。

(三)委托加工物资的账务处理

委托加工物资按实际成本核算的账务处理如表3-46所示。

表 3-46　委托加工物资按实际成本核算的账务处理

项目	账务处理	
发出物资，按实际成本	借：委托加工物资 　　贷：原材料	
支付加工费、运费等	借：委托加工物资 　　贷：银行存款等	
支付的加工费的增值税进项税额	一般纳税人： 借：应交税费——应交增值税（进项税额） 　　贷：银行存款等	小规模纳税人： 借：委托加工物资 　　贷：银行存款等
支付代收代缴消费税	收回后直接销售且售价不高于受托方计税价格的： 借：委托加工物资 　　贷：银行存款等	收回后继续加工的应税消费品： 借：应交税费——应交消费税 　　贷：银行存款
加工完成，验收入库	借：原材料、库存商品 　　贷：委托加工物资	

【注意1】支付的代收代缴消费税：企业收回产品后直接销售，计入成本；继续加工应税消费品，可抵扣。

【注意2】委托加工物资也可采用计划成本和售价进行核算，其方法与库存商品类似。需要注意的是，如果企业以计划成本核算存货，在发出委托加工物资时，同时结转发出材料应负担的材料成本差异。收回委托加工物资时，应视同购入材料，确认采购形成的材料成本差异。

> 案例分析

【3-6】甲公司为增值税一般纳税人，2022年1月5日，甲公司发出A材料一批，委托乙企业加工成B材料（属于应税消费品）。A材料的实际成本为10 000元，以银行存款支付加工费3 000元（不含增值税）、运杂费500元（已收到运输公司开出的增值税普通发票）和代收代缴的消费税3 000元，B材料加工完成收回后继续用于生产应税消费品。B材料加工完毕验收入库，增值税税率为13%。甲公司的账务处理如下。

（1）发出委托加工材料时：

　　借：委托加工物资——乙企业　　　　　　　　　　　　　　　　　　10 000
　　　　贷：原材料——A材料　　　　　　　　　　　　　　　　　　　　10 000

（2）支付加工费和运杂费时：

　　借：委托加工物资——乙企业　　　　　　　　　　　（3 000＋500）3 500
　　　　应交税费——应交增值税（进项税额）　　　　　　（3 000×13%）390
　　　　　　　　——应交消费税　　　　　　　　　　　　　　　　　　 3 000
　　　　贷：银行存款　　　　　　　　　　　　　　　　　　　　　　　　6 890

（3）加工完成收回委托加工原材料时：

　　借：原材料——B材料　　　　　　　　　　　　　　　　　　　　　 13 500
　　　　贷：委托加工物资——乙企业　　　　　　　　　　　　　　　　 13 500

七、库存商品★★★

(一)库存商品的内容

库存商品,是指企业完成全部生产过程并已验收入库、合乎标准规格和技术条件,可以按照合同规定的条件送交订货单位,或可以作为商品对外销售的产品以及外购或委托加工完成验收入库用于销售的各种商品。

已完成销售手续但购买单位在月末未提取的产品,不应作为企业的库存商品,而应作为代管商品处理,企业单独设置"代管商品"备查簿进行登记。

(二)库存商品的科目设置

企业应当设置"库存商品"科目反映和监督库存商品的增减变动及其结存情况,借方登记验收入库的库存商品成本,贷方登记发出的库存商品成本,期末余额在借方,反映各种库存商品的实际成本;并按库存商品的种类、品种和规格设置明细科目进行核算。

(三)库存商品的账务处理

1. 验收入库商品

当产品完成生产并验收入库时,按实际成本进行核算,具体账务处理如表3-47所示。

表3-47 验收入库商品的账务处理

企业	验收入库商品	结转销售商品成本

工业企业	借:库存商品
	  贷:生产成本——基本生产成本
		借:主营业务成本
		  贷:库存商品

商品流通企业	借:库存商品
	  应交税费——应交增值税(进项税额)
	  贷:银行存款	

2. 发出商品的核算

(1)毛利率法。毛利率法,是指根据本期销售净额乘以上期实际(或本期计划)毛利率匡算本期销售毛利,并据以计算发出存货和期末存货成本的一种方法。相关基础公式如下所示:

毛利率=销售毛利÷销售额×100%

本期销售净额=商品销售收入-销售退回与折让

本期销售毛利=销售净额×毛利率

本期销售成本=销售净额-销售毛利=销售净额×(1-毛利率)

本期期末存货成本 = 期初存货成本 + 本期购货成本 - 本期销售成本

(2)售价金额核算法。售价金额核算法,是指平时商品的购入、加工收回、销售均按售价记账,售价与进价的差额通过"商品进销差价"科目核算,期末计算进销差价率和本期已售商品应分摊的进销差价,并据以调整出本期销售成本的一种方法。相关基础公式如下所示:

商品进销差价率=(期初库存商品进销差价+本期购入商品进销差价)÷(期初库存商品售价+本期购入商品售价)×100%

本期销售商品应分摊的商品进销差价＝本期商品销售收入 × 商品进销差价率

本期销售商品的成本＝本期商品销售收入－本期已销商品应分摊的商品进销差价

＝本期商品销售收入 ×（1－商品进销差价率）

期末结存商品的成本＝期初库存商品的进价成本＋本期购进商品的进价成本－本期销售商品的成本

如果企业的商品进销差价率各期之间比较均衡，也可以采用上期商品进销差价率分摊本期的商品进销差价。年度终了，企业应对商品进销差价进行核实调整。售价金额法下购销商品的账务处理如表 3-48 所示。

表 3-48　售价金额法下购销商品的账务处理

类型	账务处理
企业购入商品	借：库存商品（验收入库商品的售价） 　　贷：银行存款、在途物资、委托加工物资等（商品进价） 　　　　商品进销差价（售价与进价的差额）
对外销售发出商品	发出商品时，按售价结转销售成本： 借：主营业务成本 　　贷：库存商品 期（月）末分摊已销商品的进销差价： 借：商品进销差价 　　贷：主营业务成本

3. 核算方法的比较

企业发出商品的核算，可以采用毛利率法和售价金额核算法等方法进行日常核算。发出商品的两种核算方法如表 3-49 所示。

表 3-49　发出商品的两种核算方法

方法	特点	适用范围	举例
毛利率法	既能减轻工作量，也能满足对存货管理的需要	商品流通企业	商业批发企业
售价金额核算法	可以简化销货和核算工作，但不能及时提供每种商品进销存的动态资料	从事商业零售业务的企业	百货公司、超市

【例题·单选题】某商场采用毛利率法计算期末存货成本。甲类商品 2021 年 4 月 1 日期初成本为 3 500 万元，当月购货成本为 500 万元，当月销售收入为 4 500 万元。甲类商品第一季度实际毛利率为 25%。2021 年 4 月 30 日，甲类商品结存成本为（　　）万元。

A. 50　　　　　　　　　　　　　B. 1 125
C. 625　　　　　　　　　　　　　D. 3 375

【答案】C

【解析】发出存货的成本 = 4 500 ×（1 - 25%）= 3 375（万元）；结存存货的成本 = 3 500 + 500 - 3 375 = 625（万元）。

八、消耗性生物资产★

生物资产,是指农业活动所涉及的活的动物或植物。生物资产可分为消耗性生物资产、生产性生物资产和公益性生物资产。本部分仅介绍消耗性生物资产的会计处理。

消耗性生物资产,是指企业(农、林、牧、渔业)生长中的大田作物、蔬菜、用材林以及存栏待售的牲畜等,如玉米和小麦等庄稼、用材林、存栏待售的牲畜、养殖的鱼等。

(一)消耗性生物资产的成本确定

企业自行栽培、营造、繁殖或养殖的消耗性生物资产的成本如表3–50所示。

表3–50 消耗性生物资产的成本

情况	成本
自行栽培的大田作物和蔬菜	收获前耗用的种子、肥料、农药等材料费、人工费和应分摊的间接费用
自行营造的林木类	郁闭前发生的造林费、抚育费、营林设施费、良种试验费、调查设计费和应分摊的间接费用
自行繁殖的育肥畜	出售前发生的饲料费、人工费和应分摊的间接费用
水产养殖的动物和植物	在出售或入库前耗用的苗种、饲料、肥料等材料费、人工费和应分摊的间接费用

【注意】消耗性生物资产的成本与常规存货的成本类似,均为达到最终目的(收获、郁闭、出售等)之前发生的必要直接支出和应分摊的间接费用。

(二)消耗性生物资产核算的会计科目设置

企业应设置"消耗性生物资产"科目核算持有的消耗性生物资产的实际成本,设置"农产品"科目核算企业(农、林、牧、渔业)消耗性生物资产收获的农产品,具体如表3–51所示。

表3–51 消耗性生物资产核算的会计科目设置

科目	借方登记	贷方登记	期末借方余额
消耗性生物资产	消耗性生物资产的增加金额	销售消耗性生物资产的减少金额	反映企业消耗性生物资产的实际成本
农产品	收获农产品的增加额	收获农产品的减少额	反映企业库存的收获的农产品

(三)消耗性生物资产的账务处理

消耗性生物资产的账务处理如表3–52所示。

表3–52 消耗性生物资产的账务处理

类型	账务处理
外购消耗性生物资产	借:消耗性生物资产 　贷:银行存款、应付账款等
自行栽培的大田作物和蔬菜、自行营造的林木类、自行繁殖的育肥畜、水产养殖的动植物,在达到最终目的(收获、郁闭、出售)前发生的必要支出	借:消耗性生物资产 　贷:银行存款等

（续表）

类型	账务处理
择伐、间伐或抚育更新性质采伐而补植林木类消耗性生物资产发生的后续支出	借：消耗性生物资产 　　贷：银行存款等
林木类消耗性生物资产达到郁闭后发生的管护费用等后续支出	借：管理费用 　　贷：银行存款等
农业生产过程中发生的应归属于消耗性生物资产的费用	借：消耗性生物资产 　　贷：生产成本
消耗性生物资产收获为农产品	借：农产品 　　贷：消耗性生物资产
出售消耗性生物资产或农产品	①确认收入 借：银行存款 　　贷：主营业务收入等 ②结转成本 借：主营业务成本等 　　贷：消耗性生物资产、农产品

案例分析

【3-7】甲公司为一家林业有限责任公司，其下属森林班统一组织培植管护一片森林。2021年5月，发生森林管护费用共计20 000元，其中，本月应付人员薪酬10 000元，仓库领用库存肥料8 000元，管护设备折旧2 000元。管护总面积为5 000公顷，其中，作为用材林的杨树林共计4 000公顷，已郁闭的占80%，其余的尚未郁闭；作为水土保持林的马尾松共计1 000公顷，全部已郁闭。管护费用按照森林面积比例分配。

计算过程如下：

未郁闭杨树林应分配共同费用的比例 = 4 000 × （1 – 80%）÷ 5 000 = 0.16

已郁闭杨树林应分配共同费用的比例 = 4 000 × 80% ÷ 5 000 = 0.64

已郁闭马尾松应分配共同费用的比例 = 1 000 ÷ 5 000 = 0.2

未郁闭杨树林应分配的共同费用 = 20 000 × 0.16 = 3 200（元）

已郁闭杨树林应分配的共同费用 = 20 000 × 0.64 = 12 800（元）

已郁闭马尾松应分配的共同费用 = 20 000 × 0.2 = 4 000（元）

甲公司应编制如下会计分录：

借：消耗性生物资产——用材林（杨树林）　　　　　　　　　　　　3 200
　　管理费用　　　　　　　　　　　　　　　　　　　　　　　　16 800
　　贷：应付职工薪酬　　　　　　　　　　　　　　　　　　　　10 000
　　　　原材料　　　　　　　　　　　　　　　　　　　　　　　 8 000
　　　　累计折旧　　　　　　　　　　　　　　　　　　　　　　 2 000

（四）消耗性生物资产的减值

企业至少应当于每年年度终了对消耗性生物资产进行检查，有确凿证据表明，由于遭受自然灾害、病虫害、动物疫病侵袭或市场需求变化等原因使消耗性生物资产的可变现净值低于其账面价值的，应当按照可变现净值低于账面价值的差额，计提生物资产跌价准备，并计入当期损益。可变现净值应当分别按照存货减值的办法确定。

消耗性生物资产减值的影响因素已经消失的，减记金额应当予以恢复，并在原已计提的跌价准备金额内转回，转回的金额计入当期损益。

九、存货清查★★★

存货清查是指通过对存货的实地盘点，确定存货的实有数量，并与账面结存数核对，从而确定存货实存数与账面结存数是否相符的一种专门方法。

清查中发现的有待查明原因的存货盘盈或盘亏，应通过"待处理财产损溢"科目核算。该科目所对应账户的借方登记存货的盘亏、毁损金额及盘盈的转销金额，贷方登记存货的盘盈金额及盘亏的转销金额。企业清查的各种存货损溢，应在期末结账前处理完毕，期末处理后，该账户应无余额。存货清查的账务处理如表3-53所示。

表3-53　存货清查的账务处理

存货盘盈	1.清查时（报经批准前）： 借：库存商品、原材料等 　　贷：待处理财产损溢 2.处理时（报经批准后）： 借：待处理财产损溢 　　贷：管理费用
存货盘亏	1.清查时（报经批准前）： 借：待处理财产损溢 　　贷：库存商品、原材料等 　　　　应交税费——应交增值税（进项税额转出） （注：只有管理不善造成的存货盘亏才作进项税额转出） 【提示】 （1）因非正常原因（管理不善造成被盗、丢失、霉烂变质）导致的存货盘亏或毁损，按规定不能抵扣的增值税进项税额，应当予以转出。 （2）因为意外灾害导致的存货盘亏或毁损，增值税进项税额可以抵扣的，不需转出。 2.处理时（报经批准后）： 根据造成存货盘亏或毁损的原因，分别按以下情况进行处理： 借：原材料（剩余残料价值） 　　其他应收款（保险公司或责任人赔偿） 　　管理费用（正常损耗或管理不善等一般经营损失） 　　营业外支出等（自然灾害等非常损失） 　　贷：待处理财产损溢

【提示】小企业存货发生毁损，按取得的处置收入、可收回的责任人赔偿和保险赔款，扣除其成本、相关税费后的净额，应当计入营业外支出或营业外收入。发生的存货盘盈，按实现的收益计

入营业外收入；发生的存货盘亏损失应当计入营业外支出。

【例题·单选题】企业对于已记入"待处理财产损溢"科目的存货盘亏及毁损事项进行会计处理时，应计入管理费用的是（　　）。

A. 管理不善造成的存货净损失
B. 自然灾害造成的存货净损失
C. 应由保险公司赔偿的存货损失
D. 应由过失人赔偿的存货损失

【答案】A

【解析】选项 A，管理不善造成的净损失，借：管理费用，贷：待处理财产损溢；选项 B，自然灾害造成的存货净损失，借：营业外支出，贷：待处理财产损溢；选项 C，应由保险公司赔偿的存货损失，借：其他应收款，贷：待处理财产损溢；选项 D，应由过失人赔偿的存货损失，借：其他应收款，贷：待处理财产损溢。

十、存货减值★★★

在会计期末，存货应当按照成本与可变现净值孰低进行计量，存货减值的账务处理如表 3-54 所示。

表 3-54　存货减值的账务处理

原则	资产负债表日，存货应当按照成本与可变现净值孰低计量
可变现净值	可变现净值 = 存货的估计售价 – 至完工时估计将要发生的成本 – 估计的销售费用 – 估计的相关税费 = 预计未来净现金流量（而不是存货的售价或合同价）
存货跌价准备的计提和补提	①存货成本 < 可变现净值，存货按成本计价，无需计提存货跌价准备。 ②存货成本 > 可变现净值，表明存货可能发生损失，应在存货销售之前确认跌价损失，计入当期损益，并相应减少存货的账面价值。 计提或补提存货跌价准备时： 借：资产减值损失——计提的存货跌价准备 　　贷：存货跌价准备
存货跌价准备的转回	以前减记存货价值的影响因素已经消失的，减记的金额应当予以恢复，并在原已计提的存货跌价准备金额内转回并计入当期损益。 借：存货跌价准备 　　贷：资产减值损失——计提的存货跌价准备
存货跌价准备的转销	对已售存货计提了存货跌价准备的，还应结转已计提的存货跌价准备，冲减当期主营业务成本或其他业务成本，实际上是按已售产成品或商品的账面价值结转至主营业务成本或其他业务成本。 借：存货跌价准备 　　贷：主营业务成本 　　　　其他业务成本

【提示 1】资产负债表"存货"项目列示存货的账面价值。

存货的账面价值 = 存货的账面余额 – 存货跌价准备贷方余额

【提示2】会计要素计量属性：①历史成本；②重置成本；③可变现净值；④现值；⑤公允价值。

【提示3】企业在对会计要素进行计量时，一般应当采用历史成本；采用重置成本、可变现净值、现值、公允价值计量的，应当保证所确定的会计要素金额能够取得并可靠地计量。

【例题·多选题】下列各项中，会引起企业期末存货账面价值变动的有（　　）。

A. 已发出商品但尚未确认销售收入　　B. 委托外单位加工发出的材料

C. 发生的存货盘亏　　D. 冲回多计提的存货跌价准备

【答案】CD

【解析】选项A，会计分录：

借：发出商品

　　贷：库存商品

存货一增一减，账面价值不变。

选项B，会计分录：

借：委托加工物资

　　贷：原材料

存货一增一减，账面价值不变。

选项C，会计分录：（假设原材料盘亏，不考虑增值税）

借：待处理财产损溢

　　贷：原材料

原材料减少，存货账面价值减少。

（假设原材料盘亏，考虑增值税）

借：待处理财产损溢

　　贷：原材料

　　　　应交税费——应交增值税（进项税额转出）原材料减少，存货账面价值减少。

选项D，会计分录：

借：存货跌价准备

　　贷：资产减值损失

存货跌价准备减少，存货账面价值增加。

扫一扫，提个小建议

图书勘误、评价建议，"微信"扫一扫。您的感受是我们最好的动力！助您奇兵制胜！

第四章　非流动资产

考情分析

本章是初级会计实务中比较重要的一章，涉及包括单项选择题、多项选择题、判断题以及不定项选择题在内的所有题型。

		小节内容	重要程度	学习要求
第一节	长期投资	长期投资概述	★	了解
		债权投资	★★	熟悉
		长期股权投资	★★	熟悉
第二节	投资性房地产	投资性房地产的概念	★	了解
		投资性房地产的确认与计量	★★	熟悉
		投资性房地产的账务处理	★★	熟悉
第三节	固定资产	固定资产的管理	★	了解
		固定资产核算的会计科目	★★★	掌握
		取得固定资产的账务处理	★★★	掌握
		固定资产折旧	★★★	掌握
		固定资产发生的后续支出	★★★	掌握
		处置固定资产	★★★	掌握
		固定资产清查	★★★	掌握
		固定资产减值	★★★	掌握
第四节	生产性生物资产	生产性生物资产的确认与计量	★	了解
		生产性生物资产的账务处理	★	了解
第五节	无形资产和长期待摊费用	无形资产	★★★	掌握
		长期待摊费用	★★	熟悉

第一节 长期投资

一、长期投资概述 ★

(一) 长期投资的管理

长期投资,是指企业投资期限在1年以上的对外投资。长期投资的优缺点及管理要求详情见表4-1所示。

表4-1 长期股权投资的优缺点及管理要求

长期投资的优缺点	优点	①稳定性较高;②收益性较高;③投资期限长
	缺点	①投资金额较高;②资金占用时间长;③资金调度困难;④资金周转慢;⑤投资风险高;⑥投资种类多;⑦投资的具体目的较多

(二) 长期投资的内容

长期投资按其性质分为长期股票投资、长期债券投资和其他长期投资。企业的长期投资包括债权投资、其他债权投资、长期股权投资、其他权益工具投资等对外投资,分类的详细情况如表4-2所示。

表4-2 企业长期投资的分类

分类	含义	案例
债权投资	以摊余成本计量的金融资产中的债权投资	企业以收取合同现金流量为目标管理的普通债券
其他债权投资	以公允价值计量且其变动计入其他综合收益的金融资产中的债权投资	企业既以收取合同现金流量为目标又以出售该金融资产为目标管理的国债
长期股权投资	根据投资方在股权投资后对被投资单位施加的影响程度划分 ①按照金融工具准则核算:以公允价值计量且其变动计入当期损益的金融资产。 ②按照长期股权投资准则核算,根据影响程度划分为:对联营企业、合营企业和子公司的投资	企业对子公司、联营企业和合营企业的投资等
其他权益工具投资	按照金融工具会计准则规定,以公允价值计量且其变动计入其他综合收益的金融资产,包括权益投资和债权投资。其中,权益投资中除投资于普通股以外的各种权益金融工具投资分类为其他权益工具投资	企业投资优先股等

二、债权投资★★

(一)债权投资的确认与计量

企业取得的金融资产符合债权投资定义的,应当确认为债权投资。债券投资应同时满足以下条件:

(1)企业管理该金融资产的业务模式是以收取合同现金流量为目标;

(2)该金融资产的合同条款规定,在特定日期产生的现金流量,仅为对本金和以未偿付本金金额为基础的利息的支付。

企业取得债权投资时应当按照购买价款和相关税费作为成本进行计量。其中为取得债权投资而发生的交易费用,包括支付给代理机构、咨询公司、券商、证券交易所、政府有关部门等的手续费、佣金、相关税费及其他必要支出应计入债权投资的成本。实际支付的价款中包含的已到付息期但尚未领取的债券利息,应当单独确认为应收利息,不计入债权投资的成本。

债权投资持有期间的摊余成本应当以债权投资初始确认金额扣除已偿还的本金、加上或减去采用实际利率法将该初始确认金额与到期日金额之间的差额进行摊销形成的累计摊销额、扣除累计计提的损失准备计算确定。持有期间发生的应收利息通过实际利率法,经过溢、折价摊销等利息调整后的金额计入投资收益。预期发生信用减值损失的还应计提债权投资减值准备。

处置债权投资时应按处置价款扣除其账面价值、相关税费后的净额确认投资收益。

债权投资的后续计量分为实际利率法和直线法两种,两种计量方法的比较如表4-3所示。

表4-3 实际利率法与直线法的比较

计量方法	含义	优点	缺点
实际利率法	实际利率法,是指计算金融资产的摊余成本以及将利息收入分摊计入各会计期间的方法	债权投资后续确认与计量时考虑市场实际利率的波动影响,计量与确认的摊余成本和投资收益比较准确	市场实际利率的计算确定及相应的会计处理较为复杂
直线法	直线法,是指债券投资的折价或者溢价在债券存续期间内于确认相关债券利息收入时采用直线法进行摊销	会计处理简便易行	债权投资后续计量与确认时不考虑市场实际利率的波动影响,使得摊余成本和投资收益的确认与计量不够准确

【提示】企业会计准则规定企业应当采用实际利率法,小企业会计准则规定小企业采用直线法。

(二)债权投资的账务处理

以摊余成本计量的债权投资业务应通过"债权投资"科目进行核算,其明细科目包括:债权投资——成本、债权投资——利息调整、债权投资——应计利息(到期一次还本付息)。债权投资的会计处理如表4-4所示。

表 4-4 债权投资的会计处理

情形	具体会计处理
购入债券	借：债权投资——成本（面值） 　　　　　　——应计利息（到期一次还本付息，实际付款中包含的利息） 　　　应收利息（分期付息到期还本，已到付息期但尚未领取的利息） 　　贷：银行存款（含交易费用） 　　　　债权投资——利息调整（差额，或借方） 【提示】取得债券所发生的交易费用计入债权投资的初始确认金额
确认利息	借：应收利息（面值 × 票面利率，分期付息到期还本时） 　　　债权投资——利息调整（与购入时反向） 　　　　　　　　——应计利息（面值 × 票面利率，到期一次还本付息时） 　　贷：投资收益（期初账面余额或摊余成本 × 实际利率）
	分次付息，到期还本债券实际收到利息 借：银行存款 　　贷：应收利息
计提减值	借：信用减值损失 　　贷：债权投资减值准备
债券到期	借：银行存款 　　　债权投资减值准备 　　贷：债权投资——成本 　　　　　　　　　　——应计利息（每期利息 × 期数，到期一次还本付息时） 　　　　应收利息（分期付息应收取的最后一期利息时）
未到期出售	借：银行存款 　　　债权投资减值准备 　　贷：债权投资——成本 　　　　　　　　　——利息调整（剩余部分，或借方） 　　　　　　　　　——应计利息 　　　　投资收益（或借方）

小企业应当设置"长期债券投资"科目核算小企业准备长期（在 1 年以上）持有的债券投资。本科目应当按照债券种类和被投资单位，分别设置"面值""溢折价""应计利息"等明细科目进行明细核算。

案例分析

【4-1】甲公司为一家小企业。2020 年 1 月 1 日，从二级市场购入乙公司债券，支付价款合计 309 000 元（含已到付息期但尚未领取的利息 9 000 元），另支付交易费用 9 000 元。该债券面值 300 000 元，剩余期限为 1.5 年，票面年利率为 6%，每半年付息一次，合同现金流量特征仅为本金和以未偿付本金金额为基础的利息的支付。甲企业准备持有至到期，分类为长期债券投资进行核算与管理。

假定不考虑增值税等其他因素，甲公司的账务处理如下：

（1）2020 年 1 月 1 日，购入乙公司债券：

借：长期债券投资——面值　　　　　　　　　　　　　　　　　　　　300 000
　　　　　　　　——溢折价　　　　　　　　　　　　　　　　　　　　9 000
　　应收利息　　　　　　　　　　　　　　　　　　　　　　　　　　　9 000
　　贷：银行存款　　　　　　　　　　　　　　　　　　　　　　　　　318 000

其中：交易费用 9 000 元在"长期债券投资——溢折价"明细科目进行核算，在以后确认投资收益时采用直线法摊销。

（2）2020 年 1 月 10 日，收到 2019 年下半年的利息 9 000 元：

借：银行存款　　　　　　　　　　　　　　　　　　　　　　　　　　9 000
　　贷：应收利息　　　　　　　　　　　　　　　　　　　　　　　　　9 000

（3）2020 年 6 月 30 日和 12 月 31 日及 2021 年 6 月 30 日，分别确认投资收益：

每半年应收利息 =300 000 × 6% ÷ 2 =9 000（元）；

溢折价摊销 =9 000 ÷ 3 =3 000（元）。

借：应收利息　　　　　　　　　　　　　　　　　　　　　　　　　　9 000
　　贷：投资收益　　　　　　　　　　　　　　　　　　　　　　　　　6 000
　　　　长期债券投资——溢折价　　　　　　　　　　　　　　　　　　3 000

（4）2020 年 7 月 10 日和 2021 年 1 月 10 日，分别收到各半年的应收利息：

借：银行存款　　　　　　　　　　　　　　　　　　　　　　　　　　9 000
　　贷：应收利息　　　　　　　　　　　　　　　　　　　　　　　　　9 000

（5）2021 年 7 月 10 日，收到半年息及本金合计 309 000 元：

借：银行存款　　　　　　　　　　　　　　　　　　　　　　　　　　309 000
　　贷：长期债券投资——面值　　　　　　　　　　　　　　　　　　　300 000
　　　　应收利息　　　　　　　　　　　　　　　　　　　　　　　　　9 000

假定因债务人依法宣告破产、关闭、解散、被撤销，或者被依法注销、吊销营业执照等原因，其清算财产不足清偿的。小企业应按其账面余额减除可收回的金额后确认的无法收回的长期债券投资，作为长期债券投资损失处理，应当于实际发生时计入营业外支出，同时冲减长期债券投资账面余额。

三、长期股权投资★★

（一）长期股权投资的确认和计量

长期股权投资的分类如表 4-5 所示。

表 4-5 长期股权投资的分类

会计准则	类别	解释
企业会计准则	对子公司的投资	投资方对被投资单位实施控制
	合营企业投资	投资方与其他合营方一同对被投资单位实施共同控制且对被投资单位净资产享有权利的权益性投资
	联营企业投资	投资方对被投资单位具有重大影响
小企业会计准则	小企业准备长期持有的权益性投资	

1. 长期股权投资的初始计量

长期股权投资的初始计量如表 4-6 所示。

表 4-6 长期股权投资初始计量

会计准则	取得方式	是否为同一控制	支付对价	初始投资成本	企业合并发生的审计、法律服务等中介费用
企业会计准则	以合并方式取得的长期股权投资（投资方能够对被投资单位实施控制）	同一控制下的企业合并（有关联方关系）	购买方以支付现金、转让非现金资产、承担债务、发行的权益性工具或债务性工具方式作为合并对价	按合并日被合并方所有者权益在最终控制方合并财务报表中的账面价值的份额计量	作为当期损益计入管理费用
		非同一控制下的企业合并（无关联方关系）		按照确定的企业合并成本计量。 【提示】企业合并成本包括购买方付出的资产、发生或承担的负债、发行的权益性工具或债务性工具的公允价值之和	
	以非合并方式取得的长期股权投资（投资方能够对被投资单位实施共同控制或重大影响）	以支付现金、非现金资产等其他方式取得的长期股权投资		按照现金、非现金资产的公允价值作为初始投资成本	计入长期股权投资的初始投资成本
		以发行权益性证券取得的长期股权投资		应当按照发行权益性证券的公允价值作为初始投资成本	
小企业会计准则	①以支付现金取得的长期股权投资，应当按照购买价款和相关税费作为成本计量。 ②通过非货币资产交换取得的长期股权投资，应当按照换出资产的评估价值和相关税费作为成本计量				
【提示】实际支付价款中包含的已宣告但尚未发放的现金股利，应当单独确认为应收股利，不计入长期股权投资的成本					

2. 长期股权投资的后续计量

企业取得的长期股权投资，在确定其初始投资成本后，持续持有期间，企业视投资对被投资单位的影响程度等情况的不同，应分别采用成本法或权益法进行核算，成本法与权益法的区别内容如表 4-7 所示。

表 4-7 成本法与权益法的区别

核算方法	使用情况	特点	核算
成本法	投资方能够对被投资单位实施控制。例如，对子公司的长期股权投资	追加或收回投资时应当调整长期股权投资的成本，此外，长期股权投资的账面价值一般应当保持不变	被投资单位宣告分派现金股利或利润时，投资方根据应享有的部分确认当期投资收益
权益法	投资方能够对被投资单位实施共同控制或重大影响。例如，对合营企业、联营企业的长期股权投资	长期股权投资的账面价值随被投资单位所有者权益的变动而变动，在股权持有期间，长期股权投资的账面价值与享有被投资单位所有者权益的份额相对应	应根据投资企业享有被投资单位所有者权益份额的变动相应对其投资的账面价值进行调整

（二）长期股权投资的账务处理

为了如实反映和监督长期股权投资的取得、持有、转换、处置等业务活动，企业应设置"长期股权投资"科目，其核算的内容如表 4-8 所示。

表 4-8 长期股权投资核算的内容

借方	贷方	期末余额
登记取得股权时的实际投资成本或享有被投资单位权益的增加金额	登记享有被投资单位权益的减少金额或股权投资处置的成本	在借方，反映企业持有的长期股权投资的价值
【提示】在权益法下，"长期股权投资"科目还应当分别设置"投资成本""损益调整""其他综合收益""其他权益变动"等明细科目		

1. 企业合并形成长期股权投资的账务处理

1）同一控制下企业合并形成的长期股权投资

同一控制下企业合并的实质是集团内部资产的重新配置与账面调拨，仅涉及集团内部不同企业间资产和所有者权益的变动，不具有商业实质，不应产生经营性损益和非经营性损益。

（1）合并方以支付现金、转让非现金资产或承担债务方式作为合并对价的，应当在合并日按照所取得的被合并方在最终控制方合并财务报表中的净资产账面价值的份额作为长期股权投资的初始投资成本。长期股权投资的初始投资成本与支付的现金、转让的非现金资产及所承担债务账面价值之间的差额，应当调整资本公积（资本溢价或股本溢价）；资本公积（资本溢价或股本溢价）的余额不足冲减的，依次冲减盈余公积和利润分配——未分配利润。

相关会计处理如下：

借：长期股权投资（取得的被合并方所有者权益在最终控制方合并财务报表中的账面价值的
　　　　　　　　　份额）

　　　　应收股利（享有的被投资单位已宣告但尚未发放的现金股利或利润）
　　　贷：银行存款、相关资产、相关负债（支付对价或承担债务的账面价值）
　　　　　应交税费——应交增值税（销项税额）（转让非现金资产时产生的纳税义务）
　　　　　资本公积——资本溢价（股本溢价）（差额，或借方）
　借：管理费用（审计、法律服务、评估咨询等中介费用）
　　　贷：银行存款

> **案例分析**

【4-2】 甲公司和乙公司为同一母公司最终控制下的两家公司。2021年7月30日，甲公司向其母公司支付现金5 600万元，另支付相关评估咨询费用2万元，取得母公司拥有的乙公司100%的股权，于当日起能够对乙公司实施控制。合并后乙公司仍维持其独立法人地位，合并当日母公司合并报表中乙公司的净资产账面价值为6 000万元。甲、乙公司在合并前采用的会计政策相同。假定不考虑相关税费等其他因素影响。（单位：万元）

合并日，甲公司应作账务处理如下：

借：长期股权投资——乙公司	6 000
贷：银行存款	5 600
资本公积——股本溢价	400
借：管理费用	2
贷：银行存款	2

　　（2）合并方以发行权益性工具作为合并对价的，应按发行股份的面值总额作为股本，长期股权投资的初始投资成本与所发行股份面值总额之间的差额，应当调整资本公积（股本溢价）；资本公积（股本溢价）不足冲减的，依次冲减盈余公积和利润分配——未分配利润。为发行权益性证券支付给有关证券承销机构等的手续费、佣金等与证券发行直接相关的费用，不构成长期股权投资的初始投资成本。

　　相关会计处理如下：

　借：长期股权投资（取得的被合并方所有者权益在最终控制方合并财务报表中的账面价值的
　　　　　　　　　份额）
　　　应收股利（享有的被投资单位已宣告但尚未发放的现金股利或利润）
　　　贷：股本（发行股票的数量 × 每股面值）
　　　　　资本公积——股本溢价（差额，或借方）
　借：资本公积——股本溢价（权益性证券发行费用）
　　　贷：银行存款

> **案例分析**

【4-3】 甲公司和乙公司为同一母公司最终控制下的两家公司。2020年7月30日，甲公司向其母公司发行2 000万股普通股（每股面值为1元，公允价值为4.2元）股票，取得母公司拥有的乙公司100%的股权，于当日起能够对乙公司实施控制。合并后乙公司仍维持其独立法人地位，合并当日母公司合并报表中乙公司的净资产账面价值为6 000万元。甲、乙公司在合并前采用的会计政策相同。假定不考虑相关税费等其他因素影响。（单位：万元）

合并日，甲公司应作账务处理如下：

借：长期股权投资——乙公司　　　　　　　　　　　　　　　　6 000
　　贷：股本　　　　　　　　　　　　　　　　　　　　　　　　2 000
　　　　资本公积——股本溢价　　　　　　　　　　　　　　　　4 000

2）非同一控制下企业合并形成的长期股权投资

非同一控制下的企业合并实质是不同市场主体间的产权买卖，具有商业实质性质，产生经营性或非经营性损益。

（1）购买方以支付现金、转让非现金资产或承担债务方式等作为合并对价的，应在购买日按照现金、非现金货币性资产的公允价值作为初始投资成本计量确定合并成本，借记"长期股权投资"科目（投资成本）；按付出的合并对价的账面价值，贷记或借记有关资产、负债科目，按发生的直接相关费用（如资产处置费用），贷记"银行存款"等科目；按其差额，贷记"主营业务收入""资产处置损益""投资收益"等科目或借记"管理费用""资产处置损益""主营业务成本"等科目。

非同一控制下的企业合并，投出资产为非货币性资产时，投出资产公允价值与其账面价值的差额应视资产的类别不同而分别作对应的会计处理，具体会计处理如表4-9所示。

表4-9　投出资产公允价值与账面价值的差额的会计处理

投出资产	会计处理
存货	作为销售处理，按交易价格确认收入，同时结转相应的成本（适用收入准则）
固定资产、无形资产	资产公允价值与账面价值的差额，计入资产处置损益
长期股权投资、除其他权益工具投资外的金融资产	资产公允价值与账面价值的差额，计入投资收益，并按规定结转其他综合收益、资本公积
投资性房地产	采用成本模式进行后续计量：按资产公允价值确认为其他业务收入，同时结转其他业务成本
	采用公允价值模式进行后续计量：按资产公允价值确认为其他业务收入，按账面余额结转其他业务成本，同时结转持有期间确认的公允价值变动损益和转换时形成的其他综合收益

> **案例分析**

【4-4】甲公司和乙公司为非同一控制下的两家独立公司。2021年7月30日，甲公司以其自有固定资产对乙公司投资，取得乙公司70%的股权。该固定资产账面余额为2 000万元，已累计计提折旧400万元，已计提减值准备60万元，投资当日固定资产公允价值为1 700万元。合并当日乙公司的可辨认净资产账面价值为3 000万元。假定不考虑相关税费等其他因素影响。（单位：万元）

投资日，甲公司应作账务处理如下：

借：固定资产清理　　　　　　　　　　　　　　　　　　　　　　1 540
　　累计折旧　　　　　　　　　　　　　　　　　　　　　　　　　400
　　固定资产减值准备　　　　　　　　　　　　　　　　　　　　　 60
　　　贷：固定资产　　　　　　　　　　　　　　　　　　　　　2 000
借：长期股权投资——乙企业　　　　　　　　　　　　　　　　　1 700
　　　贷：固定资产清理　　　　　　　　　　　　　　　　　　　1 540
　　　　　资产处置损益　　　　　　　　　　　　　　　　　　　　160

（2）购买方以发行权益性证券取得的长期股权投资，应在购买日按照发行权益性证券的公允价值确定初始投资成本。为发行权益性证券支付给有关证券承销机构等的手续费、佣金等与证券发行直接相关的费用应自所发行证券的溢价发行收入中扣除，溢价收入不足冲减的，应依次冲减盈余公积和未分配利润。

> **案例分析**

【4-5】甲公司和乙公司为非同一控制下的两家独立公司。2021年7月30日，甲公司以发行普通股2 000万股取得乙公司70%的股权。该股票面值为每股1元，市场发行价格为4元。向证券承销机构支付股票发行相关税费120万元。发行当日乙公司的可辨认净资产账面价值为3 000万元。假定不考虑相关税费等其他因素影响。

购买日，甲公司应作账务处理如下：

借：长期股权投资——乙公司　　　　　　　　　　　　　　　　8 000
　　　贷：股本　　　　　　　　　　　　　　　　　　　　　　2 000
　　　　　资本公积——股本溢价　　　　　　　　　　　　　　 6 000
支付发行相关税费：
借：资本公积——股本溢价　　　　　　　　　　　　　　　　　　120
　　　贷：银行存款　　　　　　　　　　　　　　　　　　　　　120

2. 以非企业合并方式形成的长期股权投资

企业通过非企业合并方式获得长期股权投资实质上是进行权益投资性质的商业交易。

以支付现金取得的长期股权投资，应当按照实际支付的购买价款作为初始投资成本，包括与取得长期股权投资直接相关的费用、税金及其他必要支出。

以发行权益性证券取得的长期股权投资，应当按照发行权益性证券的公允价值作为初始投资成本，但不包括应自被投资单位收取的已宣告但尚未发放的现金股利或利润。为发行权益性证券支付给有关证券承销机构等的手续费、佣金等与证券发行直接相关的费用，不构成长期股权投资的初始投资成本。该部分费用应自所发行证券的溢价发行收入中扣除，溢价收入不足冲减的，应依次冲减盈余公积和未分配利润。

以支付非现金资产取得长期股权投资，应按照投出资产公允价值与其账面价值的差额视资产的类别不同而分别作对应的会计处理。

【提示】按照小企业会计准则规定，资产处置损益应分别借记"营业外支出"科目或贷记"营业外收入"科目。

案例分析

【4-6】甲公司和乙公司为非同一控制下的两家独立公司。2020年7月30日，甲公司支付现金300万元取得乙公司30%的股权。甲公司准备长期持有。假定不考虑相关税费等其他因素影响。（单位：万元）

购买日，甲公司应作账务处理如下：

借：长期股权投资——乙公司　　　　　　　　　　　　　　　　　　　300
　　贷：银行存款　　　　　　　　　　　　　　　　　　　　　　　　　300

3. 成本法下长期股权投资的会计处理

企业采用成本法核算长期股权投资，应按被投资单位宣告分派现金股利或利润中投资方享有的份额确认当期投资收益。相关会计处理如下：

借：应收股利（宣告发放的现金股利 × 持股比例）
　　贷：投资收益

4. 权益法下长期股权投资的会计处理

企业采用权益法核算长期股权投资，应当分别按下列情况进行会计处理，具体如表4-10所示。

表4-10　权益法下长期股权投资的会计处理

被投资单位发生业务	投资企业会计处理
可辨认净资产公允价值变动	1. 长期股权投资初始投资成本＞投资时享有被投资单位可辨认净资产公允价值份额：不调整已确认的初始投资成本。 2. 长期股权投资初始投资成本＜投资时享有被投资单位可辨认净资产公允价值份额： 借：长期股权投资——投资成本（两者差额） 　　贷：营业外收入

（续表）

被投资单位发生业务	投资企业会计处理
实现盈利或发生亏损	1. 实现净利润： 借：长期股权投资——损益调整（资产负债表日，企业在被投资单位实现的净利润中享有的份额） 　　贷：投资收益 2. 发生净亏损： 借：投资收益 　　贷：长期股权投资——损益调整 【提示1】企业因被投资单位发生净亏损应分担的损失，存在减记有关资产或确认有关负债的先后顺序：①减记"长期股权投资"科目账面价值，以零为限；②减记其他实质上构成对被投资单位净投资的"长期应收款"等科目账面价值，以零为限；③按照投资合同或协议约定将承担的损益确认为预计负债；④仍未确认的应分担被投资单位的损失，于账外备查登记 【提示2】发生亏损的被投资单位以后实现净利润，企业计算应享有的份额，依次：①弥补未确认投资损失；②借记"长期应收款"科目；③借记"长期股权投资——损益调整"科目，贷记"投资收益"科目
分配股利或利润	1. 宣告发放现金股利或利润： 借：应收股利 　　贷：长期股权投资——损益调整 2. 发放股票股利： 不进行账务处理，应在备查簿中登记
除净损益、利润分配以外的其他综合收益变动或所有者权益其他变动	借：长期股权投资——其他综合收益 　　贷：其他综合收益 或 借：长期股权投资——其他权益变动 　　贷：资本公积——其他资本公积

案例分析

【4-7】2020 年 12 月 31 日，甲公司持有的丙公司发行在外普通股为 2 000 万股，拥有丙公司 25% 的股份，经审计的年度利润表中当年实现净利润 5 000 万元。

2021 年 3 月 20 日，丙公司经股东大会批准，宣告现金股利分配方案为：每 10 股派 2 元。甲公司于 2021 年 4 月 20 日收到丙公司发放的现金股利。不考虑所得税等相关因素影响。（单位：万元）

甲公司应编制如下会计分录：

（1）2020 年 12 月 31 日：

借：长期股权投资——损益调整　　　　　　　　　　　　　（5 000×25%）1 250
　　贷：投资收益　　　　　　　　　　　　　　　　　　　　　　　　　1 250

（2）2021 年 3 月 20 日：

借：应收股利　　　　　　　　　　　　　　　　　　　　　　　　　　　400
　　贷：长期股权投资——损益调整　　　　　　　　　　　　　　　　　　400

(3) 2021 年 4 月 20 日：

借：银行存款 400
  贷：应收股利 400

5. 计提长期股权投资减值准备

资产负债表日，企业根据资产减值相关要求确定长期股权投资发生减值的，应当计提减值准备，具体账务处理如表 4-11 所示。

表 4-11 长期股权投资减值准备的账务处理

准则依据	账务处理
企业会计准则	1. 资产负债表日，企业根据资产减值相关要求确定长期股权投资发生减值的，按应减记金额计提减值准备。 2. 会计处理： 借：资产减值损失 贷：长期股权投资减值准备 【提示】处置长期股权投资时，应同时结转已计提的长期股权投资减值准备

小企业会计准则	1. 小企业发生长期股权投资减值损失采用直接转销法核算。
	2. 会计处理：
	借：银行存款（长期股权投资可收回金额）
	  营业外支出（长期股权投资可收回金额和其账面余额之间的差额）
	  贷：长期股权投资

6. 处置长期股权投资的会计处理

企业处置采用成本法核算的长期股权投资和采用权益法核算的长期股权投资应当分别采用不同的会计处理方式，具体会计处理如表 4-12 所示。

表 4-12 长期股权投资处置的会计处理

成本法	权益法

借：银行存款
  长期股权投资减值准备
  贷：长期股权投资
    应收股利
    投资收益（或借方）
	借：银行存款
	  贷：长期股权投资——投资成本
	         ——损益调整（或借方）
	         ——其他权益变动（或借方）
	         ——其他综合收益（或借方）
	       投资收益（或借方）
	同时
	借：资本公积——其他资本公积（按结转的长期股权投资的投资成本比例结转）
	  贷：投资收益
	或作反向分录
	借：其他综合收益（按结转的长期股权投资的投资成本比例结转）
	  贷：投资收益等（不能结转损益的部分转入留存收益）
	或作反向分录

【例题·单选题】甲、乙两家公司属于非同一控制下的独立公司，2021年7月1日，甲公司以一项固定资产对乙公司投资，取得乙公司80%的股份。该固定资产原值为5 800万元，已计提折旧1 500万元，已提取减值准备300万元，7月1日，该固定资产的公允价值为5 000万元。投资时乙公司可辨认净资产公允价值为8 000万元（与账面价值总额相同）。假设甲、乙公司合并前双方采用的会计政策及会计期间均相同。不考虑其他相关税费。甲公司由于该项投资计入当期损益的金额为（　　）万元。

A.-1 000　　　　　B.4 000　　　　　C.1 000　　　　　D.1 600

【答案】C

【解析】甲公司由于该项资产计入当期损益的金额 =5 000-（5 800-1 500-300）=1 000（万元）

借：固定资产清理	4 000
累计折旧	1 500
固定资产减值准备	300
贷：固定资产	5 800
借：长期股权投资	5 000
贷：固定资产清理	4 000
资产处置损益	1 000

【例题·判断题】长期股权投资的初始投资成本大于投资时应享有被投资单位可辨认净资产公允价值份额的，应按其差额，借记"营业外支出"科目，贷记"长期股权投资"科目（投资成本）。（　　）

【答案】×

【解析】长期股权投资的初始投资成本大于投资时应享有被投资单位可辨认净资产公允价值份额的，不调整已确认的初始投资成本。

第二节　投资性房地产

一、投资性房地产的概念★

投资性房地产，是指企业为赚取租金或资本增值，或两者兼有而持有的房地产。资本增值，是指资产负债表日投资性房地产的价值减去转作或购置转为投资性房地产的价值或价格后增加或损失的价值（即房地产买卖的差价）。属于投资性房地产的主要项目和常见的不属于投资性房地产的项目如表4-13所示。

表 4-13 投资性房地产主要项目

属于投资性房地产主要项目	已出租的土地使用权	企业通过出让或转让方式取得并以经营租赁方式出租的土地使用权。 【提示】以经营租赁方式租入再转租出去的，不属于投资性房地产
	持有并准备增值后转让的土地使用权	企业通过出让或转让方式取得的并准备增值后转让的土地使用权。 【提示】国家规定认定的闲置土地，不属于持有并准备增值后转让的土地使用权
	已出租的建筑物	企业拥有产权并以经营租赁方式出租的房屋等建筑物，包括自行建造或开发活动完成后用于出租的建筑物。企业将建筑物出租应判断租赁协议中向承租人提供的相关辅助服务在整个协议中是否重大，决定是否将该建筑物划分为投资性房地产。如只提供安保、维修服务的办公楼出租，应将办公楼确认为投资性房地产。 【提示】以经营租赁方式租入再转租出去的，不属于投资性房地产
不属于投资性房地产的项目		1.国家有关规定认定的闲置土地； 2.以经营租赁方式租入再转租的房地产（土地使用权、建筑物等）； 3.企业自用房地产和作为存货的房地产； 4.兼用于赚取租金、资本增值和生产商品、提供劳务、经营管理的投资性房地产，不能够单独计量和出售、用于赚取租金或资本增值的部分

二、投资性房地产的确认与计量★★

（一）投资性房地产的确认

投资性房地产在符合定义的前提下，还需同时满足两个条件才能予以确认，不同的投资性房地产的确认时点也不相同，具体内容如表 4-14 所示。

表 4-14 投资性房地产的确认条件和时点

确认条件（同时满足）	1.与该投资性房地产有关的经济利益很可能流入企业，即有证据表明企业能够获取租金或资本增值，或两者兼而有之。 2.该投资性房地产的成本能够可靠地计量
确认时点	1.已出租的土地使用权和建筑物——租赁期开始日。 2.持有以备经营出租的空置建筑物——董事会或类似机构作出书面决议，明确表明用于经营出租且持有意图短期内不再发生变化。 3.持有并准备增值后转让的土地使用权——停止自用，准备增值后转让的日期

（二）投资性房地产的计量

投资性房地产的计量分为成本模式和公允价值模式两种，具体内容如表 4-15 所示。

表 4-15 投资性房地产的计量模式

计量方法	初始计量	后续计量	区别
成本模式	采用实际成本计量；外购、自行建造的投资性房地产按照初始购置或自行建造的实际成本计量	采用实际成本，按期计提折旧或摊销；如果资产负债表日发生减值的，计提减值准备	1. 核算结果的可靠性和可控性较高。 2. 会计处理比较简单。 3. 不同会计期间会计资料的可比性较强，便于监督管理
公允价值模式		采用公允价值，以资产负债表日投资性房地产的公允价值为基础调整其账面价值	1. 取得确凿证据相对较为困难，对会计职业判断的要求高。 2. 会计核算结果的可靠性和可控性较低，顺周期性较为明显。 3. 会计处理较为复杂烦琐。 4. 不同会计期间会计资料的可比性较差，对会计监督管理的要求很高

【提示1】企业通常应当采用成本模式对投资性房地产进行后续计量，且同一企业只能采用一种模式对所有投资性房地产进行后续计量。
【提示2】只有存在确凿证据表明投资性房地产的公允价值能够持续可靠取得，企业才能采用公允价值模式进行后续计量。确凿证据指投资性房地产所在地有活跃的房地产交易市场、企业能够从活跃的交易市场上取得同类或类似房地产的市场价格及其他相关信息。
【提示3】企业一旦选择采用公允价值模式，就应当对其所有投资性房地产均采用公允价值模式进行后续计量。
【提示4】企业可以从成本模式变更为公允价值模式，已采用公允价值模式不得转为成本模式

（三）投资性房地产的会计科目设置

企业应按照成本模式和公允价值模式分别设置"投资性房地产"等会计科目，核算企业的投资性房地产的取得、计提折旧或摊销、公允价值变动和处置等情况，具体内容如表 4-16 所示。

表 4-16 投资性房地产会计科目设置

计量模式	初始计量	后续计量	处置
成本模式	核算实际成本及其增减变化："投资性房地产"（可以按具体项目设置明细科目，如厂房、办公楼等）	1. 计提折旧："投资性房地产累计折旧"。 2. 计提摊销："投资性房地产累计摊销"。 3. 计提减值准备："投资性房地产减值准备"	1. 核算收益："其他业务收入" 2. 结转成本："其他业务成本"
公允价值模式	核算实际成本及其增减变化："投资性房地产——成本"	1. 核算公允价值增减变动及产生的损益："投资性房地产——公允价值变动""公允价值变动损益"。 2. 核算非投资性房地产转换为投资性房地产情况下，转换日的公允价值大于账面价值的差额："其他综合收益"	

三、投资性房地产的账务处理★★

（一）投资性房地产取得时的账务处理

企业应根据投资性房地产取得方式的不同而分别进行相应的账务处理，具体内容如表4-17所示。

表4-17　投资性房地产取得时的账务处理

取得方式	账务处理
外购	1.外购的土地使用权和建筑物初始入账成本 按取得时的实际成本计量，包括购买价款、相关税费和可直接归属于该资产的其他支出。 2.会计处理 借：投资性房地产 　　贷：银行存款等 【提示】企业购入房地产，部分出租（或资本增值）、部分自用，则用于出租（或资本增值）的部分应单独确认其价值，即按照不同部分公允价值占公允价值总额的比例将成本在不同部分间进行分摊
自行建造	1.自行建造的投资性房地产初始入账成本 在成本模式计量下，由建造该项资产达到预定可使用状态前发生的必要支出构成，包括土地开发费、建筑成本、安装成本、应予以资本化的借款费用、支付的其他费用和分摊的间接费用等。 2.会计处理 借：投资性房地产 　　贷：银行存款等 【提示】建造过程中发生的非正常性损失直接计入当期损益，不计入建造成本
自用转公允	1.其自用房地产或存货转换为采用公允价值模式计量的投资性房地产入账成本应当按照转换日的公允价值确定。 2.会计处理 （1）转换日公允价值＜原账面价值，两者差额计入当期损益（公允价值变动损益）。 （2）转换日公允价值＞原账面价值，两者差额计入所有者权益（其他综合收益）。 【提示1】处置该项投资性房地产时，原计入其他综合收益的部分应当转入当期损益。 【提示2】对公允价值变动损益的不同处理，一来满足谨慎性要求，二来满足可靠性要求。前者体现为不少计费用，不多计收入；后者体现为公允价值增值有客观确凿证据，应如实记录，但转换日公允价值大于原账面价值的差额属于市场价格波动导致的"未实现损益"，故作为其他综合收益计入利润表但不增加净利润

（二）投资性房地产后续计量的账务处理

投资性房地产采用的后续计量方式不同，其账务处理也不同，具体内容如表4-18所示。

表 4-18 投资性房地产后续计量的账务处理

后续计量模式	账务处理
成本模式	1. 成本模式下 企业应当按照投资性房地产的实际成本对其进行计量。 2. 持有期间比照固定资产或无形资产的相关规定计提折旧或摊销 （1）结转成本时，借记"其他业务成本"科目，贷记"投资性房地产累计折旧（或累计摊销）"科目。 （2）取得租金收入时，借记"银行存款"等科目，贷记"其他业务收入"科目（假设不考虑增值税）。 3. 存在减值迹象 企业应当按照资产减值的相关规定进行处理
公允价值模式	1. 公允价值模式下 企业应当按照投资性房地产的公允价值进行计量，无需计提折旧或摊销。 2. 持有期间 企业比照交易性金融资产的相关账务处理确认投资性房地产成本、公允价值变动和由此产生的公允价值变动损益。 3. 会计处理 （1）投资性房地产成本核算： 借：投资性房地产——成本 　　贷：银行存款等 （2）投资性房地产公允价值变动： 借：投资性房地产——公允价值变动（或贷方） 　　贷：公允价值变动损益——投资性房地产（或借方）

【例题·判断题】采用公允价值模式进行后续计量的投资性房地产，资产负债表日，其公允价值上升涉及的会计科目有"投资性房地产——公允价值变动""其他综合收益"。（　　）

【答案】×

【解析】用公允价值模式进行后续计量的投资性房地产，资产负债表日，其公允价值上升涉及的会计科目有"投资性房地产——公允价值变动""公允价值变动损益"。

（三）投资性房地产处置时的账务处理

企业出售、转让、报废投资性房地产或者发生投资性房地产毁损，应当将处置收入扣除其账面价值和相关税费后的金额计入当期损益。两种计量模式下处置投资性房地产时的会计处理如表 4-19 所示。

表 4-19　两种计量模式下处置投资性房地产时的会计处理

业务内容	成本模式	公允价值模式
取得处置收入时 （不考虑相关税费）	借：银行存款 　　贷：其他业务收入	借：银行存款 　　贷：其他业务收入

（续表）

业务内容	成本模式	公允价值模式
终止确认投资性房地产	借：其他业务成本 　　投资性房地产累计折旧（摊销） 　　投资性房地产减值准备 　贷：投资性房地产	借：其他业务成本 　贷：投资性房地产——成本 　　　　　　　　——公允价值变动（或借方） 借：公允价值变动损益 　贷：其他业务成本（或编制反向会计分录） 若存在原转换日计入其他综合收益的余额，也一并结转： 借：其他综合收益 　贷：其他业务成本

案例分析

【4-8】2020年1月，甲企业计划购入两栋办公楼，A栋用于对外出租，B栋自用。

2月1日，甲企业与乙企业签订经营租赁合同，约定将A栋办公楼自购买日起出租给乙企业，为期3年，每年年末支付租金240万元。

3月1日，甲企业实际购入两栋办公楼，共支付价款1 000万元。其中，A栋办公楼公允价值450万元，B栋办公楼公允价值750万元。

甲企业按月计提投资性房地产折旧，预计出租办公楼使用寿命25年，预计净残值为0。

假设不考虑相关税费及其他因素影响，甲公司应作如下账务处理。

（1）2020年3月1日，购入两栋办公楼：

A栋办公楼初始入账价值=1 000×450÷（450+750）=375（万元）

B栋办公楼初始入账价值=1 000×750÷（450+750）=625（万元）

借：投资性房地产——A栋办公楼　　　　　　　　　　　　3 750 000
　　固定资产——B栋办公楼　　　　　　　　　　　　　　6 250 000
　贷：银行存款　　　　　　　　　　　　　　　　　　　10 000 000

（2）对A栋办公楼每月计提折旧1.25万元［（375-0）÷25÷12］：

借：其他业务成本——A栋办公楼折旧　　　　　　　　　　　12 500
　贷：投资性房地产累计折旧　　　　　　　　　　　　　　　12 500

（3）每月确认租金收入20万元（240÷12）：

借：其他应收款——应收租金　　　　　　　　　　　　　　200 000
　贷：其他业务收入　　　　　　　　　　　　　　　　　　200 000

【4-9】2020年1月，甲企业计划购入办公楼用于对外出租。

2月1日，甲企业与乙企业签订经营租赁合同，约定将办公楼自购买日起出租给乙企业，为期3年。

3月1日，甲企业实际购入办公楼，支付价款1 000万元，与其公允价值相当。该办公楼所在区域有活跃的房地产交易市场，而且能够从房地产市场上获得同类房地产的市场报价。甲企业采用公允价值模式对该项出租房地产进行后续核算。

2020年12月31日，该办公楼的公允价值为1 200万元。

假设不考虑相关税费及其他因素影响，甲公司应作账务处理如下。

（1）2020年3月1日，购入办公楼：
借：投资性房地产——成本　　　　　　　　　　　　　　　　　10 000 000
　　贷：银行存款　　　　　　　　　　　　　　　　　　　　　　10 000 000
（2）2020年12月31日，按照公允价值调整其账面价值，公允价值与原账面价值的差额计入当期损益：
借：投资性房地产——公允价值变动　　　　　　　　　　　　　2 000 000
　　贷：公允价值变动损益——投资性房地产　　　　　　　　　　2 000 000

第三节　固定资产

一、固定资产的管理 ★

固定资产，是指企业为生产商品、提供劳务或经营管理而持有的，且使用寿命超过一个会计年度的有形资产，包括房屋、建筑物、机器设备等，其特征和确认条件如表4-20所示。

表4-20　固定资产的特征及确认条件

	特征	确认条件
持有目的	为生产商品、提供劳务、出租或经营管理而持有	与该固定资产有关的经济利益很可能流入企业
使用期限	使用寿命超过一个会计年度	该固定资产的成本能够可靠地计量

1. 固定资产的分类

固定资产的分类如图4-1所示。

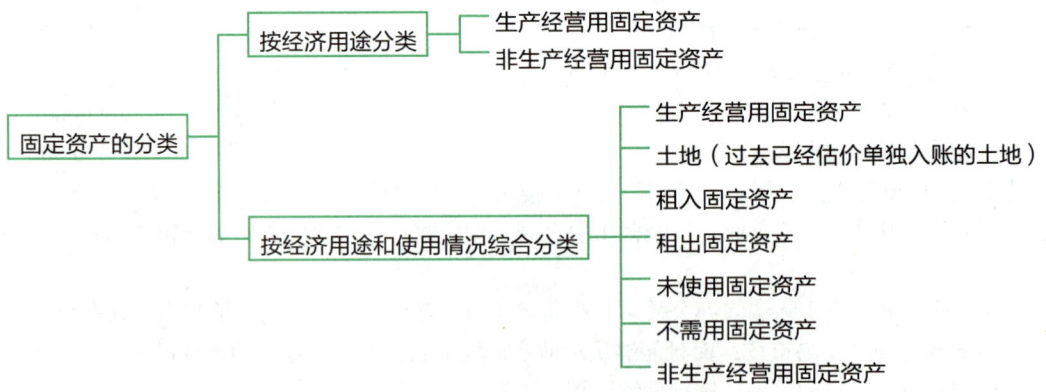

图4-1　固定资产的分类

二、固定资产核算的会计科目★★★

为了反映和监督企业固定资产的取得、计提折旧和处置的情况，企业一般通过"固定资产""累计折旧""在建工程""工程物资""固定资产清理"等科目核算固定资产。固定资产核算的具体内容如表 4-21 所示。

表 4-21　固定资产核算的具体内容

科目	核算内容	借方登记	贷方登记	期末余额
固定资产	固定资产的原价	增加的固定资产原价	减少的固定资产原价	借方余额，反映企业期末固定资产的账面原价
累计折旧	固定资产的调整科目，核算企业固定资产的累计折旧	处置固定资产转出的累计折旧	计提的固定资产折旧	贷方余额，反映企业固定资产的累计折旧额
在建工程	基建、更新改造等在建工程发生的支出	各项在建工程的实际支出	完工工程转出的成本	借方余额，反映企业尚未达到预定可使用状态的在建工程的成本
工程物资	为在建工程而准备的各种物资的实际成本，包括工程用材料、尚未安装的设备以及为生产准备的工器具等	购入工程物资的成本	领用工程物资的成本	借方余额，反映企业为在建工程准备的各种物资的成本
固定资产清理	本科目核算企业因出售、报废、毁损、对外投资、非货币性资产交换、债务重组等原因转出的固定资产价值以及在清理过程中发生的费用等，可按被清理的固定资产项目进行明细核算	转出的固定资产账面价值、清理过程中应支付的相关税费及其他费用	出售固定资产取得的价款、残料价值和变价收入、应由保险公司或过失人赔偿的损失	借方余额，反映企业尚未清理完毕的固定资产清理净损失；如为贷方余额，则反映企业尚未清理完毕的固定资产清理净收益
	固定资产清理完成时	转出的清理净收益	转出的清理净损失	结转清理净收益、净损失后，无余额

【提示 1】企业应当设置"固定资产登记簿"和"固定资产卡片"，按固定资产类别、使用部门和每项固定资产进行明细核算。企业应当按照被清理的固定资产项目设置明细账，进行明细核算。

【提示 2】企业固定资产、在建工程、工程物资发生减值的，还应当设置"固定资产减值准备""在建工程减值准备""工程物资减值准备"等科目进行核算。

【例题·单选题】在某汽车制造企业，下列情况中，应作为企业固定资产核算的是（　　）。

A. 正在建的生产线　　　　　　　　B. 生产完成的汽车
C. 自用的自产汽车　　　　　　　　D. 生产完成准备出售的汽车

【答案】C

【解析】固定资产是企业为了生产商品、提供劳务、出租或经营管理的需要而持有的，不像存货是为了对外出售，这一特征是固定资产区别于存货等流动资产的重要标志。选项 A，属于在建工程；选项 B，属于产成品（或库存商品）；选项 D，属于库存商品。

三、取得固定资产的账务处理 ★★★

（一）核算外购固定资产

1.外购固定资产的初始成本

外购固定资产入账成本＝购买价款＋相关税费＋使固定资产达到预定可使用状态前所发生的可归属于该项资产的运输费＋装卸费＋安装费＋专业人员服务费等。

【提示】

（1）员工培训费不计入固定资产的成本，应于发生时计入当期损益（计入管理费用）。

（2）计入固定资产成本的相关税费：取得固定资产而交纳的关税、契税、耕地占用税、车辆购置税等相关税费，不包括可以抵扣的增值税进项税额。

（3）一般纳税人购建（包括购进、自行建造、改扩建等）固定资产发生的增值税进项税额可以从销项税额中抵扣，不计入固定资产的成本。

（4）小规模纳税人购建固定资产发生的增值税进项税额不可以从销项税额中抵扣，应计入固定资产的成本。

2.外购固定资产的会计分录

企业外购的固定资产分为不需要安装的固定资产和需要安装的固定资产，两者的账务处理不同，其具体内容如表 4-22 所示。

表 4-22　外购固定资产的具体账务处理

情形	会计分录
不需要安装	借：固定资产 　　应交税费——应交增值税（进项税额） 　　贷：银行存款、应付账款等
需要安装	购入时： 借：在建工程 　　应交税费——应交增值税（进项税额） 　　贷：银行存款、应付账款等 支付安装费用时(参照自营建造固定资产)： 借：在建工程 　　应交税费——应交增值税（进项税额） 　　贷：银行存款、原材料、应付职工薪酬等 安装完毕达到预定可使用状态时： 借：固定资产 　　贷：在建工程

3. 用一笔款项购入多项没有单独标价的固定资产（一揽子购入情况）

由于价格原因，企业可能以一笔款项购入多项没有单独标价的固定资产，在满足确认条件时，应按各项固定资产公允价值的比例对总成本进行分配，分别确定各项固定资产的成本。

每一单项固定资产的入账成本＝待分配总成本 ×（该单项固定资产的公允价值 ÷ 各单项固定资产公允价值之和）

> **案例分析**

【4—10】甲公司 2021 年 5 月 10 日购入一台需要安装的设备，取得增值税专用发票上注明的设备价款为 200 000 元，增值税为 26 000 元，款项以银行存款支付，安装设备时，领用材料一批，价值 24 000 元，购进该批材料时支付的增值税为 3 120 元，安装人员应负担工资费用为 4 800 元。公司的账务处理如下：

（1）购入设备，支付价税款及运输费，设备直接交付安装时：

借：在建工程　　　　　　　　　　　　　　　　　　　　　　　200 000
　　应交税费——应交增值税（进项税额）　　　　　　　　　　26 000
　　贷：银行存款　　　　　　　　　　　　　　　　　　　　　226 000

（2）领用材料：

借：在建工程　　　　　　　　　　　　　　　　　　　　　　　24 000
　　贷：原材料　　　　　　　　　　　　　　　　　　　　　　24 000

（3）结转安装工人工资时：

借：在建工程　　　　　　　　　　　　　　　　　　　　　　　4 800
　　贷：应付职工薪酬　　　　　　　　　　　　　　　　　　　4 800

（4）设备安装完毕，交付使用时：

借：固定资产　　　　　　　　　　　　　　　　　　　　　　　228 800
　　贷：在建工程　　　　　　　　　　　　　　　　　　　　　228 800

【4—11】2021 年 5 月 1 日，甲公司以 5 000 000 元购入 A、B、C 三项没有单独标价的设备，取得增值税专用发票，注明增值税税额 650 000 元，这三项设备的公允价值分别为 2 800 000 元、1 200 000 元和 1 000 000 元。另支付运杂费 40 000 元，全部以银行存款支付，甲公司的账务处理如下。

（1）A、B、C 三项固定资产成本 = 5 000 000 + 40 000 = 5 040 000（元）

（2）A、B、C 三项固定资产公允价值的比例：

A 设备公允价值的比例 = 2 800 000 ÷（2 800 000 + 1 200 000 + 1 000 000）× 100% = 56%

B 设备公允价值的比例 = 1 200 000 ÷（2 800 000 + 1 200 000 + 1 000 000）× 100% = 24%

C 设备公允价值的比例 = 1 000 000 ÷（2 800 000 + 1 200 000 + 1 000 000）× 100% = 20%

（3）A、B、C 三项固定资产的入账价值：

A 设备的入账价值 = 5 040 000 × 56% = 2 822 400（元）

B 设备的入账价值 = 5 040 000 × 24% = 1 209 600（元）

C 设备的入账价值 = 5 040 000 × 20% = 1 008 000（元）

借：固定资产——A 设备		2 822 400
固定资产——B 设备		1 209 600
固定资产——C 设备		1 008 000
应交税费——应交增值税（进项税额）		650 000
贷：银行存款		5 690 000

【例题·单选题】甲公司为增值税一般纳税人，2021 年 12 月 31 日购入不需安装的生产设备一台，当日投入使用。该设备价款为 360 万元，运杂费 2 万元，专业人员服务费 1 万元，员工培训费 2 万元，增值税税额为 46.8 万元，该设备的入账价值为（　　）万元。

A.365　　　　　　B.363　　　　　　C.362　　　　　　D.409.8

【答案】B

【解析】该设备的入账价值 = 360 + 2 + 1 = 363（万元）。

（二）核算建造固定资产

企业建造固定资产，应当按照建造该项资产达到预定可使用状态前发生的必要支出，作为固定资产的成本。企业主要有自营和出包两种方式进行固定资产的建造，两种方式的核算内容如表 4-23 所示。

表 4-23　自行建造固定资产的核算

方式	概念	情形	会计分录
自营	指企业自行组织工程物资采购、自行组织施工人员施工的安装工程和建筑工程	外购工程物资	借：工程物资 　　应交税费——应交增值税（进项税额） 贷：银行存款、应付账款等
		领用工程物资	借：在建工程（不含增值税） 贷：工程物资
		领用生产用原材料	借：在建工程 贷：原材料 【提示】原材料增值税进项税额不需转出，可以抵扣
		领用本企业生产的商品	借：在建工程 贷：库存商品
		发生其他费用 （例如，分配工程人员工资等）	借：在建工程 贷：银行存款、应付职工薪酬等
		工程达到预定可使用状态	借：固定资产 贷：在建工程
出包	指企业通过招标方式将工程项目发包给建造承包商，由建造承包商组织施工的建筑工程和安装工程	结算进度款 （按合理估计的发包工程进度和合同规定向建造承包商结算）	借：在建工程 　　应交税费——应交增值税（进项税额） 贷：银行存款等
		工程达到预定可使用状态	借：固定资产 贷：在建工程

【例题·单选题】某企业为增值税一般纳税人,购入一台不需要安装的设备,增值税专用发票上注明的价款为 50 000 元,增值税税额为 6 500 元。另发生运输费和专业人员服务费,增值税专用发票注明运输费价款 1 000 元,增值税税额为 90 元;专业人员服务费价款为 500 元,增值税税额为 30 元。不考虑其他因素,该设备的入账价值为( )元。

A.50 000
B.60 000
C.58 500
D.51 500

【答案】D

【解析】入账价值 =50 000+1 000+500=51 500(元)。

【例题·多选题】下列各项关于企业自行建造固定资产的账务处理中,正确的有( )。

A.为建造固定资产而采购的物资应通过"工程物资"科目先进行归集
B.自营工程应当自其达到预定可使用状态之日起次月开始计提折旧
C.建造时领用的自产产品应当按照产品的成本价计入固定资产的成本
D.建造时领用的自产产品应当按照产品的市场售价计入固定资产的成本

【答案】ABC

【解析】建造时领用的自产产品应当按照产品的成本价计入固定资产的成本(选项 C 正确,选项 D 错误)。

四、固定资产折旧★★★

固定资产在使用过程中由于磨损和技术进步等原因,会发生有形和无形的损耗。为了真实反映固定资产的账面价值,应在固定资产使用寿命内,按照确定的方法对应计折旧额进行系统分摊。应计折旧额,是指应当折旧的固定资产原价和扣除其预计净残值后的金额,已计提减值准备的固定资产,还应当扣除已计提的固定资产减值准备累计金额。企业应当根据固定资产的性质和使用情况,合理确定固定资产的使用寿命和预计净残值。固定资产折旧的具体内容如表 4-24 所示。

表 4-24 固定资产折旧的具体内容

影响固定资产折旧的因素	1. 固定资产原价。 2. 预计净残值。 3. 固定资产减值准备。 4. 固定资产的使用寿命
固定资产使用寿命考虑的因素	1. 预计生产能力或实物产量。 2. 预计有形损耗和无形损耗。 3. 法律或者类似规定对资产使用的限制

（续表）

固定资产的折旧范围	1. 不提折旧的固定资产： （1）已提足折旧仍继续使用的固定资产。 （2）按规定单独计价作为固定资产入账的土地。 （3）改扩建期间的固定资产、更新改造过程停止使用的固定资产，应将其账面价值转入在建工程，在改扩建期间不再计提折旧。 （4）提前报废的固定资产。 【提示1】因大修理而停工的固定资产、不需用、未使用的固定资产需要提取折旧。 【提示2】已达到预定可使用状态但尚未办理竣工决算的固定资产，应当按照估计价值确定其成本，并计提折旧；待办理竣工决算后，再按实际成本调整原来的暂估价值，但不需要调整原已计提的折旧额
	2. 当月增加的固定资产，当月不计提折旧，从下月起计提折旧；当月减少的固定资产，当月仍计提折旧，从下月起不计提折旧（提与不提，都与"下月有关"）
	3. 企业至少应当于每年年度终了，对固定资产的使用寿命、预计净残值和折旧方法进行复核。与固定资产有关的经济利益预期消耗方式有重大改变的，应当改变固定资产折旧方法。固定资产使用寿命、预计净残值和折旧方法的改变应当作为会计估计变更
固定资产的折旧方法	1. 年限平均法（直线法） 年折旧额 =（固定资产原值 − 预计净残值）÷ 预计使用年限 　　　　＝固定资产原值 ×（1 − 预计净残值率）÷ 预计使用年限 月折旧额 = 年折旧额 ÷ 12
	2. 工作量法 单位工作量折旧额 =［固定资产原值 ×（1 − 净残值率）］÷ 预计总工作量 月折旧额 = 固定资产当月工作量 × 单位工作量折旧额
固定资产的折旧方法	3. 加速折旧法 加速折旧的计提方法有多种，常用的有以下两种。 （1）双倍余额递减法： 年折旧率 = 2 ÷ 预计使用年限 × 100% 固定资产年折旧额 = 固定资产期初净值 × 年折旧率 =（固定资产原值 − 累计折旧）× 年折旧率 固定资产月折旧额 = 固定资产年折旧额 ÷ 12 【提示1】要求在倒数第二年改为年限平均法。 【提示2】在固定资产使用寿命到期前两年考虑预计净残值。 最后两年每年的折旧额 =（固定资产的原值 − 预计净残值 − 以前年度累计折旧）÷ 2 （2）年数总和法： 年折旧额 =（固定资产原价 − 预计净残值）× 年折旧率 年折旧率 = 尚可使用年限 ÷ 预计使用寿命的年数总和 × 100% 月折旧率 = 年折旧率 ÷ 12 月折旧额 =（固定资产原价 − 预计净残值）× 月折旧率

（续表）

计提折旧账务处理	借：制造费用（生产用固定资产折旧） 　　管理费用（行政管理用固定资产折旧） 　　销售费用（销售部门用固定资产折旧） 　　在建工程（用于工程建造的固定资产折旧） 　　其他业务成本（经营出租的固定资产折旧） 　　研发支出（技术研发用固定资产折旧） 　　管理费用（未使用、不需用固定资产折旧） 　贷：累计折旧
账面余额＝固定资产原值 账面净值（折余价值）＝固定资产原值－累计折旧 账面价值（账面净额）＝固定资产原值－累计折旧－固定资产减值准备	

【提示】固定资产的使用寿命、预计净残值一经确定，不得随意变更，但是符合《企业会计准则第 4 号——固定资产》第十九条规定的除外。

【例题·多选题】2016 年 12 月 20 日，某企业购入一台设备，其原价为 2 000 万元，预计使用年限 5 年，预计净残值 5 万元，采用双倍余额递减法计提折旧。下列各项关于该企业采用双倍余额递减法计提折旧的结果中，表述正确的有（　　）。（2018 年）

A. 应计折旧总额为 1 995 万元

B. 年折旧率为 33%

C. 2017 年折旧额为 665 万元

D. 2017 年折旧额为 800 万元

【答案】AD

【解析】选项 A，应计提折旧总额＝固定资产原值－预计净残值＝2 000－5＝1 995（万元）；选项 B，因为采用双倍余额递减法，所以月折旧率＝2÷5×100%＝40%；选项 CD，因为采用双倍余额递减法，所以前几年计提折旧额时，不考虑预计净残值，只有最后两年考虑预计净残值，因此 2017 年折旧额＝2 000×40%＝800（万元）。

五、固定资产发生的后续支出 ★★★

固定资产的后续支出包括在使用过程中发生的更新改造支出和修理费用等。固定资产后续支出的具体内容如表 4-25 所示。

表 4-25　固定资产后续支出

分类	概念	情形	会计分录
资本化支出	更新改造等后续支出，符合固定资产确认条件的应当予以资本化，称为固定资产资本化后续支出，计入固定资产成本。 【提示】 1. 如有被替换的部分，将被替换部分的账面价值扣除。 2. 更新改造期间的固定资产不计提折旧。 3. 转为固定资产后，按重新确定的使用寿命、预计净残值和折旧方法计提折旧 更新改造后固定资产的入账成本＝（改造前固定资产原值－累计折旧－固定资产减值准备）+资本化的更新改造支出－被替换部分的账面价值	固定资产转入改扩建	借：在建工程 　　累计折旧 　　固定资产减值准备 　贷：固定资产
		发生改扩建工程支出	借：在建工程 　　应交税费——应交增值税（进项税额） 　贷：银行存款等
		被替换部分账面价值扣除	借：营业外支出（差额倒挤，影响损益） 　　银行存款或原材料（回收残值） 　贷：在建工程（被替换部分的账面价值）
		生产线改扩建工程达到预定可使用状态	借：固定资产 　贷：在建工程
费用化支出	与固定资产有关的修理费用等后续支出，不符合固定资产确认条件的，应当根据不同情况分别在发生时计入当期损益（管理费用、销售费用或其他业务成本）	发生费用化后续支出	借：管理费用（行政管理部门固定资产修理费用） 　　销售费用（销售机构固定资产修理费用） 　　其他业务成本（出租的固定资产修理费用） 　　应交税费——应交增值税（进项税额） 　贷：银行存款、应付职工薪酬、原材料等

▶ **名师点睛**

本考点考查的主要内容是固定资产更新改造后入账价值的计算，考生要注意题干中被替换部分给的是账面价值还是账面原值，如果为账面原值，答题时应将被替换部分的账面原值转换为账面价值，并根据被替换部分的账面原值扣除被替换部分已计提的折旧额及减值准备金额进行计算。

案例分析

【4-12】甲公司自行建成了一条生产线（不动产），原建造成本为 600 000 元，已提折旧 194 000 元，预计使用年限为 8 年。甲公司使用 3 年后决定对其进行技术改造，以提高其生产能力。技改工程历时 4 个月，领用工程物资 210 000 元，发生其他工程支出 126 000 元，以存款支付，技改过程中回收残料变价取得收入 20 000 元。甲公司的账务处理如下。

（1）生产线转入技术改造时：

借：在建工程　　　　　　　　　　　　　　　　　　　　　　　　　　　406 000
　　累计折旧　　　　　　　　　　　　　　　　　　　　　　　　　　　194 000
　贷：固定资产　　　　　　　　　　　　　　　　　　　　　　　　　　600 000

（2）发生改造支出时：
借：在建工程　　　　　　　　　　　　　　　　　　　　　336 000
　　贷：工程物资　　　　　　　　　　　　　　　　　　　　210 000
　　　　银行存款　　　　　　　　　　　　　　　　　　　　126 000
（3）收到残料变价收入存入银行时：
借：银行存款　　　　　　　　　　　　　　　　　　　　　　20 000
　　贷：在建工程　　　　　　　　　　　　　　　　　　　　 20 000
（4）技改工程达到预定可使用状态，结转工程成本时：
借：固定资产　　　　　　　　　　　　　　　　　　　　　　722 000
　　贷：在建工程　　　　　　　　　　　　　　　　　　　　722 000

六、处置固定资产★★★

固定资产处置，即固定资产的终止确认，具体包括固定资产的出售、报废、毁损、对外投资、非货币性资产交换、债务重组等，不包括盘亏。企业出售、转让、报废固定资产或发生固定资产毁损，应当将处置收入扣除账面价值和相关税费后的金额计入当期损益。企业处置固定资产，通过"固定资产清理"科目核算。固定资产处置的账务处理如表4-26所示。

表4-26　固定资产处置的账务处理

情形	会计分录
固定资产转入清理	借：固定资产清理（固定资产的账面价值） 　　累计折旧 　　固定资产减值准备 　　贷：固定资产
结算清理费用	借：固定资产清理 　　应交税费——应交增值税（进项税额） 　　贷：银行存款（支付清理费用）
收回出售固定资产的价款、残料价值和变价收入	借：银行存款（取得的处置收入） 　　原材料（取得的残料入库） 　　贷：固定资产清理 　　　　应交税费——应交增值税（销项税额）
确认应收责任单位（或个人）赔偿损失	借：其他应收款（应由保险公司或过失人赔偿的金额） 　　贷：固定资产清理

（续表）

情形	会计分录
结转清理净损益	因固定资产已丧失使用功能或因自然灾害发生毁损等原因而报废清理产生的利得或损失。 （1）净损失： 借：营业外支出——非流动资产处置损失（正常原因） 　　　　　　——非常损失（非正常原因） 　　贷：固定资产清理 （2）净收益： 借：固定资产清理 　　贷：营业外收入——非流动资产处置利得
	因出售、转让等原因产生的利得或损失。 （1）净损失： 借：资产处置损益 　　贷：固定资产清理 （2）净收益： 借：固定资产清理 　　贷：资产处置损益

【注意】

1. 固定资产的账面价值＝固定资产成本－累计折旧－累计减值准备
2. 处置固定资产的净损益＝（取得的出售价款或变价收入＋应收的赔偿＋回收残料价值）－[（固定资产的原值－固定资产的累计折旧－固定资产减值准备）＋应交的税费＋发生的清理费用]

【例题·单选题】某企业处置一项固定资产收回的价款为80万元，该资产原价为100万元，已计提折旧60万元，计提减值准备5万元，处置发生清理费用5万元，不考虑其他因素，处置该资产对当期利润总额的影响金额为（　　）万元。

A.40　　　　　　B.80　　　　　　C.50　　　　　　D.35

【答案】A

【解析】处置固定资产的净收益＝80－（100－60－5）－5＝40（万元）。影响利润总额的金额为40万元。

【例题·判断题】企业报废的固定资产清理完毕，应将"固定资产清理"科目的余额转入"资产处置损益"科目。（　　）

【答案】×

【解析】企业报废的固定资产清理完毕，应将"固定资产清理"科目的余额转入"营业外支出"或"营业外收入"科目。

七、固定资产清查★★★

企业应当定期或至少每年年末对固定资产进行清查盘点，固定资产清查的相关账务处理如表4-27所示。

表 4-27　固定资产清查的账务处理

情形	处理原则	会计分录
固定资产盘盈	按前期差错处理	盘盈时： 借：固定资产（重置成本） 　　贷：以前年度损益调整 【提示】不影响当期损益
	按管理权限报经批准转销时	（1）由于以前年度损益调整而增加的所得税费用： 借：以前年度损益调整 　　贷：应交税费——应交所得税 （2）将以前年度损益调整账户余额转入留存收益时： 借：以前年度损益调整 　　贷：盈余公积 　　　　利润分配——未分配利润
固定资产盘亏	审批前	（1）盘亏时： 借：待处理财产损溢 　　累计折旧 　　固定资产减值准备 　　贷：固定资产 （2）转出不可抵扣进项税额（发生非正常损失）： 借：待处理财产损溢 　　贷：应交税费——应交增值税（进项税额转出）（固定资产的账面净值×13%） 【提示】账面净值＝固定资产原价－已计提折旧
	审批后	借：其他应收款（应收赔款） 　　营业外支出——盘亏损失（差额倒挤） 　　贷：待处理财产损溢

【例题·判断题】企业在财产清查中盘盈固定资产的重置成本，应通过"营业外收入"科目核算。（　　）

【答案】×

【解析】账务处理如下：
借：固定资产（重置成本）
　　贷：以前年度损益调整
借：以前年度损益调整
　　贷：应交税费——应交所得税
借：以前年度损益调整
　　贷：盈余公积
　　　　利润分配——未分配利润

八、固定资产减值★★★

固定资产发生损坏、技术陈旧或者其他经济等原因导致其真实价值可能低于账面价值，企业在期末必须对固定资产减值损失进行确认。固定资产减值的具体内容如表4-28所示。

表4-28　固定资产减值

概念	固定资产账面价值小于固定资产的可收回金额，无需计提固定资产减值准备。固定资产账面价值大于固定资产的可收回金额的差额，应当按照差额计提固定资产减值准备
会计分录	借：资产减值损失——固定资产减值损失 　　贷：固定资产减值准备
【提示】固定资产减值准备一旦计提，以后会计期间不得转回	

【例题·单选题】某企业2020年12月31日购入一台设备，入账价值为200万元，预计使用寿命为10年，预计净残值为20万元，采用年限平均法计提折旧。2021年12月31日，该设备存在减值迹象，经测试预计可收回金额为120万元。2021年12月31日，该设备账面价值应为（　　）万元。

A.120　　　　　　　　　　　　B.160
C.180　　　　　　　　　　　　D.182

【答案】A

【解析】确定减值之前固定资产的账面价值＝200－（200－20）÷10＝182（万元），大于可收回金额120万元，因此，固定资产发生了减值，减值以后固定资产应该按照可收回金额确认账面价值，因此，本题2021年12月31日该设备账面价值应为120万元，答案是选项A。

第四节　生产性生物资产

一、生产性生物资产的确认与计量★

（一）生产性生物资产的含义

生产性生物资产，是指企业为产出农产品、提供劳务或出租等目的而持有的生物资产，包括经济林、薪炭林、产畜和役畜等。

（二）生产性生物资产的计量

外购的生产性生物资产成本＝购买价款＋相关税费＋运输费＋保险费＋可以直接归属于购买该资产的其他支出

自行营造的林木类生产性生物资产的成本＝达到预定生产经营目的前发生的造林费＋抚育费＋营林设施费＋良种试验费＋调查设计费＋应分摊的间接费用等必要支出

自行繁殖的产畜和役畜的成本＝达到预定生产经营目的（成龄）前发生的饲料费＋人工费＋应分摊的间接费用等必要支出

因择伐、间伐或抚育更新性质采伐而补植林木类生物资产发生的后续支出，应当计入林木类生物资产的成本。

（三）主要会计科目设置

为了反映和监督生产性生物资产的生产、耗费、产出等情况，企业需设置"生产性生物资产""生产性生物资产累计折旧"等科目，具体如表4-29所示。

表4-29 生产性生物资产主要会计科目设置

科目名称	核算内容	借方登记	贷方登记	期末余额	明细分类
生产性生物资产	企业（农、林、牧、渔业）持有的生产性生物资产原价（成本）	外购、自行营造的林木、自行繁殖产畜和役畜等增加的资产成本	出售、报废、毁损、对外投资等减少的资产原价（成本）	借方	按照"未成熟生产性生物资产"和"成熟生产性生物资产"分类按群进行明细核算
生产性生物资产累计折旧	企业（农、林、牧、渔业）成熟生产性生物资产的累计折旧	处置生产性生物资产结转的累计折旧	企业按月计提成熟生产性生物资产的折旧	贷方	按生产性生物资产分类按群进行明细核算

【例题·判断题】经济林、薪炭林和用材林均属于生产性生物资产。（ ）

【答案】×

【解析】生产性生物资产，是指企业为产出农产品、提供劳务或出租等目的而持有的生物资产，包括经济林、薪炭林、产畜和役畜等。用材林属于消耗性生物资产。

二、生产性生物资产的账务处理★

（一）生产性生物资产增加的账务处理

生产性生物资产增加的账务处理如表4-30所示。

表4-30 生产性生物资产增加的账务处理

增加方式	账务处理
外购	1. 外购生产性生物资产成本 购买价款、相关税费、运输费、保险费以及可以直接归属于购买该资产的其他支出。 2. 会计处理 借：生产性生物资产 　　应交税费——应交增值税（进项税额） 　　贷：银行存款等

（续表）

增加方式	账务处理
自行营造	1. 自行营造的林木类生产性生物资产成本 达到预定生产经营目的前发生的造林费、抚育费、营林设施费、良种试验费、调查设计费和应分摊的间接费用等必要支出。 2. 会计处理 借：生产性生物资产——未成熟生产性生物资产 　　贷：原材料、银行存款、应付利息等
自行繁殖	1. 自行繁殖的产畜和役畜成本 达到预定生产经营目的（成龄）前发生的饲料费、人工费和应分摊的间接费用等必要支出。 2. 会计处理 借：生产性生物资产——未成熟生产性生物资产 　　贷：原材料、银行存款、应付利息等
未成熟转成熟	1. 生产性生物资产的成本 未成熟生产性生物资产达到预定生产经营目的时，将其账面余额转至成熟生产性生物资产，作为初始成本。 2. 会计处理 借：生产性生物资产——成熟生产性生物资产 　　贷：生产性生物资产——未成熟生产性生物资产
消耗性转生产性	1. 生产性生物资产的成本 育肥畜转为产畜或役畜，将消耗性生物资产账面余额转至生产性生物资产，作为初始成本。 2. 会计处理 借：生产性生物资产 　　贷：消耗性生物资产 【提示】生产性转消耗性，如产畜或役畜淘汰转为育肥畜，将生产性生物资产账面价值转至消耗性生物资产，会计处理如下 借：消耗性生物资产 　　生产性生物资产累计折旧 　　贷：生产性生物资产
生产性采伐后补植	1. 择伐、间伐或抚育更新等生产性采伐而补植林木类生产性生物资产发生的后续支出可计入生产性生物资产成本。 2. 会计处理 借：生产性生物资产——未成熟生产性生物资产 　　贷：银行存款等
【提示1】达到预定生产经营目的，是指生产性生物资产进入正常生产期，可以多年连续稳定产出农产品、提供劳务或出租。 【提示2】生产性生物资产在郁闭或达到预定生产经营目的后发生的管护、饲养费用等后续支出，应计入当期损益。借记"管理费用"科目，贷记"银行存款"等科目	

案例分析

【4-13】甲公司自2019年年初开始自行营造50公顷枣树林,当年发生种苗费用80 000元,平整土地和定植所需机器设备折旧费25 000元,自营造开始正常生产周期为3年。假定各年均匀发生抚育肥料及农药费20 000元、人工费35 000元、每年应分摊管护费用200 000元(不考虑相关税费等其他因素)。甲公司应编制如下会计分录:

(1)2019年,发生种苗费、平整土地等费用:

借:生产性生物资产——未成熟生产性生物资产　　　　　　　　105 000
　　贷:原材料——种苗　　　　　　　　　　　　　　　　　　　80 000
　　　　累计折旧　　　　　　　　　　　　　　　　　　　　　　25 000

(2)2019—2021年,每年发生抚育肥料及农药费、人工费、应分摊管护费用:

借:生产性生物资产——未成熟生产性生物资产　　　　　　　　255 000
　　贷:原材料——肥料及农药　　　　　　　　　　　　　　　　20 000
　　　　应付职工薪酬　　　　　　　　　　　　　　　　　　　　35 000
　　　　银行存款　　　　　　　　　　　　　　　　　　　　　　200 000

(3)2021年年底,甲公司自行营造的枣树林达到预定生产经营目的,此时将其确认为一项成熟生产性生物资产。

生产性生物资产成本总额 =105 000+255 000×3=870 000(元)

借:生产性生物资产——成熟生产性生物资产　　　　　　　　　870 000
　　贷:生产性生物资产——未成熟生产性生物资产　　　　　　　870 000

(二)生产性生物资产折旧的账务处理

生产性生物资产折旧的账务处理如表4-31所示。

表4-31　生产性生物资产折旧的账务处理

基本原则	1. 企业对达到预定生产经营目的的生产性生物资产,应当按期计提折旧,并根据其用途分别计入相关资产的成本或当期损益。 2. 企业应当根据生产性生物资产的性质、使用情况和有关经济利益的预期消耗方式,合理确定其使用寿命、预计净残值和折旧方法。且一经确定,不得随意变更。 3. 企业至少应当于每年年度终了对生产性生物资产的使用寿命、预计净残值和折旧方法进行复核。 4. 使用寿命或预计净残值的预期数与原先估计数有差异的,或者有关经济利益预期消耗方式有重大改变的,应当作为会计估计变更,调整生产性生物资产的使用寿命或预计净残值或者改变折旧方法
折旧方法	年限平均法、工作量法、产量法等
使用寿命	考虑因素包括: 1. 预计的产出能力或实物产量;预计的有形损耗,如产畜和役畜衰老、经济林老化等。 2. 预计的无形损耗,如因新品种的出现而使现有的生产性生物资产的产出能力和产出农产品的质量等方面相对下降、市场需求的变化使生产性生物资产产出的农产品相对过时等

（三）生产性生物资产减值的账务处理

（1）企业至少应当于每年年度终了对生产性生物资产进行检查。

（2）有确凿证据表明由于遭受自然灾害、病虫害、动物疫病侵袭或市场需求变化等原因，使生产性生物资产的可收回金额低于其账面价值的，应当按照可收回金额低于账面价值的差额，计提生物资产减值准备，并计入当期损益。

（3）可收回金额应当按照资产减值的办法确定。

【提示】生产性生物资产减值准备一经计提，不得转回。

（四）生产性生物资产成本结转

企业生物资产出售时，应按实际收到的金额，借记"银行存款"等科目，贷记"主营业务收入"等科目；应按其账面余额，借记"主营业务成本"等科目，贷记"生产性生物资产""消耗性生物资产"等科目，已计提跌价或减值准备或折旧的，还应同时结转跌价或减值准备或累计折旧。生产性生物资产结转成本的具体内容如表4-32所示。

表4-32 生产性生物资产结转成本

适用范围	生产性生物资产收获的农产品
确定依据	按照产出或采收过程中发生的材料费、人工费和应分摊的间接费用等必要支出计算确定
结转方法	采用加权平均法、个别计价法、蓄积量比例法、轮伐期年限法等方法，将生产性生物资产账面价值结转为农产品成本

（五）生物资产后续计量的公允价值账务处理

生物资产后续计量采用公允价值的账务处理如表4-33所示。

表4-33 生物资产后续计量采用公允价值的账务处理

一般规定	生物资产通常按照成本计量
特殊规定	1.如有确凿证据表明生物资产公允价值能够持续可靠取得，可采用公允价值计量。 2.采用公允价值计量的生物资产，应同时满足如下两个条件： （1）生物资产有活跃的交易市场。 （2）能够从交易市场上取得同类或类似生物资产的市场价格及其他相关信息，从而对生物资产的公允价值作出合理估计。 【提示1】活跃的交易市场，须同时具有下列三个特征： ①市场内交易对象具有同质性。 ②可以随时找到自愿交易的买方和卖方。 ③市场价格信息公开。 【提示2】同类或类似，是指生物资产的品种相同或类似、质量等级相同或类似、生长时间相同或类似、所处气候和地理环境相同或类似

第五节　无形资产和长期待摊费用

一、无形资产★★★

(一)无形资产的含义、特征和内容

无形资产，是指企业拥有或者控制的没有实物形态的可辨认非货币性资产，其特征和具体内容如表 4-34 所示。

表 4-34　无形资产的特征和内容

特征	①具有资产的基本特征。 ②不具有实物形态。 ③具有可辨认性。 ④属于非货币性资产
内容	专利权、非专利技术、商标权、著作权、土地使用权、特许权等。 【提示】商誉不具有可辨认性，不在本节讲述

【例题·多选题】下列各项中，企业应确认为无形资产的有（　　）。
A. 吸收投资取得的土地使用权　　　B. 企业无偿取得的商标权
C. 企业因合并产生的商誉　　　　　D. 自行研发的非专利技术
【答案】ABD
【解析】商誉（不具有可辨认性）不作为无形资产核算。

(二)无形资产的取得

无形资产的取得方式主要包括外购和自行研发，取得无形资产的账务处理如表 4-35 所示。

表 4-35　无形资产的初始计量

取得方式	账务处理
外购无形资产	1.外购无形资产的成本 购买价款、相关税费以及直接归属于使该项资产达到预定用途所发生的其他支出（如专业服务费、测试费、注册费等）。 【提示】下列各项不包括在无形资产初始成本中： （1）为引入新产品进行宣传发生的广告费（计入销售费用）； （2）无形资产已经达到预定用途以后发生的费用（如员工的培训费应计入管理费用）。 2.会计处理 借：无形资产——非专利技术等 　　应交税费——应交增值税（进项税额） 　　贷：银行存款

（续表）

取得方式	账务处理
自行研究开发无形资产	1. 基本原则 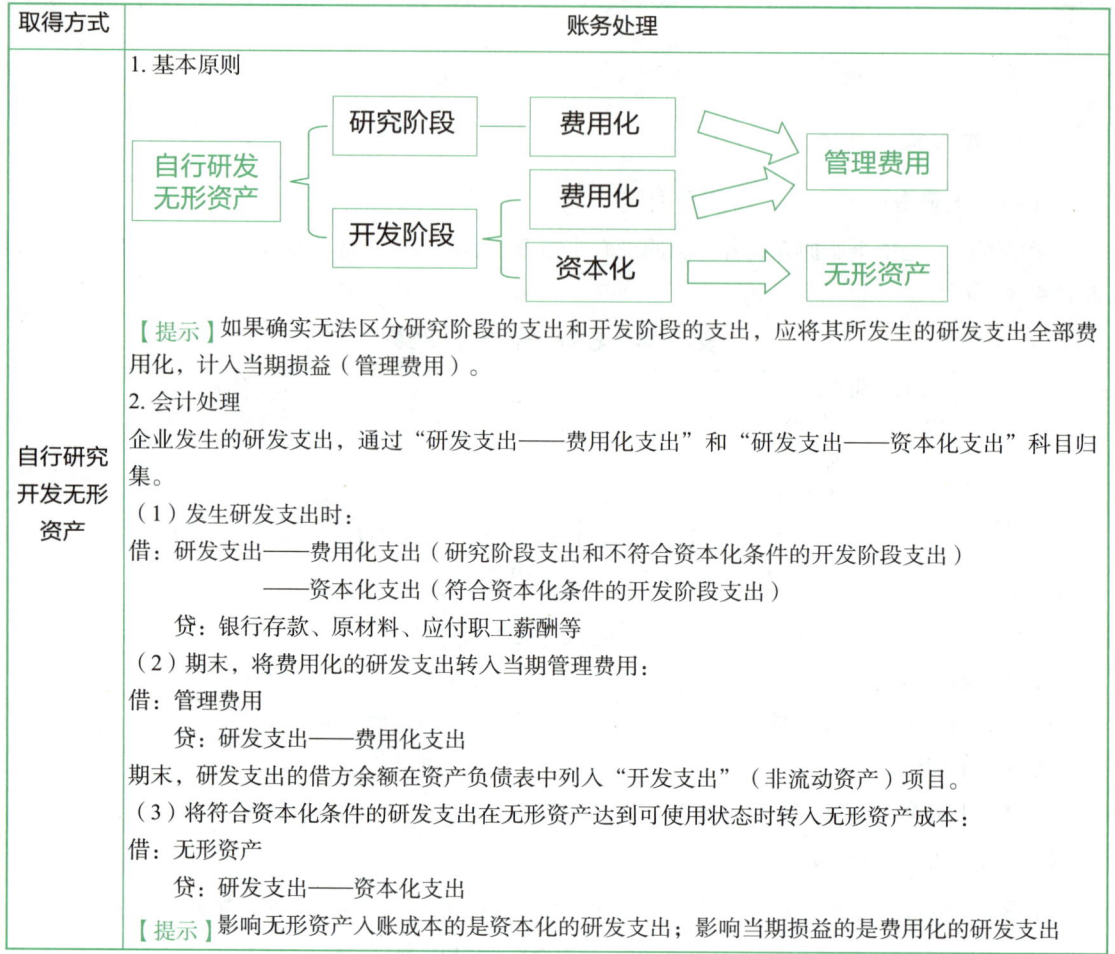 【提示】如果确实无法区分研究阶段的支出和开发阶段的支出，应将其所发生的研发支出全部费用化，计入当期损益（管理费用）。 2. 会计处理 企业发生的研发支出，通过"研发支出——费用化支出"和"研发支出——资本化支出"科目归集。 （1）发生研发支出时： 借：研发支出——费用化支出（研究阶段支出和不符合资本化条件的开发阶段支出） 　　　　　　——资本化支出（符合资本化条件的开发阶段支出） 　贷：银行存款、原材料、应付职工薪酬等 （2）期末，将费用化的研发支出转入当期管理费用： 借：管理费用 　贷：研发支出——费用化支出 期末，研发支出的借方余额在资产负债表中列入"开发支出"（非流动资产）项目。 （3）将符合资本化条件的研发支出在无形资产达到可使用状态时转入无形资产成本： 借：无形资产 　贷：研发支出——资本化支出 【提示】影响无形资产入账成本的是资本化的研发支出；影响当期损益的是费用化的研发支出

（三）无形资产的后续计量

1. 摊销和减值

企业应当于取得无形资产时分析判断其使用寿命。使用寿命有限的无形资产应进行摊销。使用寿命不确定的无形资产不应摊销。无形资产摊销和减值的内容具体如表4-36所示。

表4-36　无形资产的摊销和减值

摊销方法	无形资产摊销方法，应当能够反映与该项无形资产有关的经济利益的预期消耗方式，包括直线法和生产总量法等。无法可靠确定其预期消耗方式的，一般应当采用直线法摊销
摊销期限	合同规定受益年限，法律也规定了有效年限的，摊销年限选择两者中较短者
残值	使用寿命有限的无形资产，其残值一般应当视为零
摊销的起点和终点	当月增加的无形资产，当月开始摊销；当月减少的无形资产，当月不再摊销

（续表）

会计处理	借：生产成本（直接用于产品生产的无形资产） 　　制造费用（间接用于产品生产的无形资产） 　　管理费用（管理用的无形资产） 　　其他业务成本（出租的无形资产） 　贷：累计摊销
减值	无形资产在资产负债表日存在可能发生减值的迹象时，其可收回金额低于账面价值的，企业应当将该无形资产的账面价值减记至可收回金额，减记的金额应当作为资产减值损失，计入当期损益，同时计提相应的资产减值准备。 借：资产减值损失——计提的无形资产减值准备 　贷：无形资产减值准备 【提示】无形资产减值准备一旦计提，以后期间不得转回
报表列示	列示无形资产账面价值。 无形资产的账面价值＝无形资产账面余额（原值）－无形资产累计摊销－无形资产减值准备贷方余额

2. 出售和报废

无形资产出售和报废的账务处理具体如表 4-37 所示。

表 4-37　无形资产出售和报废的账务处理

	出售	报废
含义	企业出售无形资产，应当将取得的价款扣除该无形资产账面价值以及出售相关税费后的差额计入当期损益（资产处置损益）	无形资产预期不能为企业带来未来经济利益，应当将该无形资产账面价值予以转销
账务处理	借：银行存款（实际收到的金额） 　　无形资产减值准备（已计提的减值准备） 　　累计摊销（已计提的累计摊销） 　　资产处置损益（差额，出售损失） 　贷：无形资产（无形资产账面余额） 　　应交税费——应交增值税（销项税额） 　　资产处置损益（差额，出售利得）	借：累计摊销（已计提的累计摊销） 　　无形资产减值准备（已计提减值准备） 　　营业外支出——非流动资产处置损失（差额） 　贷：无形资产（账面余额）

【提示】处置无形资产的净损益＝出售价款－［（无形资产的原值－无形资产累计摊销－无形资产减值准备）＋应交税费］

二、长期待摊费用★★

长期待摊费用，是指企业已经发生但应由本期和以后各期负担的分摊期限在 1 年以上的各项费用，如以租赁方式租入的使用权资产发生的改良支出，长期待摊费用的核算内容如表 4-38 所示。

表 4-38 长期待摊费用的核算内容

用途	设置科目	规则	账务处理
为了反映长期待摊费用的发生、摊销情况	长期待摊费用	借方登记其发生额，贷方登记其摊销额；期末借方余额，反映企业尚未摊销完毕的长期待摊费用	1. 发生长期待摊费用时 借：长期待摊费用 　　应交税费——应交增值税（进项税额） 　贷：原材料、银行存款等 2. 摊销长期待摊费用时 借：管理费用、销售费用等 　贷：长期待摊费用

案例分析

【4-14】甲公司为增值税一般纳税人，2022 年年初以租赁方式向外单位租入一层办公用房，租赁期为 5 年，从承租日起，公司对该办公用房进行装修，出包工程款 300 000 元以银行存款付清，该办公用房尚可使用 20 年。公司的账务处理如下：

（1）支付出包工程款时：

借：在建工程　　　　　　　　　　　　　　　　　　　　　　　300 000
　　贷：银行存款　　　　　　　　　　　　　　　　　　　　　　300 000

（2）装修完工结转工程成本时：

借：长期待摊费用　　　　　　　　　　　　　　　　　　　　　300 000
　　贷：在建工程　　　　　　　　　　　　　　　　　　　　　　300 000

（3）房屋尚可使用年限 20 年，租赁期为 5 年，装修费用应按租赁期分摊。每月分摊时：

每月摊销额 = 300 000 ÷（5 × 12）= 5 000（元）

借：管理费用　　　　　　　　　　　　　　　　　　　　　　　5 000
　　贷：长期待摊费用　　　　　　　　　　　　　　　　　　　　5 000

扫一扫，提个小建议

图书勘误、评价建议，"微信"扫一扫。您的感受是我们最好的动力！助您奇兵制胜！

第五章　负债

考情分析

本章主要包括企业流动负债和非流动负债核算的有关内容，重点介绍流动负债部分的相关内容，其中考生需要重点掌握短期借款、应付款项、应付职工薪酬、应交税费和长期借款的核算。

	小节内容	重要程度	学习要求
第一节　短期借款	短期借款的管理	★	了解
	短期借款的账务处理	★★★	掌握
第二节　应付及预收账款	应付票据	★★★	掌握
	应付账款	★★★	掌握
	预收账款	★★★	掌握
	合同负债	★	了解
	应付利息和应付股利	★★★	掌握
	其他应付款	★★★	掌握
第三节　应付职工薪酬	职工薪酬的内容	★	了解
	应付职工薪酬的核算	★★★	掌握
	短期职工薪酬的账务处理	★★★	掌握
	长期职工薪酬的账务处理	★★	熟悉
第四节　应交税费	应交税费概述	★★	熟悉
	应交增值税	★★★	掌握
	应交消费税	★★★	掌握
	其他应交税费	★★★	掌握
第五节　非流动负债	长期借款	★★	熟悉
	应付债券	★	了解
	长期应付款	★	了解

第一节　短期借款

一、短期借款的管理★

负债按照偿还期限长短可分为流动负债和非流动负债。短期借款是典型的流动负债，其具体的概念及相关特征如表 5-1 所示。

表 5-1　短期借款的概念及相关特征

项目	性质	概念	目的	特征	债权人
短期借款	流动负债	企业向银行或其他金融机构等借入的期限在 1 年以下（含 1 年）的各种款项	一般是企业为了满足正常生产经营所需的资金周转或者是为了抵偿某项债务而借入的款项	借款金额小、时间短、利息低；对企业资产的流动性要求高	银行、非银行金融机构、其他单位或个人

二、短期借款的账务处理★★★

1.科目设置

企业应通过"短期借款"科目，核算短期借款的取得、偿还等情况。该科目的借方登记企业偿还短期借款的本金金额；贷方登记企业取得短期借款的本金金额；期末余额在贷方，反映企业尚未偿还的短期借款。

【提示】本科目可按借款种类、贷款人和币种设置明细科目进行明细核算。

2.账务处理

短期借款利息属于企业的筹资费用，应确认为财务费用。短期借款的相关账务处理具体如表 5-2 所示。

表 5-2　短期借款相关账务处理

取得短期借款	借：银行存款 　　贷：短期借款
利息费用的确认	（1）月末预提方式： 借：财务费用 　　贷：应付利息（预提的利息） 【提示】如果短期借款利息是按期支付的，如按季度支付利息，或者利息是在借款到期时连同本金一起归还，并且其数额较大的，企业应于月末采用预提方式进行短期借款利息的核算。 （2）非预提方式： 借：财务费用（实际支付时，直接计入当期损益不计应付利息） 　　贷：银行存款 【提示】短期借款利息是按月支付的，或者在借款到期时连同本金一起归还，但是数额不大的可以不采用预提的方法，而在实际支付或收到银行的计息通知时，直接计入当期损益
到期偿还本金	借：短期借款 　　贷：银行存款

【注意】"按月计提,按季付息"第3个月分录金额确定:两付(应付利息)一费用(财务费用)。

【例题·单选题】企业因日常业务经营需要向银行借入短期借款,利息按月预提、按季支付。下列各项中,预提借款利息应贷记的会计科目是( )。

A. 应付账款 B. 合同负债
C. 应付利息 D. 短期借款

【答案】C
【解析】预提利息时:
借:财务费用
　　贷:应付利息
选项C正确。

第二节　应付及预收账款

一、应付票据★★★

（一）应付票据的管理

应付票据,是指企业购买材料、商品或接受服务等而开出、承兑的商业汇票。商业汇票按承兑人进行分类,可以分为商业承兑汇票和银行承兑汇票。

在我国,商业汇票的付款期限一般不超过6个月。因此,企业应将应付票据作为一种流动负债。

企业应当设置"应付票据备查簿",详细登记商业汇票的种类、号数和出票日期、到期日、票面余额、交易合同号和收款人姓名或单位名称以及付款日期和金额等资料。应付票据到期结清票款后,应在备查簿中予以注销。

（二）应付票据的账务处理

1. 科目设置

企业应通过"应付票据"科目核算应付票据的发生、偿还等情况。本科目的借方登记企业已支付票据的金额,贷方登记企业开出、承兑汇票的面值,期末余额在贷方,反映企业尚未到期的商业汇票的票面金额。

2. 账务处理

应付票据相关账务处理如表5-3所示。

表 5-3　应付票据相关账务处理

情况	账务处理
企业购买材料、商品和接受服务等而开出、承兑的商业汇票	借：材料采购、在途物资、原材料、库存商品、应付账款 　　应交税费——应交增值税（进项税额） 　贷：应付票据（按票面金额作为应付票据入账金额）
企业因开出银行承兑汇票而支付银行的商业汇票手续费	支付手续费时： 借：财务费用 　　应交税费——应交增值税（进项税额） 　贷：银行存款
企业开具的商业汇票到期支付票据款时	根据开户银行的付款通知： 借：应付票据 　贷：银行存款
企业转销应付票据	（1）应付商业承兑汇票到期，如企业无力支付票款，由于商业汇票已经失效，企业应将应付票据按账面余额转作应付账款： 借：应付票据 　贷：应付账款 （2）应付银行承兑汇票到期，如企业无力支付票款，则由承兑银行代为支付并作为付款企业的贷款处理，企业应将应付票据的账面余额转作短期借款： 借：应付票据 　贷：短期借款

【例题·判断题】应付商业承兑汇票到期，企业无力支付票款的，应将应付票据按账面余额转入应付账款。（　）

【答案】√

【解析】题目所述内容正确。

二、应付账款★★★

（一）应付账款的管理

应付账款，是指企业因购买材料、商品或接受劳务供应等经营活动应支付的款项。

（二）应付账款的账务处理

1. 科目设置

企业应通过"应付账款"科目核算应付账款的发生、偿还、转销等情况，并按照债权人设置明细科目进行明细核算。本科目的借方登记应付未付款项的减少，贷方登记应付未付款项的增加，期末余额在贷方，反映企业尚未支付的应付账款余额。

【注意】"应付账款"科目的借方余额代表预付账款。

2. 确认时点

应付账款入账时点的确认具体如表 5-4 所示。

表 5-4 应付账款入账时点的确认

情况	确认时点	处理
材料、商品和发票账单同时到达	一般在所购材料、商品验收入库后	根据发票账单登记入账,确认应付账款
所购材料、商品已经验收入库,但是发票账单未能同时到达	会计期末	将所购材料、商品和相关的应付账款暂估入账,待下月初用红字将上月末暂估入账的应付账款予以冲销

3.账务处理

企业购入材料、商品或接受服务等所产生的应付账款,应按应付金额入账。应付账款相关账务处理具体如表 5-5 所示。

表 5-5 应付账款相关账务处理

情况	账务处理
购入材料、商品等验收入库,但货款尚未支付	根据有关凭证(发票账单、随货同行发票上记载的实际价款或暂估价值): 借:材料采购、在途物资、原材料、库存商品等 　　应交税费——应交增值税(进项税额) 　贷:应付账款
企业接受供应单位提供劳务而发生的应付未付款项	借:生产成本、管理费用等 　　应交税费——应交增值税(进项税额) 　贷:应付账款
企业偿还应付账款或开出商业汇票抵付应付账款时	借:应付账款 　贷:银行存款、应付票据等
转销应付账款(有时由于债权单位撤销或其他原因而使应付账款无法清偿)	借:应付账款 　贷:营业外收入

【提示】实务中,企业外购电力、燃气等动力一般通过"应付账款"核算,相关账务处理如下。

(1)在每月付款时先作暂付款处理:

借:应付账款
　　应交税费——应交增值税(进项税额)
　贷:银行存款等

(2)月末按照外购动力的用途分配动力费时:

借:生产成本
　　制造费用
　　管理费用等
　贷:应付账款

【例题·单选题】下列各项中,企业流动负债金额减少的业务是(   )。

A.向购货方预收销售商品货款　　　　　　　　B.签发商业汇票抵付应付账款

C.转销确实无法支付的应付账款　　　　D.计提应缴纳的城市维护建设税

【答案】C

【解析】选项A，借记"银行存款"科目，贷记"预收账款"科目，流动负债增加；选项B，借记"应付账款"科目，贷记"应付票据"科目，流动负债不变；选项C，借记"应付账款"科目，贷记"营业外收入"科目，流动负债减少；选项D，借记"税金及附加"科目，贷记"应交税费——应交城市维护建设税"科目，流动负债增加。

三、预收账款★★★

（一）预收账款的概念

预收账款，是指企业按照合同规定预收的款项。与应付账款不同，预收账款所形成的负债不是以货币偿付，而是以货物偿付。

（二）预收账款的账务处理

1.科目设置

企业应通过"预收账款"科目核算预收账款的发生、偿付等情况，并按照客户设置明细科目进行明细核算。本科目的借方登记冲销的预收账款金额，贷方登记发生的预收账款金额，期末余额在借方表示企业尚未转销的款项，在贷方表示企业预收的款项。

【注意】预收货款业务不多的企业，可以不单独设置"预收账款"科目，将预收的款项直接记入"应收账款"科目的贷方。

2.账务处理

预收账款相关账务处理如表5-6所示。

表5-6　预收账款相关账务处理

类型	账务处理
预收款项	借：库存现金、银行存款 　　贷：预收账款（差额） 　　　　应交税费——应交增值税（销项税额）（涉及增值税的）
分期确认有关收入	借：预收账款 　　贷：主营业务收入、其他业务收入
收到客户补付款项	借：库存现金、银行存款 　　贷：预收账款 　　　　应交税费——应交增值税（销项税额）
退回客户多预付的款项	借：预收账款 　　贷：库存现金、银行存款 【提示】涉及增值税的，应进行相应的会计处理

【例题·单选题】预收账款情况不多的企业，可以不设"预收账款"科目，而将预收的款项直接记入（　　）科目。

A.应收账款　　　　　　　　　　　　B.预付账款

C. 其他应付款　　　　　　　　　　D. 应付账款

【答案】A

【解析】预收账款情况不多的企业，也可以将预收的款项直接记入"应收账款"科目的贷方，而不是"应付账款"科目的贷方。

四、合同负债★

合同负债，是指企业已收或应收客户对价而应向客户转让商品的义务。合同负债的具体账务处理详见本书第七章内容。

五、应付利息和应付股利★★★

（一）应付利息的概述

应付利息核算企业按照合同约定应支付的利息，包括预提短期借款利息、分期付息到期还本的长期借款、企业债券等应支付的利息。

（二）应付利息的账务处理

1. 科目设置

企业应当通过"应付利息"科目核算按照合同约定计算的应付利息的发生、支付等情况，并按照债权人设置明细科目进行明细核算。本科目借方登记实际支付的利息，贷方登记按照合同约定计算的应付利息，期末余额在贷方，反映企业应付未付的利息。

【注意】带息应付票据产生的利息不记入"应付利息"科目，记入"应付票据"科目。

2. 账务处理

应付利息的相关账务处理如表5-7所示。

表5-7　应付利息的相关账务处理

情况	账务处理
企业采用合同约定的利率计算确定利息费用时	按应付合同利息金额： 借：财务费用等 　　贷：应付利息
实际支付利息时	借：应付利息 　　贷：银行存款

（三）应付股利的概述

应付股利，是指企业根据股东大会或类似机构审议批准的利润分配方案确定分配给投资者的现金股利或利润。

（四）应付股利的账务处理

1. 科目设置

企业应通过"应付股利"科目核算企业确定或宣告发放但尚未实际支付的现金股利或利润，并按照投资者设置明细科目进行明细核算。本科目的借方登记企业实际支付的现金股利或利润,贷方登记应支付的现金股利或利润,期末余额在贷方,反映企业应付未付的现金股利或利润。

2.账务处理

应付股利账务处理具体内容如表5-8所示。

表5-8 应付股利账务处理

情况	账务处理
企业根据股东大会或类似机构审议批准的利润分配方案,确认应付给投资者的现金股利或利润时	借:利润分配——应付现金股利或利润 　　贷:应付股利
向投资者实际支付现金股利或利润时	借:应付股利 　　贷:银行存款等

【注意】企业董事会或类似机构通过的利润分配方案中拟分配的现金股利或利润,不需要进行账务处理,但应在附注中披露。企业分配的股票股利不通过"应付股利"科目核算。

【例题·多选题】下列各项中,关于"应付利息"科目表述正确的有（　　）。

A.企业开出银行承兑汇票支付银行手续费,应记入"应付利息"科目借方

B."应付利息"科目期末贷方余额反映企业应付未付的利息

C.按照短期借款合同约定计算的应付利息,应记入"应付利息"科目借方

D.企业支付已经预提的利息,应记入"应付利息"科目借方

【答案】BD

【解析】选项A,记入"财务费用"科目借方;选项C,应记入"应付利息"科目贷方。

六、其他应付款★★★

（一）其他应付款的管理

其他应付款,是指企业除应付票据、应付账款、预收账款、应付职工薪酬、应交税费、应付利息、应付股利等经营活动以外的其他各项应付、暂收的款项,如应付短期租赁固定资产租金、应付低价值资产租赁的租金、租入包装物租金、出租或出借包装物向客户收取的存入保证金等。

（二）其他应付款的账务处理

1.科目设置

企业应通过"其他应付款"科目核算其他应付款的增减变动及其结存情况,并按照其他应付款的项目和对方单位（或个人）设置明细科目进行明细核算。本科目的借方登记企业偿还或转销的各种应付、暂收款项,贷方登记企业发生的各种应付、暂收款项,期末余额在贷方,反映企业应付未付的其他应付款项。

2.账务处理

其他应付账款相关账务处理如表5-9所示。

表 5-9　其他应付款相关账务处理

类型	账务处理
企业发生其他各种应付、暂收款项时	借：管理费用等 　贷：其他应付款
支付或退回其他各种应付、暂收款项时	借：其他应付款 　贷：银行存款等

【例题·单选题】下列各项中，应通过"其他应付款"科目核算的是（　　）。
A. 应付供应商代垫的运杂费
B. 分配的现金股利
C. 确认的短期借款利息
D. 收到的存入保证金

【答案】D

【解析】应付供应商代垫的运杂费，通过"应付账款"科目核算；分配现金股利通过"应付股利"科目核算；确认的短期借款利息通过"应付利息"科目核算；收到的存入保证金则通过"其他应付款"科目核算。综上，选项 D 正确。

第三节　应付职工薪酬

一、职工薪酬的内容 ★

职工，是指与企业订立劳动合同的所有人员，含全职、兼职和临时职工，也包括虽未与企业订立劳动合同但由企业正式任命的企业治理层和管理层人员。未与企业订立劳动合同或未由企业正式任命，但向企业所提供的服务与职工所提供服务类似的人员，也属于职工的范畴，包括通过企业与劳务中介公司签订用工合同而向企业提供服务的人员。

职工薪酬，是指企业为获得职工提供的服务或解除劳动关系而给予的各种形式的报酬或补偿。其主要内容如表 5-10 所示。

表 5-10　职工薪酬的主要内容

短期职工薪酬	（1）职工工资、奖金、津贴和补贴等。 （2）职工福利费：企业为职工提供的除职工工资、奖金、津贴和补贴、职工教育经费、社会保险费及住房公积金等以外的福利待遇支出。例如，给职工提供的生活困难补助、丧葬补助费、职工异地安家费等职工福利支出。 （3）医疗保险、工伤保险费等社会保险费，企业按照国家规定的基准和比例计算，向社会保险经办机构缴纳的医疗保险费、工伤保险费。 （4）住房公积金，是指企业按照国家规定的基准和比例计算，向住房公积金管理机构缴存的住房公积金。 （5）工会经费和职工教育经费，企业为了改善职工文化生活、为职工学习先进技术和提高文化水平和业务素质，用于开展工会活动和职工教育及职业技能培训等相关支出。

（续表）

短期职工薪酬		（6）短期带薪缺勤，职工虽然缺勤但企业仍向其支付报酬的安排，包括年休假、病假、短期伤残、婚假、产假、丧假、探亲假等。 （7）短期利润分享计划，企业因职工提供服务而与职工达成的基于利润或其他经营成果提供薪酬的协议。 （8）其他短期薪酬，除上述薪酬以外的其他为获得职工提供的服务而给予的短期薪酬。 【提示】短期薪酬，是指企业在职工提供相关服务的年度报告期间结束后12个月内需要全部予以支付的职工薪酬，因解除与职工的劳动关系给予的补偿除外
长期职工薪酬	离职后福利	企业为获得职工提供的服务而在职工退休或与企业解除劳动关系后，为其提供的各种形式的报酬和福利，短期薪酬和辞退福利除外。 【提示】养老保险及失业保险归为此类
	辞退福利	企业在职工劳动合同到期之前解除与职工的劳动关系，或者为鼓励职工自愿接受裁减而给予职工的补偿
	其他长期职工福利	除短期薪酬、离职后福利、辞退福利之外所有的职工薪酬，包括长期带薪缺勤、长期残疾福利、长期利润分享计划等

二、应付职工薪酬的核算 ★★★

（一）科目设置

应付职工薪酬的核算内容如表5-11所示。

表5-11 应付职工薪酬的核算内容

科目	核算内容	借方登记	贷方登记	期末余额
应付职工薪酬	应付职工薪酬的计提、结算、使用等情况	实际发放的职工薪酬的数额，包括扣还的款项等	已分配计入有关成本费用项目的职工薪酬数额	贷方余额，反映企业应付未付的职工薪酬

"应付职工薪酬"科目应当按照"工资""职工福利费""非货币性福利""社会保险费""住房公积金""工会经费""职工教育经费""带薪缺勤""利润分享计划""设定提存计划""设定受益计划""辞退福利"等职工薪酬项目设置明细科目进行明细核算。

（二）账务处理

企业应当在职工为其提供服务的会计期间，将实际发生的职工薪酬确认为负债，并计入当期损益，其他会计准则要求或允许计入资产成本的除外。应付职工薪酬相关账务处理如表5-12所示。

表5-12 应付职工薪酬相关账务处理

计提应付职工薪酬时	借：生产成本（生产工人薪酬） 　　制造费用（生产车间管理人员薪酬） 　　管理费用（行政人员薪酬） 　　合同履约成本（提供劳务人员薪酬） 　　销售费用（销售人员薪酬） 　　研发支出（从事研发活动人员薪酬） 　　在建工程等（从事工程建设人员薪酬） 　贷：应付职工薪酬——工资
实际发放时	借：应付职工薪酬——工资 　贷：银行存款、库存现金等

【例题·多选题】下列各项中,应通过"应付职工薪酬"科目核算的有（　　）。

A. 因解除劳动关系而给予职工的现金补偿

B. 向职工提供的异地安家费

C. 按规定计提的职工教育经费

D. 支付给临时员工的工资

【答案】ABCD

【解析】应付职工薪酬包括短期职工薪酬和长期职工薪酬。短期薪酬包括：①职工工资、奖金、津贴和补贴（选项D）；②职工福利费（选项B）；③医疗保险费、工伤保险费等社会保险费；④住房公积金；⑤工会经费和职工教育经费（选项C）；⑥短期带薪缺勤；⑦短期利润分享计划；⑧其他短期薪酬。长期职工薪酬包括：离职后福利、辞退福利（选项A）和其他长期职工福利。

三、短期职工薪酬的账务处理★★★

1. 货币性职工薪酬

货币性职工薪酬的内容及账务处理如表5-13所示。

表5-13　货币性职工薪酬的内容及账务处理

货币性职工薪酬	职工工资、奖金、津贴和补贴	（1）企业应当在职工为其提供服务的会计期间，将实际发生的职工工资、奖金、津贴和补贴等根据受益对象计入相关成本或费用中，同时确认应付职工薪酬。 借：生产成本 　　制造费用 　　合同履约成本 　　管理费用等 　　　贷：应付职工薪酬——工资 企业按照有关规定向职工支付工资、奖金、津贴、补贴等： 借：应付职工薪酬——工资 　　　贷：银行存款、库存现金等 （2）企业从应付职工薪酬中扣还各种款项（代垫的家属药费、个人所得税等）。 借：应付职工薪酬 　　　贷：银行存款、库存现金 　　　　　其他应收款 　　　　　应交税费——应交个人所得税等
	职工福利费	企业应当在职工福利费实际发生时根据实际发生额，计入当期损益或相关资产成本，同时确认应付职工薪酬。 借：生产成本 　　制造费用 　　管理费用 　　销售费用等 　　　贷：应付职工薪酬——职工福利费

（续表）

货币性职工薪酬	国家规定计提标准的职工薪酬	（1）工会经费和职工教育经费（分别按每月全部职工工资总额的2%、8%计提），期末，企业根据规定的计提基础和比例计算确定应付工会经费、职工教育经费。 借：生产成本 　　制造费用 　　管理费用 　　销售费用 　　在建工程 　　研发支出等 　　贷：应付职工薪酬——工会经费 　　　　　　　　——职工教育经费 实际上缴或发生实际开支时： 借：应付职工薪酬——工会经费 　　　　　　　　——职工教育经费 　　贷：银行存款等 （2）社会保险费和住房公积金（企业承担的社会保险费，不含养老保险费和失业保险费；住房公积金包括职工所在单位为职工缴存和职工个人缴存两部分，但其全部属于职工个人所有）。期末，对于应缴纳的社会保险费和住房公积金，企业应按照规定的计提基础和比例，在职工提供服务期间根据受益对象计入当期损益或相关资产成本，并确认相应的应付职工薪酬金额。 借：生产成本 　　制造费用 　　管理费用 　　销售费用 　　在建工程 　　研发支出等 　　贷：应付职工薪酬——社会保险费、住房公积金 职工个人承担的社会保险费和住房公积金，由职工所在企业每月从其工资中代扣代缴： 借：应付职工薪酬——工资 　　贷：其他应付款——社会保险费（医疗保险）、住房公积金
	短期带薪缺勤	（1）累积带薪缺勤：带薪权利可结转下期的带薪缺勤，本期尚未用完的带薪缺勤权利可以在未来期间使用。企业应当在职工提供了服务从而增加了其未来享有的带薪缺勤权利时，确认与累积带薪缺勤相关的职工薪酬，并以累积未行使权利而增加的预期支付金额计量，确认累积带薪缺勤时： 借：管理费用等 　　贷：应付职工薪酬——带薪缺勤——短期带薪缺勤——累积带薪缺勤 （2）非累积带薪缺勤：带薪权利不能结转下期的带薪缺勤，本期尚未用完的带薪缺勤权利将被取消，并且职工离开企业时也无权获得现金支付。我国企业职工休婚假、产假、丧假、探亲假、病假期间的工资通常属于非累积带薪缺勤。由于职工提供服务本身不能增加其能够享受的福利金额，企业在职工未缺勤时不应当计提相关费用和负债

【提示】企业确认职工享有的与非累积带薪缺勤权利相关的薪酬，视同职工出勤确认的当期损益或相关资产成本。通常情况下，与非累积带薪缺勤相关的职工薪酬已经包括在企业每期向职工发放的工资等薪酬中，因此，不必额外作相应的账务处理。

2. 非货币性职工薪酬

非货币性职工薪酬的内容及账务处理如表 5-14 所示。

表 5-14　非货币性职工薪酬的内容及账务处理

企业以其自产产品作为非货币性福利发放给职工	根据受益对象，按照该产品的含税公允价值，计入相关资产成本或当期损益，同时确认应付职工薪酬。 计提时： 借：生产成本 　　制造费用 　　管理费用等 　　贷：应付职工薪酬——非货币性福利 发放时： 借：应付职工薪酬——非货币性福利 　　贷：主营业务收入 　　　　应交税费——应交增值税（销项税额） 同时结转成本： 借：主营业务成本 　　存货跌价准备 　　贷：库存商品
企业以外购的商品作为非货币性福利提供给职工	按照该商品的公允价值和相关税费确定职工薪酬的金额，并计入当期损益或相关资产成本。 外购商品时： 借：库存商品（含增值税） 　　贷：银行存款等 发放时： 借：应付职工薪酬——非货币性福利 　　贷：库存商品（含增值税） 同时： 借：管理费用等 　　贷：应付职工薪酬——非货币性福利 【提示1】外购商品用于职工福利，根据相关税法规定，其进项税额不得抵扣，所以应将其计入商品成本中。 【提示2】外购商品时没有明确意图作为非货币性福利提供给职工的，后期作为福利发放时要作进项税额转出

（续表）

企业将拥有的房屋等资产无偿提供给职工使用	根据受益对象，将该住房每期应计提的折旧计入相关资产成本或当期损益，同时确认应付职工薪酬。 计提时： 借：管理费用 　　生产成本 　　制造费用 　　贷：应付职工薪酬——非货币性福利 实际支付租金或计提折旧时： 借：应付职工薪酬——非货币性福利 　　贷：累计折旧
租赁住房等资产供职工无偿使用	根据受益对象，将每期应付的租金计入相关资产成本或当期损益，并确认应付职工薪酬。 借：管理费用 　　生产成本 　　制造费用 　　贷：应付职工薪酬——非货币性福利 实际支付租金时： 借：应付职工薪酬——非货币性福利 　　贷：银行存款

【例题·单选题】某企业将自产的 300 台空调作为福利发放给职工，每台成本为 0.18 万元，市场售价为 0.2 万元（不含增值税），该企业适用的增值税税率为 13%，假定不考虑其他因素，该企业由此而贷记"应付职工薪酬"科目的发生额为（　　）万元。

A.67.8　　　　　　　　　　　　B.61.02
C.54　　　　　　　　　　　　　D.60

【答案】A
【解析】应确认的应付职工薪酬 = 0.2×300+0.2×300×13% = 67.8（万元）。

四、长期职工薪酬的账务处理 ★★

长期职工薪酬的账务处理如表 5-15 所示。

表 5-15　长期职工薪酬账务处理

离职后福利	对于设定提存计划，企业应当根据在资产负债表日为换取职工在会计期间提供的服务而应向单独主体缴存的提存金，确认应付职工薪酬。 借：生产成本 　　制造费用 　　管理费用 　　销售费用 　　贷：应付职工薪酬——设定提存计划

（续表）

辞退福利	企业向职工提供辞退福利，应当在"企业不能单方面撤回因解除劳动关系或裁减所提供的辞退福利时"和"企业确认涉及支付辞退福利的重组相关的成本或费用时"两者孰早日，确认辞退福利产生的职工薪酬负债，并计入当期损益。 借：管理费用 　　贷：应付职工薪酬——辞退福利
其他长期职工福利	企业向职工提供的其他长期职工福利，符合设定提存计划条件的，应当按照设定提存计划的有关规定进行会计处理；符合设定受益计划条件的，应当按照设定受益计划的有关规定进行会计处理。 其他长期职工福利与职工提供服务期间长短有关的，企业应在职工提供服务的期间确认应付长期残疾福利义务，计量时应当考虑长期残疾福利支付的可能性和预期支付的期限；其他长期职工福利与职工提供服务期间长短无关的，企业应当在导致职工长期残疾的事件发生的当期确认应付长期残疾福利

【例题·判断题】长期残疾福利与职工提供服务期间长短无关的，企业应当在导致职工长期残疾的事件发生的当期确认应付长期残疾福利义务。（　）

【答案】√

【解析】题目所述内容正确。

【例题·单选题】企业为鼓励生产车间职工自愿接受裁减而给予的补偿，应该记入的科目是（　）。

A. 生产成本　　　　　　　　　　B. 制造费用
C. 财务费用　　　　　　　　　　D. 管理费用

【答案】D

【解析】企业为鼓励职工自愿接受裁减而给予的补偿，属于辞退福利，应该记入"管理费用"科目，因此选项D正确。

第四节　应交税费

一、应交税费概述★★

企业根据税法规定应交纳的各种税费包括增值税、消费税、城市维护建设税、教育费附加、资源税、土地增值税、企业所得税、房产税、车船税、城镇土地使用税、印花税、耕地占用税、契税、环境保护税、车辆购置税等。

企业应通过"应交税费"科目，核算各种税费的应交、交纳等情况，具体核算内容如表5-16所示。

表 5-16　应交税费的核算内容

科目	核算内容	借方登记	贷方登记	期末余额
应交税费	各种税费的应交、交纳等情况	实际交纳的税费	应交纳的各种税费	一般在贷方，反映企业尚未交纳的税费；如在借方，反映企业多交或尚未抵扣的税费

"应交税费"科目按应交税费项目设置明细科目，进行明细核算。

【提示】企业代扣代缴的个人所得税，通过"应交税费"科目核算；企业交纳的印花税、耕地占用税等不需要预计应交数的税金，不通过"应交税费"科目核算。

二、应交增值税★★★

（一）增值税概述

1.增值税征税范围和纳税义务人

增值税是以商品（含应税劳务、行为）在流转过程中实现的增值额作为计税依据而征收的一种流转税。按照我国现行增值税制度的规定，在我国境内销售货物、加工修理修配劳务、服务、无形资产和不动产以及进口货物的企业、单位和个人为增值税的纳税人，具体分类如表 5-17 所示。

表 5-17　增值税纳税人的分类

根据经营规模大小及会计核算水平健全程度对增值税纳税人分类	一般纳税人
	小规模纳税人
年应税销售额超过财政部、国家税务总局规定标准的增值税纳税人	一般纳税人
年应税销售额未超过规定标准，并且会计核算不健全，不能够提供准确税务资料的增值税纳税人	小规模纳税人

【提示】"服务"，是指提供交通运输服务、建筑服务、邮政服务、电信服务、金融服务、现代服务、生活服务等。

2.增值税税率

增值税实行比例税率，绝大多数一般纳税人适用基本税率、低税率或零税率；小规模纳税人和采用简易办法征税的一般纳税人，适用征收率。增值税税率与征收率如表 5-18 所示。

表 5-18　增值税税率与征收率

基本税率	13%	（1）销售或进口有形动产（适用 9% 税率的四类除外）。 （2）加工修理修配劳务。 （3）有形动产租赁服务
低税率	9%	基本温饱、精神文明、农业生产、生活用能源 交通运输、邮政、建筑、基础电信、不动产租赁、销售不动产、转让土地使用权
	6%	增值电信、金融、现代服务、生活服务、销售土地使用权以外的无形资产
零税率	0	（1）"出口"货物（国务院另有规定的除外）。 （2）提供"国际运输服务、向境外单位的研发和设计服务"（相当于出口）
征收率	3%	小规模纳税人一律采用简易计税方法计税，一般纳税人提供的特定应税服务可以选择使用简易计税方法，一般情况下征收率为 3%
	5%	

3. 增值税的计税方法

增值税的计税方法分为一般计税方法和简易计税方法，具体如表 5-19 所示。

表 5-19 一般计税方法与简易计税方法

方法	公式	相关概念
一般计税方法	应纳税额 = 当期销项税额 − 当期进项税额 销项税额 = 销售额 × 增值税税率	销售额 = 纳税人销售货物、加工修理修配劳务、服务、无形资产和不动产向购买方收取的全部价款 + 价外费用
简易计税方法	应纳税额 = 销售额 × 征收率 销售额 = 含税销售额 ÷（1 + 征收率）	增值税的简易计税方法是按照销售额与征收率的乘积计算应纳税额，不得抵扣进项税额

进项税额准予从销项税额中抵扣的情形如表 5-20 所示。

表 5-20 进项税额准予从销项税额中抵扣的情形

情形	下列进项税额准予从销项税额中抵扣
情形一	从销售方取得的增值税专用发票（含《机动车销售统一发票》，下同）上注明的增值税税额
情形二	从海关取得的海关进口增值税专用缴款书上注明的增值税税额
情形三	购进农产品，除取得增值税专用发票或者海关进口增值税专用缴款书外，按照农产品收购发票或者销售发票上注明的农产品买价和 9% 的扣除率计算的进项税额；如用于生产销售或委托加工税率为 13% 的产品，按照农产品收购发票或者销售发票上注明的农产品买价和 10% 的扣除率计算的进项税额
情形四	从境外单位或者个人购进服务、无形资产或者不动产，自税务机关或者扣缴义务人取得的解缴税款的完税凭证上注明的增值税额
情形五	一般纳税人支付的道路通行费，取得的收费公路通行费增值税电子普通发票上注明的增值税税额

【提示】当期销项税额小于当期进项税额不足抵扣时，其不足部分可以结转下期继续抵扣

（二）一般纳税人的账务处理

1. 核算增值税的会计科目

为了核算企业应交增值税的发生、抵扣、交纳、退税及转出等情况，增值税一般纳税人应当在"应交税费"科目下设置"应交增值税""未交增值税""预交增值税""待抵扣进项税额""待认证进项税额""待转销项税额""增值税留抵税额""简易计税""转让金融商品应交增值税""代扣代交增值税"等明细科目。应交税费明细科目的核算内容如表 5-21 所示、"应交税费——应交增值税"的明细科目分类如表 5-22 所示。

表 5-21 应交税费明细科目的核算内容

明细科目	核算内容	下设专栏	内容
应交增值税	一般纳税人进项税额、销项税额抵减、已交税金、转出未交增值税、减免税款、出口抵减内销产品应纳税额、销项税额、出口退税、进项税额转出、转出多交增值税等	进项税额	一般纳税人购进货物、加工修理修配劳务、服务、无形资产或不动产而支付或负担的、准予从当期销项税额中抵扣的增值税额
		销项税额抵减	一般纳税人按照现行增值税制度规定因扣减销售额而减少的销项税额
		已交税金	一般纳税人当月已交纳的应交增值税额
		转出未交增值税	分别记录一般纳税人月度终了转出当月应交未交或多交的增值税额
		转出多交增值税	
		减免税款	一般纳税人按现行增值税制度规定准予减免的增值税额
		出口抵减内销产品应纳税额	实行"免、抵、退"办法的一般纳税人按规定计算的出口货物的进项税抵减内销产品的应纳税额
		销项税额	一般纳税人销售货物、加工修理修配劳务、服务、无形资产或不动产应收取的增值税额
		出口退税	一般纳税人出口货物、加工修理修配劳务、服务、无形资产按规定退回的增值税额
		进项税额转出	一般纳税人购进货物、加工修理修配劳务、服务、无形资产或不动产等发生非正常损失以及其他原因而不应从销项税额中抵扣、按规定转出的进项税额
未交增值税	一般纳税人月度终了从"应交增值税"或"预交增值税"明细科目转入当月应交未交、多交或预交的增值税额,以及当月交纳以前期间未交的增值税额		
预交增值税	一般纳税人转让不动产、提供不动产经营租赁服务、提供建筑服务、采用预收款方式销售自行开发的房地产项目等,以及其他按现行增值税制度规定应预交的增值税额		
待抵扣进项税额	一般纳税人已取得增值税扣税凭证并经税务机关认证,按照现行增值税制度规定准予以后期间从销项税额中抵扣的进项税额		
待认证进项税额	核算一般纳税人由于未取得增值税扣税凭证或未经税务机关认证而不得从当期销项税额中抵扣的进项税额		
待转销项税额	核算一般纳税人销售货物、加工修理修配劳务服务、无形资产或不动产,已确认相关收入(或利得)但尚未发生增值税纳税义务而于以后期间确认为销项税额的增值税额		
简易计税	核算一般纳税人采用简易计税方法发生的增值税计提、扣减、预缴、缴纳等业务		
转让金融商品应交增值税	核算增值税纳税人转让金融商品发生的增值税额		
代扣代交增值税	核算纳税人购进在境内未设经营机构的境外单位或个人在境内的应税行为代扣代缴的增值税		

表 5-22　"应交税费——应交增值税"的明细科目分类

借方专栏	贷方专栏
（1）进项税额	（1）销项税额
（2）已交税金	（2）进项税额转出
（3）减免税款	（3）出口退税
（4）出口抵减内销产品应纳税额	（4）转出多交增值税
（5）销项税额抵减	—
（6）转出未交增值税	—

2.取得资产、接受劳务或服务

（1）一般纳税人购进货物、加工修理修配劳务、服务、无形资产或者不动产根据增值税专用发票上注明的增值税税额记入"应交税费——应交增值税（进项税额）"科目，相关账务处理如表 5-23 所示。

表 5-23　一般纳税人取得资产、接受劳务或服务的账务处理

基本账务处理	借：材料采购 　　原材料 　　固定资产等 　　应交税费——应交增值税（进项税额） 贷：银行存款等

【提示 1】企业购入不动产支付的增值税，记入"应交税费——应交增值税（进项税额）"科目，在购置当期全部一次性扣除。

【提示 2】对于购入的免税农产品可以按收购金额的一定扣除率（9%或10%）计算进项税额，并准予从销项税额中抵扣。

【提示 3】企业购进货物以及在生产经营过程中支付的运费，按照取得增值税专用发票注明的税额作为进项税额。

【提示 4】购进货物或接受劳务即能认定进项税额不能抵扣的，直接将增值税专用发票上注明的增值税税额计入购入货物或接受劳务的成本。

（2）货物等已验收入库但尚未取得增值税扣税凭证。企业购进的货物等已到达并验收入库，但尚未收到增值税扣税凭证并未付款，企业应在月末按货物清单或相关合同协议上的价格暂估入账，不需要将增值税的进项税额暂估入账。下月初，用红字冲销原暂估入账金额。待取得相关增值税扣税凭证并经认证后，按应计入相关成本费用或资产的金额进行账务处理，具体如表 5-24 所示。

表 5-24　货到票未到的相关账务处理

情形	账务处理
月末暂估入账	借：原材料、库存商品、固定资产等 贷：应付账款——暂估应付账款

（续表）

情形	账务处理
下月以红字冲回	借：原材料、库存商品、固定资产等（红字） 　贷：应付账款——暂估应付账款（红字）
取得相关增值税扣税凭证并经认证后	借：原材料、库存商品、固定资产等 　　应交税费——应交增值税（进项税额） 　贷：银行存款等

（3）进项税额转出。企业已单独确认进项税额的购进货物由于管理不善造成的非正常损失，以及将购进货物、加工修理修配劳务或服务、无形资产或不动产改变用途（如用于简易计税项目、免税项目、集体福利或个人消费等），其进项税额不能再抵扣，转入"应交税费——应交增值税（进项税额转出）"账户，具体账务处理如表5-25所示。

表5-25 进项税额转出的账务处理

基本账务处理	借：待处理财产损溢、应付职工薪酬、固定资产、无形资产等 　贷：原材料等 　　　应交税费——应交增值税（进项税额转出）

【提示】非正常损失，是指因管理不善造成货物被盗、丢失、霉烂变质，以及被执法部门依法没收或者强令自行销毁的货物。

3. 销售等业务的账务处理

（1）企业销售货物、提供加工修理修配劳务、销售服务、无形资产或不动产时，按照不含税收入和增值税税率计算确认"应交税费——应交增值税（销项税额）"。

【提示】发生销售退回的，应根据开具的红字增值税专用发票编制相反的会计分录。按国家统一的会计制度确认收入或利得确认时点早于增值税纳税义务发生时点的，应将相关销项税额记入"应交税费——待转销项税额"账户，待实际发生纳税义务时再转入"应交税费——应交增值税（销项税额）"等账户。

（2）视同销售。企业将自产或委托加工的货物用于集体福利或个人消费、作为投资提供给其他单位或个体工商户、分配给股东或投资者、对外捐赠等，税法上视为视同销售行为，应计算确认增值税销项税额。视同销售的类型及账务处理的具体内容如表5-26所示。

表5-26 视同销售的类型及账务处理

集体福利	借：应付职工薪酬 　贷：主营业务收入等 　　　应交税费——应交增值税（销项税额） 同时： 借：主营业务成本等 　贷：库存商品

（续表）

对外投资	借：长期股权投资等 　　贷：主营业务收入等 　　　　应交税费——应交增值税（销项税额） 同时： 借：主营业务成本等 　　贷：库存商品
（以实物）支付 （分配）股利	借：应付股利 　　贷：主营业务收入等 　　　　应交税费——应交增值税（销项税额） 同时： 借：主营业务成本等 　　贷：库存商品
对外捐赠	借：营业外支出 　　贷：库存商品（成本价） 　　　　应交税费——应交增值税（销项税额）（计税价或公允价 × 税率）

【提示】如果企业销售货物或者提供应税劳务采用销售额和销项税额合并定价方法，企业应先按公式"**不含税销售额 = 含税销售额 ÷（1 + 税率）**"将含税销售额还原为不含税销售额，再按不含税销售额计算销项税额。

4. 交纳增值税

企业交纳当月应交的增值税，通过"应交税费——应交增值税（已交税金）"科目核算，具体账务处理如表 5-27 所示。

表 5-27　交纳增值税的账务处理

交纳当月应交增值税	借：应交税费——应交增值税（已交税金） 　　贷：银行存款
交纳以前期间未交增值税	借：应交税费——未交增值税 　　贷：银行存款

5. 月末转出多交增值税和未交增值税

月度终了，企业应当将当月应交未交或多交的增值税自"应交增值税"明细科目转入"未交增值税"明细科目，具体账务处理如表 5-28 所示。

表 5-28　月末转出多交增值税和未交增值税的账务处理

当月应交未交的增值税	借：应交税费——应交增值税（转出未交增值税） 　　贷：应交税费——未交增值税
当月多交的增值税	借：应交税费——未交增值税 　　贷：应交税费——应交增值税（转出多交增值税）

【提示】

（1）"应交税费——应交增值税"月末无贷方余额。

（2）"应交税费——应交增值税"月末借方余额代表留抵税额。

（3）"应交税费——未交增值税"贷方余额代表期末结转下期应交的增值税。

（4）"应交税费——未交增值税"借方余额代表多交或预交的增值税。

（三）小规模纳税人的账务处理

小规模纳税人购买物资、服务、无形资产或不动产，取得增值税专用发票上注明的增值税应计入相关成本费用或资产，不享有进项税额的抵扣权，不需要在"应交税费——应交增值税"账户下设专栏。小规模纳税人"应交税费——应交增值税"的具体核算内容如表5-29所示。

表5-29 "应交税费——应交增值税"的核算内容

科目	借方登记	贷方登记	期末余额	
应交税费——应交增值税	已交纳的增值税	应交纳的增值税	借方余额，反映小规模纳税人多交纳的增值税	贷方余额，反映小规模纳税人尚未交纳的增值税

小规模纳税人应当按照不含税销售额和规定的增值税征收率计算交纳增值税，不得开具增值税专用发票。

不含税销售额 = 含税销售额 ÷ （1 + 征收率）

应纳税额 = 不含税销售额 × 征收率

小规模纳税人购进货物、服务、无形资产或不动产，按照应付或实际支付的全部款项（包括支付的增值税额）：

借：材料采购、在途物资、原材料、库存商品等
　　贷：应付账款、应付票据、银行存款等

销售货物、服务、无形资产或不动产：

借：银行存款（按实际收取的价款）
　　贷：主营业务收入（按不含税的销售额）
　　　　应交税费——应交增值税（按应交增值税额）

（四）差额征税的账务处理

企业对发生的金融商品转让、经纪代理服务、融资租赁和融资性售后回租业务、一般纳税人提供客运场站服务、纳税人提供旅游服务、选择简易计税方法提供建筑服务等业务，无法通过抵扣避免重复征税的，应采用差额征税方式计算交纳增值税。

1.企业按规定相关成本费用允许扣减销售额的账务处理

允许扣减销售额的账务处理如表5-30所示。

表5-30 允许扣减销售额的账务处理

情形	账务处理
发生费用支出时	借：主营业务成本等 　　贷：银行存款、应付票据、应付账款等

（续表）

情形	账务处理
根据增值税扣税凭证抵减销项税额时	借：应交税费——应交增值税（销项税额抵减）【一般纳税人】 　　　　　　——简易计税【简易计税】 　　　　　　——应交增值税【小规模纳税人】 　贷：主营业务成本等

2.企业转让金融商品按规定以盈亏相抵后的余额作为销售额

按现行增值税制度规定，企业实际转让金融商品，月末相关情况账务处理如表5-31所示。

表5-31　转让金融商品的相关账务处理

情形	账务处理
产生转让收益，则按应纳税额	借：投资收益 　贷：应交税费——转让金融商品应交增值税
产生转让损失，则按可结转下月抵扣税额	借：应交税费——转让金融商品应交增值税 　贷：投资收益
交纳增值税时	借：应交税费——转让金融商品应交增值税 　贷：银行存款
年末"应交税费——转让金融商品应交增值税"账户如有借方余额	借：投资收益 　贷：应交税费——转让金融商品应交增值税

（五）增值税税控系统专用设备和技术维护费用抵减增值税额的账务处理

增值税一般纳税人初次购买增值税税控系统专用设备的账务处理如表5-32所示。

表5-32　增值税一般纳税人初次购买增值税税控系统专用设备的账务处理

情形	账务处理
购入时	借：固定资产（设备） 　　管理费用（维护费） 　贷：银行存款 　　　应付账款等
按规定抵减的增值税应纳税额	借：应交税费——应交增值税（减免税款）【一般纳税人】 　　　　　　——应交增值税【小规模纳税人】 　贷：管理费用等

小微企业在取得销售收入时，应当按照现行增值税制度的规定计算应交增值税，并确认为应交税费，在达到增值税制度规定的免征增值税条件时，将有关应交增值税转入当期损益。

【例题·单选题】下列税金中，不应计入存货成本的是（　　）。

A.一般纳税人进口原材料支付的关税

B.一般纳税人购进原材料支付的增值税

C.小规模纳税人购进原材料支付的增值税

D.一般纳税人进口应税消费品支付的消费税

【答案】B

【解析】一般纳税人购进原材料支付的增值税记入"应交税费——应交增值税（进项税额）"科目的借方。

三、应交消费税★★★

（一）应交消费税概述

消费税，是指在我国境内生产、委托加工和进口应税消费品的单位和个人，按其流转额交纳的一种税。消费税纳税人及计税方法如表5-33所示。

表5-33 消费税纳税人及计税方法

消费税纳税人	在我国境内生产、委托加工和进口应征消费税的消费品的单位和个人	
计税方法	从价定率	应纳税额 = 不含增值税的销售额 × 比例税率
	从量定额	应纳税额 = 应税消费品的数量 × 定额税率
	从价定率和从量定额复合计税	应纳税额 = 从价 + 从量

【提示】消费税是含在销售收入中的税款，所以称为"价内税"，价内税的特点是它会影响企业当期的损益。

（二）应交消费税的账务处理

企业应在"应交税费"科目下设置"应交消费税"明细科目，核算其发生、交纳情况，具体明细科目及核算内容如表5-34所示。

表5-34 "应交消费税"明细科目及核算内容

一级科目		应交税费
明细科目		应交消费税
核算内容		核算应交消费税的发生、交纳情况
借方登记		已交纳的消费税
贷方登记		应交纳的消费税
期末余额	借方余额	反映企业多交纳的消费税
	贷方余额	反映企业尚未交纳的消费税

1. 销售应税消费品

企业将生产的应税消费品直接对外销售的，其应交纳的消费税，通过"税金及附加"科目核算。具体账务处理如下：

借：税金及附加
　　贷：应交税费——应交消费税

2. 自产自用应税消费品

企业将生产的应税消费品用于在建工程等非生产机构时，其应交纳的消费税，通过"在建工

程"科目核算,具体账务处理如下:

借:在建工程
　　贷:应交税费——应交消费税

3.委托加工应税消费品

企业如有应交消费税的委托加工物资,一般应由受托方代收代缴消费税,具体账务处理如下。

(1)收回后直接用于销售的:

借:委托加工物资
　　贷:应付账款、银行存款等

(2)收回后用于连续生产应税消费品的:

借:应交税费——应交消费税
　　贷:应付账款、银行存款等

【提示】待用委托加工的应税消费品生产出应纳消费税的产品销售时,再交纳消费税。

4.进口应税消费品

企业进口应税物资交纳的消费税由海关代征。应交的消费税按照组成计税价格和规定的税率计算,消费税计入该项物资成本。具体账务处理如下:

借:在途物资、材料采购、原材料、库存商品
　　贷:银行存款等

【例题·单选题】企业销售商品交纳的下列各项税费中,不通过"税金及附加"科目核算的是(　)。

A.委托加工环节由受托方代收代缴的消费税

B.车船税

C.印花税

D.城市维护建设税

【答案】A

【解析】选项A,委托加工环节由受托方代收代缴的消费税,计入委托加工物资成本或者记入"应交税费——应交消费税"科目的借方。

四、其他应交税费★★★

(一)其他应交税费概述

其他应交税费,是指除上述应交税费以外的其他各种应上交国家的税费,包括资源税、城市维护建设税、土地增值税、所得税、房产税、土地使用税、车船税、教育费附加、环境保护税、个人所得税等,具体核算内容如表5-35所示。

表 5-35　其他应交税费的核算内容

科目	借方登记	贷方登记	期末余额
"应交税费"科目下设置相应的明细科目	已交纳的有关税费	应交纳的有关税费	贷方余额，反映企业尚未交纳的有关税费

（二）应交资源税的账务处理

资源税是对在我国境内开采矿产品或者生产盐的单位和个人征收的税。应交资源税的相关账务处理如表 5-36 所示。

表 5-36　应交资源税的相关账务处理

对外销售应税产品	借：税金及附加 　贷：应交税费——应交资源税
自产自用应税产品	借：生产成本 　　制造费用等 　贷：应交税费——应交资源税

（三）应交城市维护建设税的账务处理

城市维护建设税是以增值税和消费税为计税依据征收的一种税。

其纳税人为交纳增值税和消费税的单位和个人，以纳税人实际缴纳的增值税和消费税税额为计税依据，并分别与两项税金同时缴纳。城市维护建设税计算及交纳的账务处理具体如表 5-37 所示。

表 5-37　城市维护建设税计算及交纳的账务处理

企业按规定计算出应交纳的城市维护建设税	借：税金及附加 　贷：应交税费——应交城市维护建设税
交纳城市维护建设税	借：应交税费——应交城市维护建设税 　贷：银行存款

税率因纳税人所在地不同从 1% ~ 7% 不等。应纳税额计算公式如下：

应纳税额 =（实际交纳的增值税 + 实际交纳的消费税）× 适用税率

（四）应交教育费附加的账务处理

教育费附加，是指为了加快发展地方教育事业，扩大地方教育经费资金来源而向企业征收的附加费用。教育费附加以各单位实际缴纳的增值税、消费税的税额为计征依据，按其一定比例分别与增值税、消费税同时缴纳。教育费附加计算及交纳的账务处理如表 5-38 所示。

表 5-38　教育费附加计算及交纳的账务处理

企业按规定计算出应交纳的教育费附加	借：税金及附加 　贷：应交税费——应交教育费附加
交纳教育费附加	借：应交税费——应交教育费附加 　贷：银行存款

（五）应交土地增值税的账务处理

土地增值税，是指在我国境内有偿转让土地使用权及地上建筑物和其他附着物产权的单位和个人就其土地增值额征收的一种税。土地增值额，是指转让收入减去税法规定扣除项目金额后的余额。

【提示】土地增值税采用四级超率累进税率，其中最低税率为30%，最高税率为60%。土地增值税按照转让房地产所取得的增值额和规定的税率计算征收。

增值额 = 转让收入 − 税法规定扣除的项目

应纳税额 = 增值额 × 适用税率 − 扣除项目金额 × 速算扣除系数

【提示1】转让收入包括货币收入、实物收入和其他收入。

【提示2】扣除项目主要包括取得土地使用权所支付的金额、开发土地的成本及费用、新建房及配套设施的成本及费用、与转让房地产有关的税金、旧房及建筑物的评估价格、财政部确定的其他扣除项目等。

土地增值税的账务处理因企业对房地产核算方法不同而不同，具体账务处理如表5-39所示。

表5-39 土地增值税的账务处理

情形	账务处理
转让的土地使用权连同地上建筑物及其附着物一并在"固定资产"科目核算	借：固定资产清理 　　贷：应交税费——应交土地增值税
转让的土地使用权在"无形资产"科目核算	借：银行存款 　　累计摊销 　　无形资产减值准备 　　贷：应交税费——应交土地增值税 　　　　无形资产 　　　　资产处置损益（或借方）
房地产开发经营企业销售房地产应交纳土地增值税	借：税金及附加 　　贷：应交税费——应交土地增值税
交纳土地增值税	借：应交税费——应交土地增值税 　　贷：银行存款

（六）应交房产税、城镇土地使用税和车船税的账务处理

1. 房产税

房产税，是国家对在城市、县城、建制镇和工矿区征收的由产权所有人缴纳的一种税，属于财产税性质的税种。

房产税依照房产原值一次减除10%~30%后的余额计算交纳。房产税根据计税依据不同，计算公式也不同，具体如表5-40所示。

表5-40 房产税的计税依据及计算公式

计税依据	计算公式
房产税原值	应纳税额 = 房产余值 × 税率 【提示】没有房产原值作为依据的，由房产所在地税务机关参考同类房产核定

(续表)

计税依据	计算公式
房产租金收入	应纳税额 = 房产租金收入 × 税率

2. 城镇土地使用税

城镇土地使用税，是以国有土地或集体土地为征税对象，对拥有土地使用权的单位和个人征收的一种税。在城市、县城、建制镇、工矿区范围内使用土地的单位和个人，为城镇土地使用税的纳税人。

城镇土地使用税以纳税人实际占用的土地面积为计税依据，并按规定税额计算征收。

应纳税额 = 单位税额 × 实际占用土地面积

3. 车船税

车船税，是指在中华人民共和国境内的车辆、船舶的所有人或者管理人按照中华人民共和国车船税法应缴纳的一种税。

4. 相关会计分录

借：税金及附加
　　贷：应交税费——应交房产税
　　　　　　　　——应交城镇土地使用税
　　　　　　　　——应交车船税

【提示】

进项税额转出和视同销售的区分具体如表 5-41 所示。

表 5-41　进项税额转出和视同销售的区分

情况	自产产品	外购原材料
在建工程	不视同销售 不确认收入、成本	不需进项税额转出
集体福利、个人消费	视同销售 确认收入、成本	进项税额转出
对外投资	视同销售 确认收入、成本	视同销售
分配股东	视同销售 确认收入、成本	视同销售
赠送他人	视同销售 不确认收入、只结转成本	视同销售
非正常损失	进项税额转出	进项税额转出

应交税费具体税种（费）及账务处理如表 5-42 所示。

表 5-42　应交税费具体税种（费）及账务处理

应交增值税（一般纳税人）	购进农产品：用于生产税率为 9% 的产品，抵扣 9%；用于生产税率为 13% 的产品，抵扣 10%（计算抵扣）
	进项税额转出： （1）原材料非生产的自用（集体福利 100%）； （2）原材料或库存商品非正常（管理不善）的损失
应交增值税（一般纳税人）	视同销售的情形： （1）自产产品用于集体福利、个人消费； （2）将原材料或产品作为投资、分配给股东、赠送他人
应交增值税（小规模纳税人）	进项税额不能抵扣（只能计入存货或固定资产成本），应纳税额按照 3% 的征收率计算 不含税销售额 = 含税销售额 ÷（1 + 征收率 3%） 应纳增值税 = 不含税销售额 × 征收率 3%
应交消费税	借：税金及附加（销售应税消费品） 　　在建工程（消费品用于自建工程） 　　应付职工薪酬（消费品用于职工福利） 　　库存商品（进口消费品） 　贷：应交税费——应交消费税 委托加工应税消费品： 借：应交税费——应交消费税（收回后继续加工） 　　委托加工物资（收回后直接销售） 　贷：银行存款
应交增值税	转让无形资产应交的增值税： 借：银行存款 　　累计摊销 　　无形资产减值准备 　贷：无形资产 　　　应交税费——应交增值税（销项税额） 　　　资产处置损益（或借方）
资源税	借：税金及附加（对外销售） 　　原材料（收购未税矿产品代扣代缴的资源税） 　　生产成本、制造费用等（自产自用的应税产品应交纳的资源税） 　贷：应交税费——应交资源税
城市维护建设税、教育费附加	应纳税额 =（应交增值税 + 应交消费税）× 适用税率 借：税金及附加 　贷：应交税费——应交城市维护建设税、教育费附加
土地增值税	借：固定资产清理 　　税金及附加（房地产开发经营企业销售房地产） 　贷：应交税费——应交土地增值税 【提示】固定资产清理转入资产处置损益
房产税	借：税金及附加 　贷：应交税费——应交房产税

（续表）

城镇土地使用税	借：税金及附加 　　贷：应交税费——应交城镇土地使用税
车船税	借：税金及附加 　　贷：应交税费——应交车船税
企业所得税	借：所得税费用 　　贷：应交税费——应交所得税
印花税	借：税金及附加 　　贷：银行存款

【提示】印花税、耕地占用税、车辆购置税、契税不通过应交税费核算。

第五节　非流动负债

一、长期借款★★

（一）长期借款的概念

长期借款是向银行或其他金融机构借入的期限在1年以上（不含1年）的各种借款，一般用于固定资产的购建、改扩建工程、大修理工程、对外投资以及为了保持长期经营能力等方面。

（二）长期借款的账务处理

（1）企业应通过"长期借款"科目，核算长期借款的借入、归还等情况。

（2）本科目按照贷款单位和贷款种类设置明细账，分"本金""利息调整"等进行明细核算。

（3）本科目贷方登记长期借款本息增加额，借方登记本息减少额，期末贷方余额反映企业尚未偿还的长期借款。具体的账务处理如表5-43所示。

表5-43　长期借款相关账务处理

情形	账务处理
取得长期借款	借：银行存款 　　长期借款——利息调整（差额） 　　贷：长期借款——本金

（续表）

情形	账务处理
发生长期借款利息	（1）属于筹建期间的： 借：管理费用 　　贷：应付利息（分期付息） 　　　　长期借款——应计利息（到期一次还本付息） （2）属于生产经营期间的： 借：财务费用 　　贷：应付利息（分期付息） 　　　　长期借款——应计利息（到期一次还本付息） （3）用于购建固定资产等符合资本化条件的： ①在资产尚未达到预定可使用状态前： 借：在建工程、制造费用、研发支出等 　　贷：应付利息（分期付息） 　　　　长期借款——应计利息（到期一次还本付息） ②资产达到预定可使用状态后，以及按规定不予资本化的利息支出： 借：财务费用 　　贷：应付利息（分期付息） 　　　　长期借款——应计利息（到期一次还本付息）
归还长期借款	（1）归还本金： 借：长期借款——本金 　　贷：银行存款 （2）归还利息： 借：应付利息（分期付息） 　　长期借款——应计利息（到期一次还本付息） 　　贷：银行存款

【提示】长期借款利息费用应当在资产负债表日按照实际利率法计算确定，实际利率与合同利率差异较小的，也可以采用合同利率计算确定利息费用。

案例分析

【5-1】甲公司为增值税一般纳税人，于2022年1月1日从银行借入资金1 500 000元，借款期限为4年，年利率为5%，每年12月31日支付当年利息，最后一期付息时归还本金。所借款项已存入银行。甲公司用该借款于当日购入不需安装的生产线一套，价款1 000 000元，增值税税额为130 000元，设备已于当日投入使用。甲公司的账务处理如下。

（1）取得借款时：
借：银行存款　　　　　　　　　　　　　　　　　　　　　　　　　1 500 000
　　贷：长期借款——本金　　　　　　　　　　　　　　　　　　　　1 500 000
（2）支付生产线款项时：
借：固定资产　　　　　　　　　　　　　　　　　　　　　　　　　1 000 000

　　　　应交税费——应交增值税（进项税额）　　　　　　　130 000
　　　　　贷：银行存款　　　　　　　　　　　　　　　　　　1 130 000
（3）2022年—2025年，每年12月31日计提及支付长期借款利息时：
　　　　借：财务费用　　　　　　　　　　　　　　　　　　　75 000
　　　　　贷：应付利息　　　　　　　　　　　　（1 500 000×5%）75 000
　　　　借：应付利息　　　　　　　　　　　　　　　　　　　75 000
　　　　　贷：银行存款　　　　　　　　　　　　　　　　　　　75 000
（4）2025年12月31日偿还本金时：
　　　　借：长期借款——本金　　　　　　　　　　　　　　1 500 000
　　　　　贷：银行存款　　　　　　　　　　　　　　　　　1 500 000

二、应付债券★

（一）债券的发行

应付债券是指企业为筹集长期资金而发行的、期限在1年以上的债券，属于企业的一项非流动负债。债券发行有面值（按票面金额）发行、溢价（高于票面金额）发行和折价（低于票面金额）发行三种情形。

【提示】债券溢价或折价不是债券发行企业的收益或损失，而是发行债券企业在债券存续期内对利息费用的一种调整。

（二）应付债券的账务处理

1. 科目设置

（1）企业应设置"应付债券"科目核算其发行、计提利息、还本付息等情况。

（2）该科目按照"面值""利息调整""应计利息"等设置明细科目进行明细核算。

（3）该科目贷方登记应付债券的本金和利息；借方登记归还的债券本金和利息；期末贷方余额表示企业尚未偿还的长期债券。

2. 账务处理

应付债券相关账务处理具体如表5-44所示。

表5-44　应付债券的账务处理

业务情形	账务处理
发行债券	借：银行存款/库存现金等（实际收到的金额） 　贷：应付债券——面值（债券票面价值） 　　　　　　——利息调整（差额，或借方）

（续表）

业务情形	账务处理
计提利息（实际利率法）	借：在建工程 　　财务费用 　　制造费用 　　研发支出等　　（期初摊余成本 × 实际利率） 　　应付债券——利息调整（差额，或贷方） 贷：应付利息（分期付息、到期一次还本） 　　应付债券——应计利息（一次还本付息）　（面值 × 票面利率）
支付利息（分期付息、到期一次还本的债券）	借：应付利息 　　贷：银行存款
到期偿还债券	①分期付息、到期一次还本的长期债券（偿还本金并支付最后一期利息）： 借：应付债券——面值 　　在建工程 　　财务费用等 　　应付债券——利息调整（差额，或贷方） 贷：银行存款等 ②到期一次还本付息的长期债券（支付债券本息）： 借：应付债券——面值 　　　　　　——应计利息 贷：银行存款等

【例题·判断题】企业发行债券按实际收到的金额记入"银行存款"科目，按债券票面金额记入"应付债券——面值"科目，两者的差额记入"应付债券——利息调整"科目。（　　）

【答案】√

【解析】题目所述内容正确。

三、长期应付款★

（一）长期应付款的概念

长期应付款，是指企业除长期借款和应付债券以外的其他各种长期应付款项，如以分期付款方式购入固定资产发生的应付款项等。

（二）长期应付款的账务处理

1. 科目设置

企业应通过"长期应付款"科目，核算企业应付的款项及偿还情况。本科目贷方登记发生的长期应付款，借方登记偿还的应付款项，期末贷方余额反映企业尚未偿还的长期应付款。本科目可按长期应付款的种类和债权人设置明细科目进行核算。

2. 账务处理

企业购买资产有可能延期支付有关价款。如果延期支付的购买价款超过正常信用条件，实质上具有融资性质的，所购资产的成本应当以延期支付购买价款的现值之和为基础确定。实际支付的价款与购买价款的现值之间的差额，应当在信用期间内采用实际利率法进行摊销，计入相关资产成本或当期损益。长期应付款相关账务处理如表 5-45 所示。

表 5-45　长期应付款相关账务处理

业务描述	会计分录
购入资产超过正常信用条件延期付款，实质上具有融资性质	借：固定资产、在建工程等（购买价值的现值之和） 　　未确认融资费用（差额） 贷：长期应付款（应支付的价款总额）

扫一扫，提个小建议

图书勘误、评价建议，"微信"扫一扫。您的感受是我们最好的动力！助您奇兵制胜！

第六章 所有者权益

 考情分析

　　所有者权益,是指企业资产扣除负债后由所有者享有的剩余权益,因此,所有者权益的确认计量与资产和负债的确认计量有着密切的联系。考生复习时,在把握好单一知识点的基础上,还应注意实收资本、资本公积与有关资产相结合,以及留存收益与收入、费用和利润相结合的知识点。同时,需要说明的是,本章内容完全可以单独考查不定项选择题。

小节内容		重要程度	学习要求
第一节　实收资本或股本	实收资本或股本概述	★	了解
	实收资本或股本的账务处理	★★★	掌握
	其他权益工具	★	了解
第二节　资本公积和其他综合收益	资本公积概述	★	了解
	资本公积的账务处理	★★★	掌握
	其他综合收益的账务处理	★	了解
第三节　留存收益	留存收益的管理	★★	熟悉
	留存收益的账务处理	★★★	掌握

第一节　实收资本或股本

一、实收资本或股本概述 ★

（一）相关概念

　　按照章程规定或合同、协议约定,接受投资者投入企业的资本称为企业的实收资本。实收资本的构成比例或股东的股份比例,是确定所有者在企业所有者权益中所占份额的基础,也是企业进行利润或股利分配的主要依据。股份有限公司实收资本被称为股本。

（二）分类

资本的分类如图 6-1 所示。

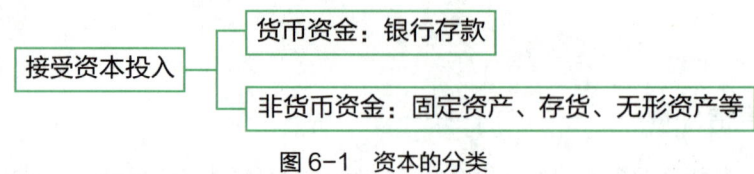

图 6-1　资本的分类

二、实收资本或股本的账务处理 ★★★

为了核算投资者投入资本的增减变动情况，股份有限公司应当设置"股本"科目，其他企业应当设置"实收资本"科目。借方登记其减少额，贷方登记其增加额，期末贷方余额反映企业期末实收资本实有数额。

（一）初始取得

我国《公司法》规定，股东可以用货币出资，也可以用非货币资产作价出资，企业应根据不同的出资方式进行相应的会计处理。资本初始取得的账务处理如表 6-1 所示。

表 6-1　资本初始取得的账务处理

接受现金资产投资	股份有限公司以外的其他公司	借：银行存款 　贷：实收资本 　　　资本公积——资本溢价
	股份有限公司	借：银行存款 　贷：股本【股票面值×发行股份总数】 　　　资本公积——股本溢价【差额倒挤】 【提示】发行股票发生的手续费、佣金等交易费用，冲减"资本公积——股本溢价"
接受非现金资产投资（不公允的除外）	企业（包括股份有限公司）	借：固定资产、无形资产、原材料、库存商品等（按资产的公允价值） 　　应交税费——应交增值税（进项税额） 　贷：实收资本（股本）【按照双方约定的份额】 　　　资本公积——资本（股本）溢价【差额】

（二）实收资本或股本的增减变动

企业增加资本主要有三个途径：接受投资者追加投资、资本公积转增资本和盈余公积转增资本。企业实收资本减少的原因一般有三种：资本过剩、企业发生重大亏损、企业因发展需要调节资本结构。实收资本或股本的增减变动相关情形的账务处理如表 6-2 所示。

表6-2 实收资本或股本增减变动的账务处理

	增加	减少
账务处理	1. 接受投资者追加投资 借：银行存款 　　贷：实收资本（股本） 2. 资本公积转增资本 借：资本公积——资本（股本）溢价 　　贷：实收资本（股本） 3. 盈余公积转增资本 借：盈余公积 　　贷：实收资本（股本） 4. 实际发放股票股利（股份有限公司） 借：利润分配——转作股本的股利 　　贷：股本	1. 非股份有限公司按法定程序报经批准进行减资 借：实收资本 　　贷：银行存款等 2. 股份有限公司采用回购本公司股票方式减少股本 （1）回购公司股票时： 借：库存股（回购每股的价格 × 股数） 　　贷：银行存款 【提示】库存股，是指非发行状态的股票，属于所有者权益的备抵科目，即列示在所有者权益中作为其抵减项目 （2）注销股票时： ①购回股票支付的价款＞股票面值总额： 借：股本（股票面值 × 股数） 　　资本公积——股本溢价 　　盈余公积 　　利润分配——未分配利润 　　贷：库存股（注销库存股账面余额） ②购回股票支付的价款＜股票面值总额： 借：股本 　　贷：库存股（注销库存股账面余额） 　　　　资本公积 —— 股本溢价

▶ **名师点睛**

1. 关于接受现金资产投资，考生应掌握溢价发行时资本公积入账价值的计算；注意"股本"科目核算的是股票的面值总额。
2. 考生需关注企业接受非现金资产投资时，投资合同或协议约定的资产价值是否公允，并掌握相关账务处理。
3. 掌握股份有限公司发行股票时，发行费用依次冲减的顺序及其金额确定。
4. 倒挤差额计入资本公积时，注意区分资本溢价和股本溢价。

【例题·单选题】某股份有限公司按法定程序报经批准后采用收购本公司股票方式减资，购回股票支付价款低于股票面值总额，所注销库存股账面余额与冲减股本的差额应计入（　　）。

A. 资本公积　　　　　　　　　　B. 未分配利润
C. 盈余公积　　　　　　　　　　D. 营业外收入

【答案】A
【解析】购回股票支付的价款＜股票面值总额
借：股本
　　贷：库存股（注销库存股账面余额）
　　　　资本公积——股本溢价

三、其他权益工具★

（一）其他权益工具的概念

其他权益工具是企业发行的除普通股以外的按照准则规定归类为权益工具的各种金融工具，如优先股、永续债等。其他权益工具的具体内容及特点如表6-3所示。

表6-3 其他权益工具的具体内容及特点

项目	内容	特点
优先股	是指按照《公司法》，在一般规定的普通种类股份之外，另行规定的其他种类股份，其股份持有人优先于普通股股东分配公司利润和剩余财产，但参与公司决策管理等权利受到限制。 【提示】优先股每股票面金额为100元	1. 优先股的股东对公司资产、利润分配等享有优先权，其风险较小； 2. 对公司的经营没有参与权，优先股股东不能退股，只能通过优先股的赎回条款被公司赎回
永续债	永续债是指没有到期日的债券，一般由主权国家、大型企业发行，持有人不能要求清偿本金，但可以按期取得利息	主要体现在高票息、长久期、附加赎回条款并伴随利率调整条款
【提示】符合负债条件的优先股、永续债，应当分类为金融负债		

（二）其他权益工具的账务处理

（1）其他权益工具账务处理的基本原则。对于归类为权益工具的金融工具，无论其名称中是否包含"债"，其利息支出或股利分配都应当作为发行企业的利润分配，其回购、注销等作为权益的变动处理；对于归类为金融负债的金融工具，无论其名称中是否包含"股"，其利息支出或股利分配原则上按照借款费用进行处理，其回购或赎回产生的利得或损失等计入当期损益。

【提示】企业（发行方）发行金融工具，其发生的手续费、佣金等交易费用，如分类为债务工具且以摊余成本计量的，应当计入所发行工具的初始计量金额；如分类为权益工具的，应当从权益（其他权益工具）中扣除。

（2）具体账务处理。企业应当设置所有者权益类"其他权益工具"科目，核算企业发行的除普通股以外的归类为权益工具的各种金融工具，并按发行其他权益工具的种类设置"优先股""永续债"明细科目进行明细核算。具体账务处理如表6-4所示。

表6-4 其他权益工具的账务处理

业务描述	账务处理
企业按照规定，发行其他权益工具时	借：银行存款等（实际收到的金额，发行价扣除发生的手续费、佣金等交易费） 贷：其他权益工具

（续表）

业务描述	账务处理
在存续期间分派股利时	借：利润分配——应付优先股股利、 　　　　　——应付永续债股利（根据经批准的股利分配方案，按应分配给金融工具持有者的股利金额） 贷：应付股利——优先股股利 　　　　——永续债股利等
企业按规定赎回其他权益工具时	借：库存股——其他权益工具 贷：银行存款等
注销时	借：其他权益工具 贷：库存股——其他权益工具

第二节　资本公积和其他综合收益

一、资本公积概述 ★

（一）资本公积的概念及分类

资本公积，是指企业收到投资者出资额超出其在注册资本（或股本）中所占份额的部分以及其他资本公积等，其分类如图 6-2 所示。

图 6-2　资本公积的分类

（二）其他资本公积的确认与计量

其他资本公积，是指除资本溢价（或股本溢价）以外所形成的资本公积，其所涉及的情况相对较为复杂，本书简单介绍三种情形具体如表 6-5 所示。

表 6-5　应确认其他资本公积的三种业务情况

情形	具体内容
长期股权投资采用权益法核算	因被投资单位除净损益、其他综合收益以及利润分配以外的所有者权益的其他变动
为换取职工或其他方提供服务采用的权益结算的股份支付	按照确定的金额，将当期取得的服务计入相关资产成本或当期费用，同时增加资本公积（其他资本公积）。企业根据国家有关规定实行股权激励，在等待期内取消授予的权益工具，企业进行加速处理时，将剩余等待期内确认的金额计入当期损益同时确认资本公积（其他资本公积）

（续表）

情形	具体内容
企业集团（母公司和其全部子公司）发生的股份支付	结算企业为接受服务企业的投资者，按照授予日权益工具的公允价值或应承担负债的公允价值确认为对接受服务企业的长期股权投资，同时确认资本公积（其他资本公积）或负债

二、资本公积的账务处理★★★

企业应通过"资本公积"科目来反映和监督企业资本公积的增减变动情况。本科目借方登记资本公积的减少额，贷方登记资本公积的增加额，期末余额在贷方，反映企业资本公积结余额。

【提示】本科目的明细账按资本公积的类别设置。

（一）资本溢价和股本溢价的核算

资本溢价或股本溢价是企业收到投资者的超出其在企业注册资本或股本中所占份额的投资。资本溢价和股本溢价的含义及账务处理如表 6-6 所示。

表 6-6 资本溢价和股本溢价的含义及账务处理

	资本溢价	股本溢价
含义	投资者超出按其投入的资本比例计算的出资额部分	股份有限公司溢价发行股票，超过股票面值的溢价部分扣除手续费、佣金等发行费用的部分
账务处理	借：银行存款（实际收到的出资额） 　　贷：实收资本 　　　　资本公积——资本溢价（差额）	借：银行存款（实际收到的出资额） 　　贷：股本（发行股数 × 每股面值） 　　　　资本公积——股本溢价（差额）

【提示】发行股票的手续费、佣金等交易费用，依次冲减资本公积（股本溢价）、盈余公积、未分配利润。

【例题·单选题】某股份有限公司首次公开发行普通股 6 000 万股，每股面值 1 元，每股发行价格 3 元，发生手续费、佣金等 500 万元，该项业务应记入资本公积的金额为（　　）万元。

A.11 500　　　　　　　　　　　　B.12 000
C.12 500　　　　　　　　　　　　D.17 500

【答案】A
【解析】
发行股票：
借：银行存款　　　　　　　　　　　　　　　　　　　　　　　　　　18 000
　　贷：股本　　　　　　　　　　　　　　　　　　　　　　　　　　　6 000
　　　　资本公积——股本溢价　　　　　　　　　　　　　　　　　　　12 000
支付手续费、佣金等：
借：资本公积——股本溢价　　　　　　　　　　　　　　　　　　　　　500
　　贷：银行存款　　　　　　　　　　　　　　　　　　　　　　　　　500

（二）其他资本公积的核算

其他资本公积，是指除净损益、其他综合收益和利润分配以外所有者权益的其他变动。

（1）权益法核算长期股权投资，基本账务处理如下：

借：长期股权投资——其他权益变动

　　贷：资本公积——其他资本公积（或相反的分录）

在以后期间处置该长期股权投资时，计入资本公积的部分应同时转入当期损益：

借：资本公积——其他资本公积

　　贷：投资收益（或相反的分录）

（2）企业用权益结算的股份支付换取职工或其他方提供服务，基本账务处理如下：

借：管理费用

　　贷：资本公积——其他资本公积

在职工或其他方行权日，按实际行权的权益数量计算的金额：

借：资本公积——其他资本公积

　　　　　——资本溢价/股本溢价（差额，或贷方）

　　贷：实收资本（或股本）

（三）资本公积转增资本的核算

借：资本公积

　　贷：实收资本（或股本）

三、其他综合收益的账务处理 ★

（一）其他综合收益的概念

其他综合收益，是指企业根据其他会计准则规定未在当期损益中确认的各项利得和损失，其分类及具体内容如表6-7所示。

表6-7　其他综合收益的分类及具体内容

分类	具体内容
以后会计期间不能重分类进损益的其他综合收益	1. 重新计量设定受益计划净负债或净资产变动导致的变动。 2. 按权益法核算因被投资单位重新计量设定受益计划净负债或净资产变动导致的权益变动，投资企业按持股比例计算确认的该部分其他综合收益项目。 3. 在初始确认时，企业可以将非交易性权益工具指定为以公允价值计量且其变动计入其他综合收益的金融资产，该指定后不得撤销

（续表）

分类	具体内容
以后会计期间满足规定条件时将重分类进损益的其他综合收益	1.符合金融工具准则规定，同时符合以下两个条件的金融资产应当分类为以公允价值计量且其变动计入其他综合收益： （1）企业管理该金融资产的业务模式既以收取合同现金流量为目标又以出售该金融资产为目标； （2）该金融资产的合同条款规定，在特定日期产生的现金流量，仅为对本金和以未偿付本金金额为基础的利息的支付。 【提示】当该类金融资产终止确认时，之前计入其他综合收益的累计利得或损失应该从其他综合收益中转出，计入当期损益。 2.按照金融工具准则规定，可以将原来计入其他综合收益的利得或损失转入当期损益的部分，包括以下两种：以公允价值计量且其变动计入其他综合收益的债务工具投资重分类为以摊余成本计量的金融资产的，或重分类为以公允价值计量且其变动计入当期损益的金融资产。 3.采用权益法核算的长期股权投资，按照被投资单位实现其他综合收益以及持股比例计算应分享或分担的金额，调整长期股权投资的账面价值，同时增加或减少其他综合收益，应作如下账务处理（或相反分录）： 借：长期股权投资——其他综合收益 　　贷：其他综合收益 【提示】待处置该项股权投资时，将原计入其他综合收益的金额转入当期损益。 4.自用房地产或存货转换为采用公允价值模式计量的投资性房地产，转换日的公允价值大于原账面价值的，其差额作为其他综合收益核算。 【提示】处置该项投资性房地产时，原计入其他综合收益的部分应当转入当期损益

第三节　留存收益

一、留存收益的管理★★

留存收益，是指企业从历年实现的利润中提取或形成的留存于企业的内部积累，包括盈余公积和未分配利润两个部分，具体内容如表6-8所示。

表6-8　留存收益的内容

留存收益	盈余公积	内容：法定盈余公积、任意盈余公积 用途：弥补亏损、转增资本、发放现金股利或利润等
	未分配利润	经过利润分配后留存于企业的历年结存的利润

（一）盈余公积的管理

盈余公积，是指企业按照有关规定从净利润中提取的积累资金。企业应设置"盈余公积"科目来反映和监督盈余公积的形成和使用情况。本科目的借方登记用盈余公积弥补亏损和转增资本的实际数额，贷方登记按规定提取的盈余公积数额，期末余额在贷方，反映企业的盈余公积。

【提示】"盈余公积"科目应按照盈余公积形成的来源分设"法定盈余公积"和"任意盈余公积"两个明细科目，两个明细科目的计提依据也不同，具体如表6-9所示。

表6-9　盈余公积的分类及计提依据

科目	明细科目	计提依据
盈余公积	法定盈余公积	以国家的法律法规为依据
	任意盈余公积	由企业权力机构自行决定

在我国，《公司法》规定：公司制企业的法定盈余公积按照规定比例10%从净利润（减弥补以前年度亏损）中提取，任意盈余公积按照股东会或股东大会的决议提取。

法定盈余公积累计额已达注册资本的50%时，企业可以不再提取。计算提取法定盈余公积的基数不应包括企业年初未分配利润。如果以前年度有亏损，应先弥补以前年度亏损再提取盈余公积。

【提示】法定公积金（盈余公积）转增资本时，所留存的该项公积金不得少于转增前公司注册资本的25%。

（二）未分配利润的管理

企业未分配利润通过"利润分配——未分配利润"明细科目进行核算。

年度终了，企业应将全年实现的净利润或发生的净亏损，自"本年利润"账户转入"利润分配——未分配利润"账户，并将"利润分配"账户所属其他明细分类账户的余额，转入"未分配利润"明细分类账户，具体核算内容如表6-10所示。

表6-10　利润分配——未分配利润的核算内容

科目	借方余额	贷方余额
利润分配——未分配利润	累积未弥补的亏损金额	累积未分配的利润金额

利润分配的顺序：（1）提取法定盈余公积；（2）提取任意盈余公积；（3）向投资者分配利润。

（三）未分配利润

未分配利润是企业实现的净利润经过弥补亏损、提取盈余公积和向投资者分配利润后留存于企业的、历年结存的利润。

【提示】可供分配利润与未分配利润并不一致，注意区分。

二、留存收益的账务处理★★★

1. 利润分配概述

利润分配，是指企业根据国家有关规定和企业章程、投资者协议等，对企业当年可供分配的利润所进行的分配。

可供分配利润＝当年实现的净利润（或净亏损）＋年初未分配利润（或－年初未弥补亏损）＋其他转入

2. 留存收益的账务处理

企业应通过"利润分配"科目，核算企业利润分配（或亏损的弥补）和历年分配（或弥补）后的余额。其具体明细科目有：提取法定盈余公积、提取任意盈余公积、应付现金股利或利润、盈余公积补亏和未分配利润。

留存收益的账务处理具体如表6-11所示。

表6-11 留存收益的账务处理

项目		账务处理
利润分配顺序	本年利润转入利润分配	（1）实现净利润： 借：本年利润 　　贷：利润分配——未分配利润 （2）发生净亏损【编制与（1）相反的会计分录】
	提取盈余公积	（1）提取法定盈余公积： 借：利润分配——提取法定盈余公积 　　贷：盈余公积——法定盈余公积 （2）提取任意盈余公积： 借：利润分配——提取任意盈余公积 　　贷：盈余公积——任意盈余公积
	向投资者分配利润或股利	（1）分配现金股利或利润： 借：利润分配——应付现金股利或利润 　　贷：应付股利 （2）企业办妥增资手续后分配股票股利： 借：利润分配——转作股本的股利 　　贷：股本
盈余公积的用途		借：盈余公积 　　贷：利润分配——盈余公积补亏【盈余公积补亏】 　　　　实收资本（股本）【盈余公积转增资本】 　　　　应付股利【用于发放现金股利】

（续表）

项目	账务处理
形成期末未分配利润	将"利润分配"科目所属明细科目所对应账户的借方余额结转至"未分配利润"明细科目所对应账户： 借：利润分配——未分配利润 　　贷：利润分配——提取法定盈余公积 　　　　　　　——提取任意盈余公积 　　　　　　　——应付现金股利或利润 　　　　　　　——转作股本的股利

【例题·判断题】企业年末资产负债表中的未分配利润金额一定等于"本年利润"账户的年末余额。（　　）

【答案】×

【解析】资产负债表年末未分配利润的金额应当等于"利润分配"账户的余额。

【例题·单选题】永恒企业 2021 年 1 月 1 日所有者权益构成情况如下：实收资本 1 500 万元，资本公积 100 万元，盈余公积 300 万元，未分配利润 200 万元。2021 年度实现的利润总额为 600 万元，企业所得税税率为 25%。假定不存在纳税调整事项及其他因素，该企业 2021 年 12 月 31 日可供分配利润为（　　）万元。

A.600　　　　　　B.650　　　　　　C.800　　　　　　D.1 100

【答案】B

【解析】企业可供分配利润＝当年实现的净利润（或净亏损）＋年初未分配利润（或－年初未弥补亏损）＋其他转入（即盈余公积补亏），本题目没有涉及盈余公积补亏事项，因此，该企业 2021 年 12 月 31 日可供分配利润＝600×（1－25%）＋200＝650（万元）。

所有者权益通常由实收资本（或股本）、其他权益工具（如优先股、永续债等）、资本公积、其他综合收益、专项储备、留存收益构成，本书中涉及除专项储备以外的其他所有者权益。资本公积与实收资本（或股本）、留存收益、其他综合收益的区别如图 6-3 所示。

```
资本公积与实收资本（或股本）、留存收益、其他综合收益的区别
├── 实收资本（或股本）
│   ├── 来源：投资者投入企业的资本（货币、非货币）
│   ├── 性质：体现了企业所有者对企业的基本产权关系
│   └── 用途：确定所有者参与企业财务经营决策的基础，也是企业进行利润分配或股利分配的依据，还是企业清算时确定所有者对净资产的要求权的依据
├── 资本公积
│   ├── 来源：主要来自资本溢价（或股本溢价）等
│   ├── 性质：不直接表明所有者对企业的基本产权关系
│   └── 用途
│       ├── 可以转增资本（或股本）
│       └── 不能弥补亏损
├── 留存收益
│   ├── 来源：企业生产经营活动实现的利润
│   └── 组成
│       ├── 盈余公积：可以补亏，可以转增资本、发放现金股利和利润
│       └── 未分配利润
└── 其他综合收益
    ├── 来源：未在当期损益中确认的各项利得和损失
    └── 用途：满足准则规定的条件时，可以重新分类进损益，从而成为企业利润的一部分
```

图6-3 资本公积与实收资本（或股本）、留存收益、其他综合收益的区别

扫一扫，提个小建议

图书勘误、评价建议，"微信"扫一扫。您的感受是我们最好的动力！助您奇兵制胜！

第七章　收入、费用和利润

 考情分析

本章内容经常与资产、负债和所有者权益结合出题，涉及的考试题型有单项选择题、多项选择题、判断题、不定项选择题。

费用知识点相对来说比较简单，但属于考试的重点内容，同时也要注意其与收入和利润搭配出不定项选择题的可能性。利润是反映企业经营成果的要素，是历年考试中比较重要的内容，学习此章时，不仅要掌握好知识点，更要注意与其他内容结合学习，比如将利润内容与收入、费用相结合，以及与财务报告中的利润表相结合等。

	小节内容	重要程度	学习要求
第一节　收入	收入概述	★	了解
	收入的确认和计量	★★	熟悉
	会计科目设置	★★★	掌握
	在某一时点完成的商品销售收入的账务处理	★★★	掌握
	可变对价的账务处理	★★★	掌握
	在某一时段内完成的商品销售收入的账务处理	★★★	掌握
第二节　费用	费用概述	★	了解
	费用的账务处理	★★★	掌握
第三节　利润	利润的构成	★	了解
	营业外收入与营业外支出	★★★	掌握
	所得税费用	★★★	掌握
	本年利润的账务处理	★★★	掌握

第一节　收入

企业在确认和计量收入时，要遵循的基本原则是：确认收入的方式应当反映其向客户转让商品或提供服务的模式，收入的金额应当反映企业因转让商品或提供服务而预期有权收取的对价金额。企业通过收入确认和计量能进一步如实反映企业的经营成果，准确核算企业实现的损益。

一、收入概述★

收入,是指企业在日常活动中形成的、会导致所有者权益增加的、与所有者投入资本无关的经济利益的总流入。

二、收入的确认和计量★★

(一)识别与客户订立的合同

1. 收入确认的原则

企业应当在履行了合同中的履约义务,即在客户取得相关商品控制权时确认收入。

企业取得相关商品控制权,是指能够主导该商品的使用并能从中获得几乎全部的经济利益,也包括有能力阻止其他方主导该商品的使用并从中获得经济利益。取得商品控制权的判断要素如表7-1所示。

表7-1 取得商品控制权的判断要素

要素一	客户必须拥有现时权利,能够主导该商品的使用并能从中获得几乎全部经济利益
要素二	客户有能力主导该商品的使用或者能够允许或阻止其他方使用该商品
要素三	客户能够获得该商品几乎全部的经济利益

2. 收入确认的前提条件

收入确认的前提条件有五个,具体如表7-2所示。

表7-2 收入确认的前提条件

收入确认的前提条件	1. 合同各方已批准该合同并承诺将履行各自义务
	2. 该合同明确了合同各方与所转让商品的权利和义务
	3. 该合同有明确的与所转让商品有关的支付条款
	4. 该合同具有商业实质,即履行该合同将改变企业未来现金流量的风险、时间分布或金额
	5. 企业因向客户转让商品而有权取得的对价很可能收回

(二)识别合同中的单项履约义务

企业应当将向客户转让可明确区分商品(或者商品的组合)的承诺以及向客户转让一系列实质相同且转让模式相同的、可明确区分商品的承诺作为单项履约义务。

(三)确定交易价格

交易价格,是指企业因向客户转让商品而预期有权收取的对价金额,不包括企业代第三方收取的款项(如增值税)以及企业预期将退还给客户的款项,其金额可能是固定金额、可变金额或者固定和可变金额的结合。

(四)将交易价格分摊至各单项履约义务

合同中有两项或者多项履约义务时,企业在合同开始日按照各单项履约义务所承诺商品的单独售价的相对比例,将交易价格分摊到各单项履约义务。

（五）履行各单项履约义务时确认收入

企业将商品转移给客户,客户取得商品控制权时,意味着企业履行了合同履约义务。

【提示】其中,第一、第二步和第五步主要与收入的确认有关,第三、第四步主要与收入的计量有关。

【例题·多选题】下列不属于收入确认和计量的步骤的有（　　）。

A. 确定交易价格　　　　　　　　　　B. 客户能够主导该商品的使用
C. 识别合同中的单项履约义务　　　　D. 客户能够获得商品几乎全部的经济利益

【答案】BD

【解析】选项BD属于收入确认的原则。

三、会计科目设置★★★

企业核算与客户之间的合同产生的收入及相关的成本费用,一般需要通过"主营业务收入""其他业务收入""主营业务成本""其他业务成本""合同取得成本""合同履约成本""合同负债""合同资产"等科目来核算。收入相关科目及核算内容如表7-3所示。

表7-3　收入相关科目及核算内容

科目	核算内容	借方	贷方	余额
主营业务收入	核算企业确认的销售商品、提供服务等主营业务的收入,本科目按照主营业务的种类进行明细核算	期末转入"本年利润"科目所对应账户的主营业务收入；发生的销售退回或销售折让,冲减营业收入	企业主营业务活动实现的收入	结转后期末无余额
其他业务收入	核算除主营业务活动以外的其他经营活动实现的收入,包括出租固定资产、出租无形资产、出租包装物和商品、销售材料等实现的收入,本科目按照其他业务收入种类进行明细核算	期末转入"本年利润"科目所对应账户的其他业务收入	企业其他业务活动实现的收入	结转后期末无余额
主营业务成本	核算企业确认销售商品、提供服务等主营业务收入时应结转的成本,本科目按照主营业务的种类进行明细核算	企业应结转的主营业务成本	期末转入"本年利润"科目所对应账户的主营业务成本	结转后本账户无余额

（续表）

科目	核算内容	借方	贷方	余额
其他业务成本	核算企业确认的除主营业务活动以外的其他经营活动所形成的成本，包括销售材料的成本、出租固定资产的折旧额、出租无形资产的摊销额、出租包装物的成本或摊销额等，本科目按照其他业务成本的种类进行明细核算	企业应结转的其他业务成本	期末转入"本年利润"科目所对应账户的其他业务成本	结转后本账户无余额
合同取得成本	核算企业取得合同发生的、预计能够收回的增量成本，按合同进行明细核算	为取得合同而发生的、预计能够收回的增量成本（如销售佣金）	摊销的合同取得成本	期末借方余额，反映企业尚未结转的合同取得成本
合同履约成本	核算企业为履行当前或预期取得的合同所发生的、不属于其他企业会计准则规范范围且按照收入准则应当确认为一项资产的成本，本科目可按合同分别"服务成本""工程施工"等进行明细核算	为履行合同所发生的、应确认为一项资产，但不属于存货、固定资产、无形资产的成本	摊销的合同履约成本	期末借方余额，反映企业尚未结转的合同履约成本
合同资产	核算企业已向客户转让商品而有权收取对价的权利，取决于时间流逝之外的其他因素，按合同进行明细核算	已转让商品而有权收取的对价金额	企业取得无条件收款权的金额	期末借方余额，反映企业已向客户转让商品而有权收取的对价金额
合同负债	核算企业已收或应收客户对价而应向客户转让商品的义务，本科目按合同进行明细核算	向客户转让商品时冲销的金额	预收合同对价的金额	期末贷方余额，反映企业在向客户转让商品之前，已经收到的合同对价或已经取得的无条件收取合同对价权利的金额
合同履约成本减值准备	核算与合同履约成本有关的资产的减值准备，本科目按照合同进行明细核算	转回已计提的资产减值准备	与合同履约成本有关的资产发生的减值	贷方余额反映企业已计提但尚未转销的合同履约成本减值准备
合同取得成本减值准备	核算与合同取得成本有关的资产的减值准备，本科目可按合同进行明细核算	转回已计提的资产减值准备	与合同取得成本有关的资产发生的减值	贷方余额反映企业已计提但尚未转销的合同取得成本减值准备
合同资产减值准备	核算合同资产的减值准备，本科目按照合同进行明细核算	转回已计提的资产减值准备	合同资产发生的减值	贷方余额反映企业已计提但尚未转销的合同资产减值准备

【例题·单选题】企业已收或应收客户对价而应向客户转让商品的义务应记入（　　）科目。
A. 合同取得成本　　　　　　　　　　B. 合同履约成本
C. 合同负债　　　　　　　　　　　　D. 预收账款
【答案】C
【解析】"合同负债"科目核算企业已收或应收客户对价而应向客户转让商品的义务。

四、在某一时点完成的商品销售收入的账务处理★★★

（一）一般商品销售收入的处理

对于在某一时点履行的履约义务，企业应当在客户取得相关商品控制权时点确认收入。控制权转移迹象具体如表7-4所示。

表7-4　控制权转移的迹象

在判断控制权是否转移时，企业应当综合考虑的迹象	企业就该商品享有现时收款权利，即客户就该商品负有现时付款义务
	企业已将该商品的法定所有权转移给客户，即客户已拥有该商品的法定所有权
	企业已将该商品实物转移给客户
	企业已将该商品所有权上的主要风险和报酬转移给客户，即客户已取得该商品所有权上的主要风险和报酬
	客户已接受该商品
	其他表明客户已取得商品控制权的迹象

（二）一般销售商品的账务处理

企业销售业务的结算方式多种多样，如采用现金结算、商业汇票结算、赊销等结算方式进行销售，不同结算方式下销售业务的账务处理如表7-5所示。

表7-5　一般商品销售业务的账务处理

结算方式	业务	账务处理
现金结算方式	确认收入（在客户取得相关商品控制权时）	借：银行存款 　贷：主营业务收入 　　　应交税费——应交增值税（销项税额）
	结转成本	借：主营业务成本 　贷：库存商品
委托收款结算方式	确认收入（在企业办妥委托收款手续且客户取得相关商品控制权时）	借：应收账款 　贷：主营业务收入 　　　应交税费——应交增值税（销项税额）
	结转成本	借：主营业务成本 　贷：库存商品
	收到账款	借：银行存款 　贷：应收账款

（续表）

结算方式	业务		账务处理
商业汇票结算方式	确认收入（在企业收到商业汇票且客户取得相关商品控制权时）		借：应收票据 　贷：主营业务收入 　　　应交税费——应交增值税（销项税额）
	结转成本		借：主营业务成本 　贷：库存商品
赊销方式销售业务	确认收入（在客户取得相关商品控制权时点确认收入，按应收的款项）		借：应收账款 　贷：主营业务收入 　　　应交税费——应交增值税（销项税额）
	结转成本		借：主营业务成本 　贷：库存商品
	收到账款		借：银行存款 　贷：应收账款
发出商品销售业务（委托代销方式）	委托代销方	发出商品（企业向客户转让商品的对价未达到"很可能收回"收入确认条件时）	借：发出商品 　贷：库存商品
		已发出的商品被退回	借：库存商品 　贷：发出商品
		收到代销清单、代销手续费发票	①借：应收账款等 　　贷：主营业务收入 　　　　应交税费——应交增值税（销项税额） ②借：主营业务成本 　　贷：发出商品 ③借：销售费用 　　　应交税费——应交增值税（进项税额） 　　贷：应收账款
		收到受托代销方支付的货款	借：银行存款 　贷：应收账款
	受托代销方	收到商品	借：受托代销商品 　贷：受托代销商品款
		对外销售	借：银行存款 　贷：受托代销商品 　　　应交税费——应交增值税（销项税额）
		收到委托代销方开具的增值税专用发票	借：受托代销商品款 　　应交税费——应交增值税（进项税额） 　贷：应付账款
		支付委托代销方货款并计算代销手续费	借：应付账款 　贷：银行存款 　　　其他业务收入 　　　应交税费——应交增值税（销项税额）

（续表）

结算方式	业务	账务处理
材料销售业务	企业销售原材料、包装物等存货	借：银行存款 　　贷：其他业务收入 　　　　应交税费——应交增值税（销项税额） 借：其他业务成本 　　贷：原材料等
销售退回业务（因商品质量问题被退回）	已确认收入的售出商品发生销售退回的，除属于资产负债表日后事项的外，企业收到退回的商品	借：主营业务收入 　　应交税费——应交增值税（销项税额） 　　贷：银行存款、应收票据、应收账款等 借：库存商品 　　贷：主营业务成本

五、可变对价的账务处理★★★

（一）可变对价的管理

企业与客户的合同中约定的对价金额可能是固定的，也可能会因折扣、价格折让、返利、退款、奖励积分、激励措施、业绩奖金、索赔等因素而变化。此外，企业有权收取的对价金额根据一项或多项或有事项的发生而有所不同的情况，也属于可变对价的情形，例如，企业售出商品但允许客户退货时，由于企业有权收取的对价金额将取决于客户是否退货，因此该合同的交易价格是可变的。

合同中存在可变对价的，企业应当按照期望值或最可能发生金额确定可变对价的最佳估计数，但包含可变对价的交易价格，应当不超过在相关不确定性消除时累计已确认收入极可能不会发生重大转回的金额。

【注意】期望值法是按照各种可能发生的对价金额及相关概率计算确定的金额。最可能发生金额是一系列可能发生的对价金额中最可能发生的单一金额，即合同最可能产生的单一结果。企业不能在两种方法间随意选择。

（二）可变对价的账务处理

可变对价的账务处理如表 7-6 所示。

表 7-6　可变对价的账务处理

情形	会计分录
一般情况	与一般商品销售业务收入的账务处理相同

（续表）

情形		会计分录
销售折让	确认收入	借：应收账款等 　　贷：主营业务收入、其他业务收入 　　　　应交税费——应交增值税（销项税额）
	结转成本	借：主营业务成本、其他业务成本 　　贷：库存商品
	发生销售折让时	借：主营业务收入、其他业务收入 　　应交税费——应交增值税（销项税额） 　　贷：应收账款等

【提示】现金折扣，是指企业为提早收回货款而给予的折扣，属于可变对价，应当按照最佳估计数确认收入。

案例分析

【7-1】甲公司生产和销售挂壁式空调。2021年6月，甲公司向零售商乙公司销售2 000台家用空调，每台成本为2 200元，每台价格为3 000元，合同价款合计6 000 000元。该项业务属于在某一时点履行的履约义务。甲公司向乙公司提供价格保护，即同意在未来6个月内，如果同款挂壁式空调售价下降，则按照合同价格与最低售价之间的差额向乙公司支付差价。甲公司根据以往执行类似合同的经验，预计未来6个月内可能的降价金额及对应概率如表7-7所示。

表7-7　未来6个月内降价金额及对应概率

预计降价金额（元）	概率
0	40%
200	30%
300	20%
700	10%

注：上述价格均不包含增值税。

【分析】甲公司认为期望值能够更好地预测其有权获取的对价金额。假定不考虑有关将可变对价计入交易价格的限制要求，在期望值方法下，甲公司估计交易价格为每台2 810元[3 000-（0×40%+200×30%+300×20%+700×10%）]。2021年6月，甲公司应编制如下会计分录。

（1）确认收入时：

借：应收账款　　　　　　　　　　　　　　　　　　　　　　　　　6 400 000
　　贷：主营业务收入　　　　　　　　　　　　　　（2 810×2 000）5 620 000
　　　　应交税费——应交增值税（销项税额）（3 000×2 000×13%）780 000

（2）结转成本时：

借：主营业务成本　　　　　　　　　　　　　　　（2 200×2 000）4 400 000
　　贷：库存商品　　　　　　　　　　　　　　　　　　　　　　　　4 400 000

六、在某一时段内完成的商品销售收入的账务处理★★★

在某一时段内履行履约义务确认收入的条件有两个，具体如表7-8所示。

表7-8 在某一时段内履行履约义务确认收入的条件

在某一时段内履行的履约义务确认收入，应满足几种条件之一	客户在企业履约的同时即取得并消耗企业履约所带来的经济利益
	客户能够控制企业履约过程中在建的商品
	企业履约过程中所产生的商品具有不可替代用途，且该企业在整个合同期间内有权就累计至今已完成的履约部分收取款项

履约进度的确定：企业应当考虑商品的性质，采用实际测量的完工进度、评估已实现的结果、时间进度、已完工或交付的产品等产出指标，或采用投入的材料数量、花费的人工工时、机器工时、发生的成本和时间进度等投入指标，并且应当扣除那些控制权尚未转移给客户的商品和服务。

当期收入 = 合同总价 × 履约进度 − 以前会计期间累计已确认的收入

某一时段内履行履约义务确认收入的账务处理如下：

实际发生劳务成本时：

借：合同履约成本
　　贷：银行存款、应付职工薪酬、原材料等

确认劳务收入时：

借：银行存款
　　贷：主营业务收入
　　　　应交税费——应交增值税（销项税额）

结转劳务成本时：

借：主营业务成本
　　贷：合同履约成本

对于每一项履约义务，企业只能采用一种方法确定其履约进度，对于类似情况的履约义务，企业应当采用相同的方法确定其履约进度。

（一）合同成本与合同负债

1. 合同取得成本

企业为取得合同发生的增量成本预期能够收回的，应作为合同取得成本确认为一项资产。增量成本，是指企业不取得合同就不会发生的成本（如销售佣金）。

企业为取得合同发生的、除预期能够收回的增量成本之外的其他支出，如无论是否取得合同均会发生的差旅费、投标费、为准备投标资料发生的费用等，应当在发生时计入当期损益，除非这些支出明确由客户承担。

2. 合同履约成本

企业为履行合同可能会发生各种成本，企业在确认收入的同时应当对这些成本进行分析，属于新收入准则规范范围且同时满足下列条件的，应当作为合同履约成本确认为一项资产：

（1）该成本与一份当前或预期取得的合同直接相关；

（2）该成本增加了企业未来用于履行（包括持续履行）履约义务的资源；

（3）该成本预期能够收回。

3. 合同负债

合同负债，是指企业已收或应收客户对价而向客户转让商品的义务。需要说明的是，对于尚未向客户履行转让商品的义务而已收或应收客户对价中的增值税部分，不确认为合同负债。

4. 合同成本及销售收入的账务处理

企业发生合同成本时，应区分合同取得成本和合同履约成本，并进行相应的账务处理。具体账务处理如表7-9所示。

表7-9 合同成本及销售收入的账务处理

合同取得成本	发生合同取得成本时： 借：合同取得成本 　　贷：银行存款、应付职工薪酬等 确认收入，摊销成本时： 借：应收账款等 　　贷：主营业务收入 　　　　应交税费——应交增值税（销项税额） 借：销售费用等 　　贷：合同取得成本
合同履约成本	发生合同履约成本时： 借：合同履约成本 　　贷：银行存款、应付职工薪酬等 确认收入，摊销成本时： 借：银行存款等 　　贷：主营业务收入 　　　　应交税费——应交增值税（销项税额） 借：主营业务成本等 　　贷：合同履约成本

▶ 名师点睛

考生需掌握企业在某一时段内履行履约义务确认收入的计算。在确认收入的计算时，应注意是否能够合理确定履约进度；能够合理确定履约进度的指标是什么；不能合理确定，但发生的成本预计能够得到补偿的，按照已经发生的成本金额确认收入。

【例题·多选题】企业为履行合同发生的各种成本，应当作为合同履约成本确认为一项资产的条件有（　　）。

A. 该成本预期能够收回

B. 该成本与一份当前或预期取得的合同直接相关

C. 该成本增加了企业未来用于履行（包括持续履行）履约义务的资源

D. 该成本是与履约义务中已履行（包括已全部履行或部分履行）相关的支出

【答案】ABC

【解析】选项 D 发生的成本计入当期损益。

【例题·单选题】A 公司是一家咨询公司，通过多次洽谈，与 B 企业签订了一个为期 5 年的服务合同，B 企业每年年末支付含税咨询费 2 000 000 元。洽谈期间，A 公司发生差旅费 12 000 元，发生的招待费为 4 500 元，支付销售人员佣金 40 000 元。A 公司预计以上支出未来均能收回。支付给销售人员佣金属于为取得合同发生的增量成本，其他费用不属于增量成本，则支付相关费用应编制的会计分录是（　　）。

A. 借：合同取得成本　　　　　　　　　　　　　　　　　　　　56 500
　　　贷：银行存款　　　　　　　　　　　　　　　　　　　　　56 500
B. 借：合同取得成本　　　　　　　　　　　　　　　　　　　　40 000
　　　　管理费用　　　　　　　　　　　　　　　　　　　　　　16 500
　　　贷：银行存款　　　　　　　　　　　　　　　　　　　　　56 500
C. 借：管理费用　　　　　　　　　　　　　　　　　　　　　　16 500
　　　　销售费用　　　　　　　　　　　　　　　　　　　　　　40 000
　　　贷：合同取得成本　　　　　　　　　　　　　　　　　　　56 500
D. 借：管理费用　　　　　　　　　　　　　　　　　　　　　　56 500
　　　贷：合同取得成本　　　　　　　　　　　　　　　　　　　56 500

【答案】B

【解析】支付给销售人员的佣金属于为取得合同发生的增量成本，应将其作为合同取得成本确认为一项资产，发生的差旅费、招待费不属于增量成本，于发生时直接计入当期损益。

第二节　费用

一、费用概述★

费用，是指企业日常活动中发生的、会导致所有者权益减少的、与向所有者分配利润无关的经济利益的总流出，包括营业成本、税金及附加和期间费用。营业成本包括主营业务成本、其他业务成本。期间费用，是指企业日常活动发生的不能计入特定核算对象的成本，而应计入发生当期损益的费用，包括销售费用、管理费用和财务费用。

（一）营业成本

营业成本，是指企业为生产产品、提供劳务等发生的可归属于产品成本、劳务成本等的费用，应当在确认销售商品收入、提供劳务收入等时，将已销售商品、已提供劳务的成本等确认为营业成本。营业成本包括主营业务成本和其他业务成本。

1. 主营业务成本

主营业务成本,是指企业确认的销售商品、提供劳务等经常性活动所发生的成本。企业一般在确认销售商品、提供劳务等主营业务收入时,或在月末将已销售商品、已提供劳务的成本转入主营业务成本。

借:主营业务成本
  贷:库存商品、合同履约成本等

期末,应将"主营业务成本"账户余额转入"本年利润"账户,结转后"主营业务成本"账户无余额。

借:本年利润
  贷:主营业务成本

2. 其他业务成本

其他业务成本,是指企业确认的除主营业务活动以外的其他日常经营活动所发生的支出,包括销售材料的成本、出租固定资产的折旧额、出租无形资产的摊销额、出租包装物的成本或摊销额等。采用成本模式进行后续计量的投资性房地产,其投资性房地产计提的折旧额或摊销额,也构成其他业务成本。

借:其他业务成本
  贷:原材料、累计折旧、累计摊销、周转材料——包装物等

期末,应将"其他业务成本"账户余额转入"本年利润"账户,结转后本账户无余额。

借:本年利润
  贷:其他业务成本

【例题·多选题】下列各项中,应计入工业企业其他业务成本的有(　　)。

A. 结转销售原材料的成本
B. 结转销售商品的成本
C. 计提的以成本模式进行后续计量的投资性房地产的折旧额
D. 结转随同产品出售单独计价的包装物成本

【答案】ACD

【解析】选项B,应计入主营业务成本。

(二)税金及附加

税金及附加,是指企业经营活动应负担的相关税费,包括消费税、城市维护建设税、教育费附加、资源税、土地增值税、房产税、城镇土地使用税、车船税、印花税、环境保护税等。

(三)期间费用

期间费用,是指企业日常活动发生的不能计入特定核算对象的成本,而应在发生时直接计入当期损益。期间费用包括销售费用、管理费用和财务费用。期间费用的内容如表7-10所示。

表 7-10　期间费用的内容

项目	销售费用	管理费用	财务费用
来源	企业在销售商品和材料、提供服务过程中发生的各项费用	企业为组织和管理生产经营活动而发生的各种管理费用	企业为筹集生产经营所需资金等而发生的筹资费用
核算内容	1. 销售前发生的展览费和广告费等。 2. 销售过程中发生的保险费、包装费、运输费、装卸费等。 3. 销售后发生的商品维修费、预计产品质量保证损失等。 4. 为销售本企业商品而专设的销售机构（含销售网点、售后服务网点等）的职工薪酬、业务费、折旧费、修理费等经营费用	1. 企业在筹建期间发生的开办费等。 2. 行政管理部门职工薪酬、办公费和差旅费、业务招待费、工会经费、董事会费（包括董事会成员津贴、会议费和差旅费等）。 3. 研究费用（研发支出——费用化支出）。 4. 聘请中介机构费、咨询费（含顾问费）、诉讼费、技术转让费、排污费等。 5. 行政管理部门等发生的固定资产修理费用等后续支出	1. 利息支出（减利息收入）等。 2. 汇兑损益以及相关的手续费等

二、费用的账务处理 ★★★

（一）税金及附加的账务处理

企业应通过"税金及附加"科目核算企业经营活动发生的消费税、城市维护建设税、教育费附加、资源税、房产税、环境保护税、城镇土地使用税、车船税、印花税等相关税费。

1. 计算应交税费时

借：税金及附加

　　贷：应交税费——应交消费税、房产税等

【提示】企业交纳的印花税等，不会发生应付未付税款的情况，不需要预计应交纳金额，同时也不存在与税务机关结算或者清算的问题。因此，企业缴纳的印花税不通过"应交税费"科目核算，于购买印花税票时，直接借记"税金及附加"科目，贷记"银行存款"科目。

2. 实际交纳税费时

借：应交税费——应交消费税、房产税等

　　贷：银行存款

3. 期末

期末，企业应将"税金及附加"账户余额转入"本年利润"账户，结转后本账户无余额。

借：本年利润

　　贷：税金及附加

【例题·多选题】下列各项中，应计入税金及附加的有（　　）。

A. 销售应税消费品计提的应交消费税
B. 销售应税矿产品计提的应交资源税
C. 经营活动中计提的应交教育费附加
D. 经营活动中计提的应交城市维护建设税

【答案】ABCD

【解析】税金及附加，是指企业经营活动应负担的相关税费，包括消费税、城市维护建设税、教育费附加、资源税、土地增值税、房产税、城镇土地使用税、车船税、印花税等。

（二）期间费用的账务处理

企业应分别通过"销售费用""管理费用""财务费用"科目核算销售费用、管理费用和财务费用的发生和结转情况。期间费用的账务处理如表 7-11 所示。

表 7-11 期间费用的账务处理

项目	销售费用	管理费用	财务费用
账务处理	发生时： 借：销售费用 　　贷：银行存款、应付职工薪酬、累计折旧等 期末结转至本年利润，结转后无余额： 借：本年利润 　　贷：销售费用	发生时： 借：管理费用 　　贷：银行存款、应付职工薪酬、累计折旧等 期末结转至本年利润，结转后无余额： 借：本年利润 　　贷：管理费用	发生时： 借：财务费用 　　贷：银行存款等 期末结转至本年利润，结转后无余额： 借：本年利润 　　贷：财务费用

【例题·多选题】下列各项中，应计入期间费用的有（　　）。

A. 销售商品发生的销售折让　　　　　　B. 销售商品发生的售后服务费

C. 行政管理部门负担的工会经费　　　　D. 银行的手续费

【答案】BCD

【解析】选项 A，销售商品发生的销售折让冲减当期销售收入，不计入期间费用；选项 B，记入"销售费用"科目，属于期间费用；选项 C，记入"管理费用"科目，属于期间费用；选项 D，记入"财务费用"，属于期间费用。

第三节　利润

一、利润的构成★

（一）内容

利润，是指企业在一定会计期间的经营成果，包括收入减去费用后的净额、直接计入当期利润的利得和损失等。直接计入当期利润的利得和损失的概念具体如表 7-12 所示。

表 7-12　直接计入当期利润的利得和损失的概念

直接计入当期利润的利得	由企业非日常活动所形成的、会导致所有者权益增加的、与所有者投入资本无关的经济利益的流入
直接计入当期利润的损失	由企业非日常活动所发生的、会导致所有者权益减少的、与向所有者分配利润无关的经济利益的流出

（二）计算公式

1. 营业利润

营业利润＝营业收入－营业成本－税金及附加－销售费用－管理费用－研发费用－财务费用－信用减值损失－资产减值损失＋公允价值变动收益（－公允价值变动损失）＋投资收益（－投资损失）＋资产处置收益（－资产处置损失）＋其他收益＋净敞口套期收益（－净敞口套期损失）

2. 利润总额

利润总额＝营业利润＋营业外收入－营业外支出

【提示1】营业外收入——企业发生的与其日常活动无直接关系的各项利得。

【提示2】营业外支出——企业发生的与其日常活动无直接关系的各项损失。

3. 净利润

净利润＝利润总额－所得税费用

【提示1】所得税费用——企业确认的应从当期利润总额中扣除的所得税费用。

【提示2】营业外收入、营业外支出、所得税费用等都不会影响营业利润。

【例题·单选题】下列各项中，不影响企业当期营业利润的是（　　）。

A. 资产负债表日计提的存货跌价准备

B. 销售原材料取得的收入

C. 资产负债表日持有交易性金融资产的公允价值变动

D. 无法查明原因的库存现金溢余

【答案】D

【解析】无法查明原因的库存现金溢余计入营业外收入，不影响营业利润。

二、营业外收入与营业外支出★★★

（一）营业外收入

1. 核算内容

营业外收入，是指企业确认的与其日常活动无直接关系的各种利得，主要包括非流动资产毁损报废收益、与企业日常活动无关的政府补助、盘盈利得、捐赠利得等。

2. 账务处理

企业应通过"营业外收入"科目核算营业外收入的取得及结转情况，并可按营业外收入项目进行明细核算。营业外收入的类型及账务处理如表 7-13 所示。

表 7-13 营业外收入的类型及账务处理

类型	账务处理	
非流动资产毁损报废收益	借：固定资产清理、银行存款、待处理财产损溢等 贷：营业外收入	期末结转至本年利润，结转后无余额： 借：营业外收入 　　贷：本年利润
现金盘盈利得	借：库存现金 　　贷：待处理财产损溢（现金溢余无法查明原因） 借：待处理财产损溢（现金溢余无法查明原因） 　　贷：营业外收入	
捐赠利得	借：库存现金、银行存款等 　　贷：营业外收入	
无法支付的应付账款	借：应付账款等（确实无法支付） 　　贷：营业外收入	

【注意】收入与利得、费用与损失的具体区别和联系如表7-14所示。

表 7-14 收入与利得、费用与损失的具体区别和联系

项目	收入与利得	费用与损失
区别	（1）收入与日常活动有关，利得与非日常活动有关。 （2）收入是经济利益总流入	（1）费用与日常活动有关，损失与非日常活动有关。 （2）费用是经济利益总流出
联系	都会导致所有者权益增加，且与所有者投入资本无关	都会导致所有者权益减少，且与向所有者分配利润无关

（二）营业外支出

1.核算内容

营业外支出，是指企业发生的与其日常活动无直接关系的各项损失，主要包括非流动资产毁损报废损失、盘亏损失、捐赠支出、罚款支出、非常损失等。

2.账务处理

企业应通过"营业外支出"科目核算营业外支出的发生及结转情况，并可按营业外支出项目进行明细核算。营业外支出的类型及账务处理如表7-15所示。

表 7-15 营业外支出的类型及账务处理

类型	账务处理	
非流动资产毁损报废损失	借：营业外支出 　　贷：固定资产清理（固定资产报废净损失） 　　　　无形资产	期末结转至本年利润，结转后无余额： 借：本年利润 　　贷：营业外支出
盘亏损失	借：营业外支出 　　贷：待处理财产损溢（包括固定资产盘亏）	

（续表）

类型	账务处理	
罚款支出	借：营业外支出 　　贷：库存现金等	期末结转至本年利润，结转后无余额： 借：本年利润 　　贷：营业外支出
捐赠支出（对外捐赠视同销售）	借：营业外支出 　　贷：银行存款等 　　　　应交税费——应交增值税（销项税额）	

【例题·多选题】下列各项中，企业应通过"营业外收入"科目核算的有（　　）。（2021年）

A. 结转固定资产报废净收益　　　　B. 确认固定资产盘盈利得
C. 无法查明原因的现金溢余　　　　D. 出租固定资产的租金收入

【答案】AC

【解析】选项B，通过"以前年度损益调整"科目核算；选项D，通过"其他业务收入"科目核算。

三、所得税费用★★★

（一）所得税费用的内容

企业的所得税费用包括当期所得税和递延所得税两个部分，具体内容如表7-16所示。

表7-16　所得税费用的内容

所得税费用	当期所得税		指当期应交所得税
	递延所得税	递延所得税资产	指以未来期间很可能取得用来抵扣可抵扣暂时性差异的应纳税所得额为限确认的一项资产
		递延所得税负债	指根据应纳税暂时性差异计算的未来期间应付所得税的金额

（二）应交所得税的计算

应交所得税，是指企业按照企业所得税法规定计算确定的针对当期发生的交易或事项，应交纳给税务部门的所得税金额，即当期应交所得税。

应纳税所得额是在企业税前会计利润（即利润总额）的基础上调整确定的，计算公式如下：

应纳税所得额＝税前会计利润＋纳税调整增加额－纳税调整减少额

企业当期应交所得税的计算公式如下：

应交所得税＝应纳税所得额×企业所得税税率＝（税前会计利润＋纳税调整增加额－纳税调整减少额）×企业所得税税率

【提示】纳税调整内容具体如表7-17所示。

表 7-17 纳税调整内容

项目	核算内容
纳税调整增加额	1. 企业已计入当期损失但税法规定不允许扣除项目的金额 （1）税收滞纳金。 （2）行政罚款、罚金等。 2. 超过税法规定标准的金额 （1）职工福利费（工资总额 ×14%）。 （2）工会经费（工资总额 ×2%）。 （3）职工教育经费（工资总额 ×8%）。 （4）业务招待费（业务招待费发生额 ×60% 与当年销售收入 ×5‰孰低）。 （5）公益性捐赠支出（利润总额 ×12%）。 （6）广告费和业务宣传费（销售或营业收入 ×15%/30%）。 【提示】考试会直接给出标准，或直接给出调整增加的金额
纳税调整减少额	（1）准予免税的项目：国债利息收入。 （2）按企业所得税法规定允许弥补的亏损：前 5 年内未弥补亏损等。 （3）符合条件的居民企业之间的股息、红利等权益性投资收益等

【提示】企业当期应交所得税不等于利润表中的所得税费用。

（三）所得税费用的计算

企业应根据企业会计准则的规定，对当期应交所得税加以调整计算后，据以确认应从当期利润总额中扣除的所得税费用，通过"所得税费用"科目核算。

所得税费用＝当期所得税＋递延所得税

递延所得税＝（递延所得税负债期末余额－递延所得税负债期初余额）－（递延所得税资产期末余额－递延所得税资产期初余额）

【提示 1】当期所得税就是当期应交所得税，即：应纳税所得额 × 企业所得税税率。

【提示 2】递延所得税费用来源于暂时性差异。

（四）所得税费用的账务处理

所得税费用的账务处理如表 7-18 所示。

表 7-18 所得税费用的账务处理

类型	账务处理
确认	借：所得税费用 　　递延所得税资产（借增贷减） 　贷：应交税费——应交所得税（当期所得税） 　　递延所得税负债（借减贷增）
实际缴纳	借：应交税费——应交所得税 　贷：银行存款
期末结转	借：本年利润 　贷：所得税费用

【提示】结转后,"所得税费用"账户无余额。

【例题·单选题】永恒企业 2021 年度实现利润总额 1 350 万元,适用企业所得税税率为 25%。本年度该企业取得国债利息收入 150 万元,发生税收滞纳金 4 万元。不考虑其他因素,该企业 2021 年度利润表"所得税费用"项目本期余额为(　　)万元。

A.374　　　　　　　　　　　　B.337.5
C.301　　　　　　　　　　　　D.338.5

【答案】C

【解析】应纳税所得额 = 1 350 − 150 + 4 = 1 204(万元),所得税费用 = 1 204×25% = 301(万元)。

四、本年利润的账务处理★★★

(一)结转本年利润的方法

会计期末,结转本年利润的方法有表结法和账结法,表结法和账结法的区别如表 7-19 所示。

表 7-19　结账方法的区别

方法	区别
表结法	各损益类科目对应账户每月月末只需结计出本月发生额和月末累计余额,不结转到"本年利润"科目对应账户
账结法	每月月末均需编制转账凭证,将在账上结计出的各损益类科目对应账户的余额结转入"本年利润"科目对应账户

【提示】表结法只有在年末的时候才需要结转;账结法每月月末都需要进行结转,增加了"本年利润"科目对应账户的余额结转环节和工作量。

(二)账务处理

1.结转本年利润的会计处理

企业在会计期末要将所有的损益类会计科目对应账户余额结转到"本年利润"科目对应账户中,具体如表 7-20 所示。

表 7-20　损益类科目对应账户的结转

结转各项收入、利得类科目对应账户	结转各项费用、损失类科目对应账户
借：主营业务收入 　　其他业务收入 　　其他收益 　　营业外收入 　　投资收益（净收益） 　　公允价值变动损益（净收益） 　　资产处置损益（净收益） 　贷：本年利润	借：本年利润 　贷：主营业务成本 　　其他业务成本 　　税金及附加 　　销售费用 　　管理费用 　　财务费用 　　信用减值损失 　　资产减值损失 　　营业外支出 　　所得税费用 　　投资收益（净损失） 　　公允价值变动损益（净损失） 　　资产处置损益（净损失）

【提示】经过上述结转后，"本年利润"科目对应账户如为贷方余额，表示当年实现的净利润；如为借方余额，表示当年发生的净亏损。

2. 确认并结转所得税费用

所得税费用确认与结转的账务处理如表 7-21 所示。

表 7-21　所得税费用确认与结转的账务处理

项目	账务处理
确认所得税费用	借：所得税费用 　　递延所得税资产（或贷方） 　贷：应交税费——应交所得税 　　递延所得税负债（或借方）
结转所得税费用	借：本年利润 　贷：所得税费用

3. 年度终了

年度终了，企业还应将"本年利润"科目对应账户的本年累计余额转入"利润分配——未分配利润"科目对应账户。

借：本年利润
　贷：利润分配——未分配利润

若本年利润为借方余额则编制相反分录。

借：利润分配——未分配利润
　贷：本年利润

【提示】结转后"本年利润"账户应无余额。

【例题·多选题】企业采用账结法结转本年利润,期末应将其本期发生额结转至"本年利润"科目的有( )。

A.财务费用　　　　　　　　　B.制造费用
C.管理费用　　　　　　　　　D.销售费用

【答案】ACD

【解析】采用账结法下,每月月末均需编制转账凭证,将在账上结计出的各损益类科目的余额结转入"本年利润"科目。选项B错误,"制造费用"属于成本类科目,期末不需要结转至"本年利润"科目,期末需要转入"生产成本"科目。

扫一扫,提个小建议

图书勘误、评价建议,"微信"扫一扫。您的感受是我们最好的动力!助您奇兵制胜!

第八章 财务报告

考情分析

本章主要介绍企业资产负债表、利润表、现金流量表和所有者权益（或股东权益）变动表的编制及附注的相关内容。由于与前面章节紧密联系，故本章内容的综合性较强。

小节内容		重要程度	学习要求
第一节 概述	财务报告概念	★	了解
	财务报告编制要求	★★	熟悉
第二节 资产负债表	资产负债表概述	★	了解
	资产负债表的编制	★★★	掌握
第三节 利润表	利润表概述	★	了解
	利润表的编制	★★★	掌握
第四节 现金流量表	现金流量表概述	★	了解
	现金流量表的编制	★★★	掌握
第五节 所有者权益变动表	所有者权益变动表的基本原理	★★	熟悉
	所有者权益变动表的填列方法	★★	熟悉
第六节 财务报表附注及财务报告信息披露要求	附注的作用	★	了解
	附注的主要内容	★★★	掌握
	财务报告信息披露的要求	★★	熟悉
第七节 财务报告的阅读与应用	资产负债表的阅读与应用	★★	熟悉
	利润表的阅读与应用	★★	熟悉
	现金流量表的阅读与应用	★★	熟悉

财务报表是对企业财务状况、经营成果和现金流量的结构性表述。

一套完整的财务报表至少应当包括资产负债表、利润表、现金流量表、所有者权益（或股东权益）变动表以及附注——四表一注。

第一节 概述

一、财务报告概念 ★

（一）财务报告的管理

1. 概念

财务报告，是指企业对外提供的反映企业某一特定日期的财务状况和某一会计期间的经营成果、现金流量等会计信息的文件。

2. 管理的意义

财务报告所提供的信息是企业投资者、债权人、政府管理者和社会公众等利益相关者评价、考核、监督企业管理者受托经管责任履行状况的基本手段，是企业投资者、债权人等作出投资或信贷决策的重要依据。

【提示】提供虚假的财务报告是违法行为，构成犯罪的应依法追究刑事责任。

企业编制、对外提供和分析利用财务报告的主要风险如表 8-1 所示。

表 8-1 财务报告的主要风险

项目	主要风险
编制财务报告	编制财务报告违反会计法律法规和国家统一的会计准则制度，可能导致企业承担法律责任和声誉受损
对外提供财务报告	提供虚假财务报告，误导财务报告使用者，造成决策失误，干扰市场秩序
分析利用财务报告	不能有效利用财务报告，难以及时发现企业经营管理中存在的问题，可能导致企业财务和经营风险失控

（二）财务报告体系及其构成

1. 财务报告体系

财务报告包括财务报表和其他应当在财务报告中披露的相关信息和资料，其中财务报表是财务报告的主体和核心内容，是对企业财务状况、经营成果和现金流量的结构性表述，披露的其他信息和资料是对报表进行的补充和说明。一套完整的财务报表至少应当包括下列组成部分：

（1）资产负债表。

（2）利润表。

（3）现金流量表。

（4）所有者权益变动表（或股东权益变动表）。

（5）附注。

【提示】财务报表的这些组成部分在列报上具有同等的重要程度。

2. 财务报告分类

财务报告按照编报时间，分为年报和中期报告。财务报表相应地分为年度财务会计报表和中期财务会计报表。除此之外，财务会计报表按编制主体，分为个别财务报表和合并财务报表。财务报表的分类如表8-2所示。

表8-2 财务报表的分类

分类标准	类型	定义
编报时间	年度财务报表	以一个完整会计年度为基础编制的财务报表
	中期财务报表	以短于一个完整的会计年度为基础编制的财务报表，中期财务报表分为月度、季度和半年度财务会计报表
编制主体	个别报表	由企业在自身会计核算基础上对账簿记录进行加工而编制的财务报表，主要用来反映企业自身的财务状况、经营成果和现金流量情况
	合并报表	以母公司和子公司组成的企业集团为会计主体，根据母公司和所属子公司的财务报表，由母公司编制的综合反映企业集团财务状况、经营成果及现金流量的财务报表

【提示】中期财务报告至少应当包括资产负债表、利润表、现金流量表和附注。其中，除了附注外，其余三表的格式和内容应当与上年度财务报表相一致。

【例题·多选题】下列关于财务报表的说法中，恰当的有（　　）。

A. 一套完整的财务报表至少应当包括资产负债表和利润表、现金流量表和所有者权益（或股东权益）变动表

B. 资产负债表反映企业在某一特定日期的财务状况

C. 利润表反映企业在一定会计期间的经营成果

D. 所有者权益变动表反映构成所有者权益各组成部分当期增减变动情况

【答案】BCD

【解析】一套完整的财务报表至少应当包括资产负债表、利润表、现金流量表、所有者权益（或股东权益）变动表以及附注。

二、财务报告编制要求★★

（1）依据各项会计准则确认和计量的结果编制财务报表。

（2）列报基础。持续经营是会计的基本前提，也是会计确认、计量及编制财务报表的基础。

【提示】企业如果存在以下情况之一，通常表明其处于非持续经营状态：

①企业已在当期进行清算或停止营业；

②企业已经正式决定在下一个会计期间进行清算或停止营业；

③企业已确定在当期或下一个会计期间没有其他可供选择的方案而将被迫进行清算或停止营业。

（3）权责发生制。除现金流量表按照收付实现制编制外，企业应当按照权责发生制编制其他财务报表。

（4）列报的一致性。财务报表项目的列报应当在各个会计期间保持一致，不得随意变更。这一要求不仅针对财务报表中的项目名称，还包括财务报表项目的分类、排列顺序等方面。

（5）依据重要性原则单独或汇总列报项目。关于项目在财务报表中是单独列报还是汇总列报，应当依据重要性原则来判断，判断应当根据所处环境，主要从项目的性质和金额大小两方面予以判断。如果某项目单个看不具有重要性，则可将其与其他项目汇总列报；如具有重要性，则应当单独列报。

（6）总额列报。财务报表项目应当以总额列报，资产和负债、收入和费用、直接计入当期利润的利得和损失项目的金额不能相互抵销，即不得以净额列报，但企业会计准则另有规定的除外。

【提示】可以以净额列示的情况：

①一组类似交易形成的利得和损失以净额列示的，不属于抵销。但如果相关利得和损失具有重要性，则应当单独列报；

②资产或负债项目按扣除备抵项目后的净额列示，不属于抵销；

③非日常活动产生的利得和损失，以同一交易形成的收益扣减相关费用后的净额列示更能反映交易实质的，不属于抵销。

（7）比较信息列报。企业在列报当期财务报表时，至少应当提供所有列报项目上一个可比会计期间的比较数据，以及与理解当期财务报表相关的说明，提高信息在会计期间的可比性。

（8）财务报表表首的列报要求。企业应当将财务报告与一起公布的同一文件中的其他信息相区分，报表表首至少应当披露企业名称、日期、货币名称和单位等基本信息。

第二节　资产负债表

一、资产负债表概述 ★

资产负债表是反映企业在某一特定日期的财务状况的报表，是对企业特定日期的资产、负债和所有者权益的结构性表述，其编制依据、分类以及作用如表8-3所示，其格式及列示说明如表8-4所示。

表8-3　资产负债表的编制依据、分类及作用

编制依据	资产＝负债＋所有者权益
分类	按照表体格式分为：报告式资产负债表和账户式资产负债表。 ①报告式资产负债表是上下结构，上半部分列示资产，下半部分列示负债和所有者权益； ②账户式资产负债表是左右结构，左边列示资产各项目，大体按照资产的流动性强弱进行排列，流动性强的排在前面，流动性弱的排在后面。右边列示负债和所有者权益各项目，一般按照清偿时间的先后顺序排列，需要在1年以内或长于1年的一个正常营业周期内偿还的流动负债排在前面，一年以上才需偿还的非流动负债排在中间，在企业清算之前不需要偿还的所有者权益项目排在后面。 【注意】我国企业的资产负债表采用账户式结构

（续表）

作用	可以反映企业在某一特定日期所拥有或控制的经济资源、所承担的现时义务和所有者对净资产的要求权，帮助财务报表使用者全面了解企业的财务状况、分析企业的偿债能力等情况，从而为其作出经济决策提供依据

表8-4 资产负债表

会企01表

编制单位：　　　　　　　　　　　　　年　月　日　　　　　　　　　　　单位：元

资产	期末余额	上年年末余额	负债和所有者权益（或股东权益）	期末余额	上年年末余额
流动资产：			流动负债：		
货币资金			短期借款		
交易性金融资产			交易性金融负债		
衍生金融资产			衍生金融负债		
应收票据			应付票据		
应收账款			应付账款		
应收款项融资			预收款项		
预付款项			合同负债		
其他应收款			应付职工薪酬		
存货			应交税费		
合同资产			其他应付款		
持有待售资产			持有待售负债		
一年内到期的非流动资产			一年内到期的非流动负债		
其他流动资产			其他流动负债		
流动资产合计			流动负债合计		
非流动资产：			非流动负债：		
债权投资			长期借款		
其他债权投资			应付债券		
长期应收款			其中：优先股		
长期股权投资			永续债		
其他权益工具投资			租赁负债		
其他非流动金融资产			长期应付款		
投资性房地产			预计负债		
固定资产			递延收益		
在建工程			递延所得税负债		
生产性生物资产			其他非流动负债		
油气资产			非流动负债合计		
使用权资产			负债合计		
无形资产			所有者权益（或股东权益）：		

（续表）

资产	期末余额	上年年末余额	负债和所有者权益（或股东权益）	期末余额	上年年末余额
开发支出			实收资本（或股本）		
商誉			其他权益工具		
长期待摊费用			其中：优先股		
递延所得税资产			永续债		
其他非流动资产			资本公积		
非流动资产合计			减：库存股		
			其他综合收益		
			专项储备		
			盈余公积		
			未分配利润		
			所有者权益（或股东权益）合计		
资产总计			负债和所有者权益（或股东权益）总计		

账户式资产负债表中的资产各项目的合计等于负债和所有者权益各项目的合计，即资产负债表左方和右方平衡，因此通过账户式资产负债表可以反映资产、负债、所有者权益之间的内在关系，即"资产=负债+所有者权益"。

二、资产负债表的编制★★★

（一）资产负债表项目的填列方法

（1）资产负债表的"上年年末余额"栏内各项数字，应根据上年年末资产负债表的"期末余额"栏内所列数字填列（抄过来）。

如果上年度资产负债表规定的各个项目的名称和内容与本年度不相一致，应按照本年度的规定对上年年末资产负债表的各个项目的名称和数字进行调整，填入本表"上年年末余额"栏内。

（2）资产负债表的"期末余额"是根据会计账簿中所反映的各类账户的期末余额填列的。

"期末余额"栏主要有五种填列方式，具体如表8-5所示。

表8-5 资产负债表项目的填列方法

根据总账科目对应账户余额填列	根据一个总账科目对应账户余额直接填列（1对1）	如短期借款、资本公积等
	根据几个总账科目对应账户余额计算填列（多对1）	货币资金项目=库存现金+银行存款+其他货币资金

根据明细账科目对应账户余额填列	应付账款项目=应付和预付明细科目对应账户贷方余额 预付款项项目=应付和预付明细科目对应账户借方余额–与"预付账款"有关的坏账准备贷方余额 预收款项项目=应收和预收明细科目对应账户的贷方余额 开发支出项目：研发支出——资本化支出的期末余额 应付职工薪酬项目：应付职工薪酬明细科目对应账户期末余额 一年内到期的非流动资产/负债项目：有关非流动资产和非流动负债明细科目对应账户余额
根据总账科目和明细账科目对应账户余额填列	长期借款项目：长期借款总账余额扣除其明细科目对应账户中将在一年内到期且企业不能自主地将清偿义务展期的长期借款后的金额计算填列 长期待摊费用项目：应根据长期待摊费用账户期末余额减去将于1年内（含1年）摊销的数额后的金额填列 其他非流动资产项目：有关科目对应账户期末余额减去将在1年内（含1年）收回的金额 其他非流动负债项目：有关科目对应账户期末余额减去将在1年内（含1年）到期偿还的金额
根据有关科目对应账户余额减去其备抵科目对应账户余额后的净值填列	应收票据、应收账款、长期股权投资、在建工程、固定资产、无形资产、投资性房地产（采用成本模式计量）等项目，减去相应的坏账准备、折旧、摊销、减值准备等备抵科目对应账户余额
综合运用上述方法填列	存货项目=原材料+库存商品+委托加工物资+周转材料+材料采购+在途物资+发出商品±材料成本差异–存货跌价准备等 【提示】工程物资不属于存货，属于在建工程

应收账款、预收款项、应付账款、预付款项的填列方法具体如表8-6所示。

表8-6 两收两付的填列方法

资产	负债及所有者权益
应收账款：（应收账款+预收账款）明细借余–与应收账款有关的坏账准备	应付账款：（应付账款+预付账款）明细贷余
预付款项：（应付账款+预付账款）明细借余–与预付账款有关的坏账准备	预收款项：（应收账款+预收账款）明细贷余

【注意】资产负债表填列说明：未指明科目对应账户借方或贷方的，默认为该科目对应账户所属会计要素常规的借贷方向（如资产类科目对应账户一般都是借方余额）。有些需要减去坏账准备的，默认是减去与该科目相关的应计提坏账准备。

（二）资产负债表的填列说明

资产负债表日，企业根据资产负债表的五种填列方式填列有关的资产、负债和所有者权益项目，具体各项目的填列方式如表8-7所示。

表 8-7　资产负债表项目的填列说明

资产项目的填列说明		负债和所有者权益项目的填列说明	
货币资金	库存现金 + 银行存款 + 其他货币资金	短期借款	根据总账科目对应账户余额填列
交易性金融资产	根据"交易性金融资产"科目的相关明细科目对应账户期末余额分析填列。自资产负债表日起超过1年到期且预期持有超过1年的以公允价值计量且其变动计入当期损益的非流动金融资产的期末账面价值，在"其他非流动金融资产"项目反映	交易性金融负债	根据"交易性金融负债"科目的相关明细科目对应账户余额分析填列
应收票据	应收票据期末借方余额 – 与应收票据有关的坏账准备	应付票据	应付票据科目对应账户期末余额填列
应收账款	（预收账款借方余额 + 应收账款借方余额）– 与应收账款有关的坏账准备 【提示】收收合并（借）	应付账款	应付账款贷方余额 + 预付账款贷方余额 【提示】付付合并（贷）
应收款项融资	反映资产负债表日以公允价值计量且其变动计入其他综合收益的应收票据和应收账款等	预收款项	应收账款贷方余额 + 预收账款贷方余额 【提示】收收合并（贷）
预付款项	（应付账款借方余额 + 预付账款借方余额）– 与预付账款有关的坏账准备 【提示】付付合并（借）	合同负债	根据"合同负债"的相关明细科目对应账户期末余额分析填列
其他应收款	应收利息 + 应收股利 + 其他应收款的期末余额合计 – 与其他应收款有关的坏账准备	应付职工薪酬	所属明细科目对应账户期末贷方余额分析填列
存货	材料采购 + 原材料 + 库存商品 + 周转材料 + 委托加工物资 + 发出商品 + 生产成本 + 受托代销商品 – 受托代销商品款 – 存货跌价准备等 【提示】原材料或库存商品采用计划成本核算，还应加减材料成本差异；库存商品采用售价核算，还应加减商品进销差价	应交税费	根据总账余额填列，若为借方余额，则以"–"号填列

（续表）

	资产项目的填列说明		负债和所有者权益项目的填列说明
合同资产	根据"合同资产"科目的相关明细科目对应账户期末余额分析填列，同一合同下的合同资产和合同负债应当以净额列示，其中净额为借方余额的，应当根据其流动性在"合同资产"或"其他非流动资产"项目中填列，已计提减值准备的，还应以减去"合同资产减值准备"科目中相关的期末余额后的金额填列。 【提示】其中净额为贷方余额的，应当根据其流动性在"合同负债"或"其他非流动负债"项目中填列。	其他应付款	应付股利 + 应付利息 + 其他应付款
持有待售资产	根据"持有待售资产"科目对应账户的期末余额 –"持有待售资产减值准备"科目对应账户的期末余额后的金额填列	持有待售负债	根据总账期末余额填列
一年内到期的非流动资产	根据有关科目对应账户的期末余额分析填列。 体现：实质重于形式	一年内到期的非流动负债	根据有关科目对应账户的期末余额分析填列
债权投资	"债权投资"科目相关明细科目对应账户期末余额 –"债权投资减值准备"科目对应账户中相关减值准备的期末余额。 【提示】以摊余成本计量的一年内到期的债权投资期末账面价值在"其他流动资产"项目反映	长期借款	根据"长期借款"期末余额扣除"长期借款"所属明细将在一年内到期且企业不能自主地将清偿义务展期的长期借款后的金额填列
其他债权投资	根据"其他债权投资"科目的相关明细科目对应账户期末余额分析填列。 【提示】自资产负债表日起1年内到期的长期债权投资期末账面价值在"一年内到期的非流动资产"项目，反映以公允价值计量且其变动计入其他综合收益的1年内到期的债权投资期末账面价值在"其他流动资产"项目反映	应付债券	根据"应付债券"科目对应账户的期末余额分析填列

（续表）

	资产项目的填列说明		负债和所有者权益项目的填列说明
长期应收款	长期应收款 – 未实现融资收益 – 与长期应收款有关的坏账准备	租赁负债	根据"租赁负债"科目对应账户的期末余额填列。 【提示】自资产负债表日起一年内到期应予以清偿的租赁负债的期末账面价值，在"一年内到期的非流动负债"项目反映
长期股权投资	长期股权投资 – 长期股权投资减值准备	长期应付款	长期应付款 – 未确认融资费用 + 专项应付款
其他权益工具投资	根据"其他权益工具投资"科目对应账户的期末余额填列	预计负债	根据总账余额填列。 【提示】包括对外提供担保、未决诉讼、产品质量保证、重组义务以及固定资产和矿区权益弃置义务等
固定资产	固定资产 – 累计折旧 – 固定资产减值准备 + 固定资产清理	递延收益	根据总账余额填列。 【提示】包括企业根据政府补助准则确认的应在以后期间计入当期损益的政府补助金额、售后租回形成融资租赁的售价与资产账面价值差额等其他递延性收入
在建工程	在建工程 – 在建工程减值准备 + 工程物资 – 工程物资减值准备	递延所得税负债	根据总账余额填列
使用权资产	使用权资产 – 使用权资产累计折旧 – 使用权资产减值准备	其他非流动负债	根据企业相关科目期末余额减去将在1年内（含1年）到期偿还数后的余额分析填列。 【提示】将在1年内（含1年）到期的非流动负债应在"一年内到期的非流动负债"项目中反映
无形资产	无形资产 – 累计摊销 – 无形资产减值准备	实收资本（或股本）	根据总账期末余额填列
开发支出	资本化支出明细科目对应账户的期末余额	其他权益工具	反映企业发行的除普通股以外分类为权益工具的金融工具的期末账面价值，并下设"优先股"和"永续债"两个项目，分别反映企业发行的分类为权益工具的优先股和永续债的账面价值

(续表)

资产项目的填列说明		负债和所有者权益项目的填列说明	
长期待摊费用	长期待摊费用 – 将要在 1 年内（≤ 1 年）摊销金额 【提示】摊销年限只剩 1 年或不足 1 年的，或预计在 1 年内（含 1 年）进行摊销的部分，不得归类为流动资产，不转入"一年内到期的非流动资产"项目	资本公积	根据总账期末余额填列
递延所得税资产	根据总账期末余额填列	其他综合收益	根据总账期末余额填列
其他非流动资产	根据有关科目对应账户期末余额填列	专项储备	根据总账期末余额填列
		盈余公积	根据总账期末余额填列
		未分配利润	本年利润 + 利润分配（若为未弥补的亏损则在填列时以"–"号填列）

【注意】

项目	科目	记忆口诀
资产 （借增贷减）	应收账款	借方收收合并
	预付款项	借方付付合并
负债 （借减贷增）	应付账款	贷方付付合并
	预收款项	贷方收收合并

▶ 名师点睛

资产负债表的考查方式分文字类题和计算类题两种，考生可以着重记忆常考项目的具体填列说明，如"存货""固定资产"及"两收两付"项目。除此之外，各位考生需注意个别会计科目和报表项目之间在命名上存在的差异。例如，"预收账款"科目在资产负债表中的报表项目为"预收款项"，学习过程中应注意区分。

【例题 · 单选题】下列各项关于资产负债表"预收款项"项目填列方法的表述中，正确的是（　　）。

A. 根据"预收账款"科目对应账户的期末余额填列

B. 根据"预收账款"和"应收账款"科目所属各明细科目对应账户的期末贷方余额合计数填列

C. 根据"预收账款"和"预付款项"科目所属各明细科目对应账户的期末借方余额合计数填列

D. 根据"预收账款"和"应付账款"科目所属各明细科目对应账户的期末贷方余额合计数填列

【答案】B

【解析】"预收款项"项目根据"预收账款"和"应收账款"科目所属各明细科目对应账户的期末贷方余额合计数填列。

【例题 · 单选题】某企业 2021 年 12 月 31 日"固定资产"科目对应账户余额为 1 000 万元，

"累计折旧"科目对应账户余额为300万元,"固定资产减值准备"科目对应账户余额为50万元。该企业2021年12月31日资产负债表"固定资产"的项目金额为（　　）万元。

A.650　　　　　　　　　　　　　　B.700
C.950　　　　　　　　　　　　　　D.1 000

【答案】A

【解析】固定资产项目金额＝固定资产－累计折旧－固定资产减值准备＝1 000－300－50＝650（万元）。

第三节　利润表

一、利润表概述 ★

利润表又称损益表,是反映企业在一定会计期间经营成果的报表,其编制依据、分类及作用如表8-8所示。

表8-8　利润表的编制依据、分类及作用

编制依据	收入－费用＝利润
分类	按照表体结构分为单步式和多步式。 ①单步式利润表是将当期所有的收入列在一起、所有的费用列在一起,然后将两者相减得出当期净损益。 ②多步式格式,通过对当期的收入、费用、支出项目按性质加以归类,按利润形成的主要环节列示一些中间性利润指标,分步计算当期净损益,以便财务报表使用者理解企业经营成果的不同来源。 【注意】我国企业的利润表采用多步式格式
作用	①有助于使用者分析判断企业净利润的质量及其风险,评价企业经营管理效率,有助于使用者预测企业净利润的持续性,从而作出正确的决策。 ②可以反映企业在一定会计期间的收入实现情况,如实现的营业收入、取得的投资收益、发生的公允价值变动损益及营业外收入等对利润的贡献大小。 ③可以反映企业一定会计期间的费用耗费情况,如发生的营业成本、税金及附加、销售费用、管理费用、财务费用、营业外支出等对利润的影响程度。 ④可以反映企业一定会计期间的净利润实现情况,分析判断企业受托责任的履行情况,进而还可以反映企业资本的保值增值情况,为企业管理者解脱受托责任提供依据。 ⑤将利润表资料及信息与资产负债表资料及信息相结合进行综合计算分析,如将营业成本与存货或资产总额的平均余额进行比较,可以反映企业运用其资源的能力和效率,便于分析判断企业资金周转情况及盈利能力和水平,进而判断企业未来的盈利增长和发展趋势,作出相应经济决策

利润表主要由表首、表体两部分组成。表首部分应列明报表名称、编制单位名称、编制日期、报表编号和计量单位；表体部分是利润表的主体，列示了形成经营成果的各个项目和计算过程。为了使财务报表使用者通过比较不同期间利润的实现情况，判断企业经营成果的未来发展趋势，企业需要提供比较利润表。为此，利润表金额栏分为"本期金额"和"上期金额"两栏。我国一般企业利润表的格式如表 8-9 所示。

表 8-9 利 润 表

会企 02 表

编制单位： 年 月 日 单位：元

项目	本期金额	上期金额
一、营业收入		
减：营业成本		
税金及附加		
销售费用		
管理费用		
研发费用		
财务费用		
其中：利息费用		
利息收入		
加：其他收益		
投资收益（损失以"-"号填列）		
其中：对联营企业和合营企业的投资收益		
以摊余成本计量的金融资产终止确认收益（损失以"-"号填列）		
净敞口套期收益（损失以"-"号填列）		
公允价值变动收益（损失以"-"号填列）		
资产减值损失（损失以"-"号填列）		
信用减值损失（损失以"-"号填列）		
资产处置收益（损失以"-"号填列）		
二、营业利润（亏损以"-"号填列）		
加：营业外收入		
减：营业外支出		
三、利润总额（亏损以"-"号填列）		
减：所得税费用		
四、净利润（净亏损以"-"号填列）		
（一）持续经营净利润（净亏损以"-"填列）		
（二）终止经营净利润（净亏损以"-"填列）		
五、其他综合收益的税后净额		
（一）不能重分类进损益的其他综合收益		
1.重新计量设定受益计划变动额		

(续表)

项目	本期金额	上期金额
2.权益法下不能转损益的其他综合收益		
3.其他权益工具投资公允价值变动		
4.企业自身信用风险公允价值变动		
（二）将重分类进损益的其他综合收益		
1.权益法下可转损益的其他综合收益		
2.其他债权投资公允价值变动		
3.金融资产重分类计入其他综合收益的金额		
4.其他债权投资信用减值准备		
5.现金流量套期储备		
6.外币财务报表折算差额		
六、综合收益总额		
七、每股收益		
（一）基本每股收益		
（二）稀释每股收益		

二、利润表的编制★★★

利润表的编制原理：收入－费用＝利润。

（一）利润表的编制要求

利润表各项目均需填列"本期金额"和"上期金额"两栏。"上期金额"栏内各项金额根据上年该期利润表的"本期金额"栏内金额填列。

我国企业利润表的主要编制步骤和内容如下。

第一步：以营业收入为基础，计算出营业利润。

  营业收入＝主营业务收入＋其他业务收入

  营业利润＝营业收入－营业成本－税金及附加－销售费用－管理费用－研发费用－财务费用－资产减值损失－信用减值损失±公允价值变动收益（损失）±净敞口套期收益（损失）±投资收益（损失）±资产处置收益（损失）＋其他收益

第二步：以营业利润为基础，计算出利润总额。

  利润总额＝营业利润＋营业外收入－营业外支出

第三步：以利润总额为基础，用利润总额减去所得税费用，即计算出净利润（或净亏损）。

  净利润＝利润总额－所得税费用

第四步：以净利润（或净亏损）为基础，计算出每股收益。

第五步：以净利润（或净亏损）和其他综合收益为基础，计算出综合收益总额。

  其他综合收益的税后净额＝直接计入所有者权益的利得和损失扣除所得税影响后的金额

  综合收益总额＝净利润＋其他综合收益（税后净额）

（二）利润表项目的填列方法

利润表一般根据损益类科目和所有者权益类有关科目的发生额填列，具体各项目的填列方法如表 8-10 所示。

表 8-10 利润表项目的填列方法

项目	"本期金额"填列方法	"上期金额"填列方法
营业收入	＝主营业务收入＋其他业务收入	根据上年该期利润表的"本期金额"栏内金额填列（抄过来）
营业成本	＝主营业务成本＋其他业务成本	
税金及附加	＝税金及附加	
销售费用	＝销售费用	
管理费用	＝管理费用－管理费用下研发费用和无形资产摊销明细科目对应账户发生额	
研发费用	＝管理费用下研发费用和无形资产摊销明细科目对应账户发生额	
财务费用	＝财务费用相关明细科目对应账户发生额	
资产减值损失	＝资产减值损失	
信用减值损失	＝信用减值损失	
其他收益	＝其他收益	
投资收益	＝投资收益（损失以"－"号填列）	
净敞口套期收益	＝净敞口套期损益（损失以"－"号填列）	
公允价值变动收益	＝公允价值变动损益（净损失以"－"号填列）	
资产处置收益	＝资产处置损益（损失以"－"号填列）	
营业利润	计算填入（亏损以"－"号填列）	
营业外收入	＝营业外收入	
营业外支出	＝营业外支出	根据上年该期利润表的"本期金额"栏内金额填列（抄过来）
利润总额	计算填入（亏损以"－"号填列）	
所得税费用	＝所得税费用	
净利润	计算填入（亏损以"－"号填列）	
其他综合收益的税后净额	未在损益中确认的各项利得和损失扣除所得税影响后的净额	
综合收益总额	其他综合收益（税后净额）＋净利润	
每股收益	基本每股收益＋稀释每股收益	

第四节　现金流量表

一、现金流量表概述 ★

（一）现金流量表的概念

现金流量表，是指反映企业在一定会计期间现金和现金等价物流入和流出的报表。

现金，是指企业库存现金以及可以随时用于支付的存款。现金等价物，是指企业持有的期限短、流动性强、易于转换为已知金额现金、价值变动风险很小的投资。

从编制原则上看，现金流量表按照收付实现制原则编制，将权责发生制下的盈利信息调整为收付实现制下的现金流量信息，便于信息使用者了解企业净利润的质量。

从内容上看，现金流量表被划分为经营活动、投资活动和筹资活动三个部分。

【提示1】上述"持有期限短"，一般是指自购买日起3个月内到期。

【提示2】现金等价物通常包括3个月内到期的债券投资等。

【提示3】权益性投资变现的金额通常不确定，因而不属于现金等价物。

【提示4】现金形态的变化，既不产生现金流出，也不产生现金流入，比如，企业将现金存入银行和从银行取出现金。

【提示5】现金与现金等价物的转换，既不产生现金流出，也不产生现金流入，比如，企业用银行存款购买3个月内到期的短期债券。

（二）现金流量表的结构原理

1.现金流量表的结构

企业应当根据其业务活动的性质和现金流量的功能将现金流量分为经营活动产生的现金流量、投资活动产生的现金流量和筹资活动产生的现金流量三个部分。现金流量又包括现金流入量、现金流出量、净现金流量。现金流入量－现金流出量＝现金净流量。企业持有以外币为计量单位的资产负债及往来款项的，还应列示汇率变动对现金及现金等价物的影响。

（1）经营活动产生的现金流量。

经营活动产生的现金流量，是指与销售商品、提供劳务有关的活动产生的现金流量，包括企业投资活动和筹资活动以外的所有交易和事项产生的现金流量。经营活动产生的现金流量分为经营活动产生的现金流入量、经营活动产生的现金流出量以及经营活动产生的现金净流量。

报表项目的填列内容如表8-11所示：

表 8-11　经营活动产生的现金流量填列内容

现金流量表项目	填列内容
①销售商品、提供劳务收到的现金	本期销售商品、提供劳务收到的现金，以及前期销售商品、提供劳务本期收到的现金和本期预收的款项，减去本期销售本期退回的商品和前期销售本期退回的商品支付的现金。 【提示】企业销售材料和代购代销业务收到的现金，也在本项目反映
②收到的税费返还	企业收到的各种税费返还款
③收到的其他与经营活动有关的现金	经营租赁收到的租金等，金额较大的应当单独列示
④购买商品、接受劳务支付的现金	本期购买商品、接受劳务支付的现金，以及本期支付前期购买商品、接受劳务的未付款项和本期预付款项，减去本期发生的购货退回收到的现金。 【提示】企业购买材料和代购代销业务支付的现金，也在本项目反映
⑤支付给职工以及为职工支付的现金	本期实际支付给职工的工资、奖金、各种津贴和补贴等，以及为职工支付的其他费用（包括代扣代缴的个人所得税）
⑥支付的各项税费	本期发生并支付的税费，以及本期支付以前各期发生的税费和预交的税金
⑦支付其他与经营活动有关的现金	经营租赁支付的租金、罚款支出、支付的差旅费、业务招待费、保险费等，金额较大的应当单独列示

（2）投资活动产生的现金流量。

投资活动产生的现金流量，是指与非流动资产的取得或处置有关的活动产生的现金流量，包括企业长期资产的购建和不包括在现金等价物范围内的投资及其处置活动产生的现金流量，投资活动产生的现金流量分为投资活动产生的现金流入量、投资活动产生的现金流出量以及投资活动产生的现金净流量。

报表项目的填列内容如表 8-12 所示：

表 8-12　投资活动产生的现金流量填列内容

现金流量表项目	填列内容
①收回投资收到的现金	出售、转让或到期收回除现金等价物以外的对其他企业的权益工具、债务工具和合营中的权益
②取得投资收益收到的现金	除现金等价物以外的对其他企业的权益工具、债务工具和合营中的权益投资分回的现金股利和利息等
③处置固定资产、无形资产和其他长期资产收回的现金净额	出售、报废固定资产、无形资产和其他长期资产所取得的现金（包括因资产毁损而收到的保险赔偿收入），减去为处置这些资产而支付的有关费用后的净额
④处置子公司及其他营业单位收到的现金净额	处置子公司及其他营业单位所取得的现金减去相关处置费用，以及子公司及其他营业单位持有的现金和现金等价物后的净额
⑤收到其他与投资活动有关的现金	除上述①至④项目外收到的其他与投资活动有关的现金流入或流出，金额较大的应当单独列示

(续表)

现金流量表项目	填列内容
⑥购建固定资产、无形资产和其他长期资产支付的现金	购买、建造固定资产、取得无形资产和其他长期资产所支付的现金（含增值税款等），以及用现金支付的应由在建工程和无形资产负担的职工薪酬
⑦投资支付的现金	取得除现金等价物以外的对其他企业的权益工具、债务工具和合营中的权益所支付的现金以及支付的佣金、手续费等附加费用
⑧取得子公司及其他营业单位支付的现金净额	购买子公司及其他营业单位购买出价中以现金支付的部分，减去子公司及其他营业单位持有的现金和现金等价物后的净额
⑨支付其他与投资活动有关的现金	除上述⑥至⑧项目外支付的其他与投资活动有关的现金流入或流出，金额较大的应当单独列示

（3）筹资活动产生的现金流量。

筹资活动产生的现金流量，是指涉及企业财务规模的更改或财务结构组成变化的活动，也就是指导致企业资本及债务规模和构成发生变动的活动产生的现金流量。筹资活动产生的现金流量分为筹资活动产生的现金流入量、筹资活动产生的现金流出量以及筹资活动产生的现金净流量。

报表项目的填列内容如表8-13所示：

表8-13 筹资活动产生的现金流量填列内容

现金流量表项目	填列内容
①吸收投资收到的现金	以发行股票、债券等方式筹集资金实际收到的款项，减去直接支付给金融企业的佣金、手续费、宣传费、咨询费、印刷费等发行费用后的净额
②取得借款收到的现金	举借各种短期、长期借款而收到的现金
③收到其他与筹资活动有关的现金	除上述①和②项目外，收到的其他与筹资活动有关的现金流入或流出，金额较大的应当单独列示
④偿还债务支付的现金	以现金偿还债务的本金
⑤分配股利、利润或偿付利息支付的现金	实际支付的现金股利、支付给其他投资单位的利润或用现金支付的借款利息、债券利息
⑥支付其他与筹资活动有关的现金	除上述④和⑤项目外，支付的其他与筹资活动有关的现金流入或流出，金额较大的应当单独列示

【提示】企业在偿还日常活动中因购买商品、接受劳务形成的"应付账款"时会导致债务规模发生变化，但因为其产生于企业日常经营活动，故相关现金流出属于与经营活动相关的现金流出。

2. 现金流量表的格式

现金流量表的格式，是指现金流量表结构内容的编排顺序和方式。现金流量表的格式应有利于反映企业业务活动的性质和现金流量的来源，将以权责发生制为基础编制的资产负债表和利润表资料按照收付实现制基础调整计算编制现金流量表。调整计算方法通常有直接法和间接法两种。直接法和间接法的含义与优势如表8-14所示。

表 8-14 直接法和间接法的含义与优势

名称	方法	优势
直接法	以利润表中的营业收入为起算点调整计算经营活动产生的现金流量净额，通过现金收入和现金支出的主要类别列示企业经营活动现金流量的一种方法	便于分析经营活动产生的现金流量的来源和用途，预测企业现金流量的未来前景
间接法	以利润表中的净利润为起算点调整计算经营活动产生的现金流量净额，将净利润调整为经营活动现金流量的一种方法	便于将净利润与经营活动产生的现金流量净额进行比较，了解净利润与经营活动产生的现金流量差异的原因，从现金流量的角度分析净利润的质量

按照我国现行会计准则规定，企业应当采用直接法列示经营活动产生的现金流量。企业应当在附注中披露将净利润调整为经营活动现金流量的信息。由此，现金流量表的格式分为直接法格式和间接法格式两种，分别如表 8-15 和表 8-16 所示。

表 8-15 现金流量表（简表）

会企 03 表

编制单位：甲公司　　　　　　　2022 年 12 月　　　　　　　金额单位：万元

项目	本期金额	上期金额
一、经营活动产生的现金流量：		
销售商品、提供劳务收到的现金		
收到的税费返还		
收到其他与经营活动有关的现金		
经营活动现金流入小计		
购买商品、接受劳务支付的现金		
支付给职工以及为职工支付的现金		
支付的各项税费		
支付其他与经营活动有关的现金		
经营活动现金流出小计		
经营活动产生的现金流量净额		
二、投资活动产生的现金流量：		
收回投资收到的现金		
取得投资收益收到的现金		
处置固定资产、无形资产和其他长期资产收回的现金净额		
处置子公司及其他营业单位收到的现金		
收到其他与投资活动有关的现金		
投资活动现金流入小计		
购建固定资产、无形资产和其他长期资产支付的现金		
投资支付的现金		
取得子公司及其他营业单位支付的现金净额		
支付其他与投资活动有关的现金		

（续表）

项目	本期金额	上期金额
投资活动现金流出小计		
投资活动产生的现金流量净额		
三、筹资活动产生的现金流量：		
吸收投资收到的现金		
取得借款收到的现金		
收到其他与筹资活动有关的现金		
筹资活动现金流入小计		
偿还债务支付的现金		
分配股利、利润或偿付利息支付的现金		
支付其他与筹资活动有关的现金		
筹资活动现金流出小计		
筹资活动产生的现金流量净额		
四、汇率变动对现金及现金等价物的影响		
五、现金及现金等价物净增加额		
加：期初现金及现金等价物余额		
六、期末现金及现金等价物余额		

表 8-16　现金流量表补充资料（简表）

编制单位：乙公司　　　　　　2022 年 12 月　　　　　　金额单位：万元

项目	本期金额	上期金额
1.将净利润调节为经营活动现金流量		
净利润		
加：资产减值准备		
信用损失准备		
固定资产折旧、油气资产折耗、生产性生物资产折旧		
无形资产摊销		
长期待摊费用摊销		
处置固定资产、无形资产和其他长期资产的损失（收益以"-"号填列）		
固定资产报废损失（收益"-"以号填列）		
净敞口套期损失（收益以"-"号填列）		
公允价值变动损失（收益以"-"号填列）		
财务费用（收益以"-"号填列）		

（续表）

项目	本期金额	上期金额
投资损失（收益以"-"号填列）		
递延所得税资产减少（增加以"-"号填列）		
递延所得税负债增加（减少以"-"号填列）		
存货的减少（增加以"-"号填列）		
经营性应收项目的减少（增加以"-"号填列）		
经营性应付项目的增加（减少以"-"号填列）		
其他		
经营活动产生的现金流量净额		
2. 不涉及现金收支的重大投资和筹资活动		
债务转为资本		
一年内到期的可转换公司债券		
融资租入固定资产		
3. 现金及现金等价物净变动情况		
现金的期末余额		
减：现金的期初余额		
加：现金等价物的期末余额		
减：现金等价物的期初余额		
现金及现金等价物净增加额		

（三）现金流量表的作用

现金流量表相较于资产负债表和利润表具有许多不同的重要作用，主要表现在以下几个方面：

（1）可以弥补基于权责发生制基础编报的资产负债表和利润表的某些固有缺陷，揭示企业财务状况与经营成果之间的内在联系，便于会计报表使用者了解企业净利润的质量。

（2）便于会计报表使用者了解企业支付能力、偿债能力和周转能力，进而预测企业未来的现金流量情况，为其决策提供有力依据。

（3）提高企业之间更加可比的会计信息，有利于会计报表使用者提高决策的质量和效率。

（4）降低企业盈余管理程度，提高会计信息质量，有利于更好发挥会计监督职能作用，改善公司治理状况，进而促进实现会计决策有用性和维护经济资源配置秩序、提高经济效益的目标要求。

【例题·多选题】在编制现金流量表时，下列现金流量中，属于企业经营活动现金流量的有（　　）。

A. 支付购买原材料的应付账款　　　　B. 处置固定资产收到的现金
C. 收到经营性租赁租金　　　　　　　D. 支付生产工人的职工薪酬

【答案】ACD

【解析】处置固定资产收到的现金属于投资活动产生的现金流出，应当作为投资活动现金流量进行列报，选项B不当选。

二、现金流量表的编制 ★★★

（一）现金流量表的编制要求

第一，现金流量表应当分别经营活动、投资活动和筹资活动列报现金流量。

第二，现金流量应当分别按照现金流入和现金流出总额列报。

第三，但下列各项可以按照净额列报：

（1）代客户收取或支付的现金。

（2）周转快、金额大、期限短项目的现金流入和现金流出。

（3）金融企业的有关项目，包括短期贷款发放与收回贷款本金、活期存款的吸收与支付等。

（4）自然灾害损失、保险索赔等特殊项目。

（5）外币现金流量以及境外子公司的现金流量，应当采用现金流量发生日的即期汇率或按照系统合理的方法确定的、与现金流量发生日即期汇率近似的汇率折算。汇率变动对现金的影响额应当作为调整项目，在现金流量表中单独列报"汇率变动对现金及现金等价物的影响"。

（二）直接法

运用直接法编制现金流量表可采用工作底稿法或T型账户法，也可以根据有关会计科目记录分析填列。按直接法编制的现金流量表为现金流量表的正表。

1. 工作底稿法

工作底稿法是以工作底稿为手段，以资产负债表和利润表数据为基础，分别对每一项目进行分析并编制调整分录，进而编制现金流量表的一种方法。工作底稿法编制现金流量表的具体步骤和方法如表8-17所示。

表8-17 工作底稿法编制现金流量表的具体步骤和方法

步骤	方法
第一步	将资产负债表的期初数和期末数分别过入工作底稿的期初数栏和期末数栏将同期的利润表资料过入工作底稿
第二步	对当期业务进行分析并编制调整分录。编制调整分录时，以利润表项目为基础，从"营业收入"开始，结合资产负债表项目逐一进行分析。在调整分录中，有关现金和现金等价物的事项，并不直接借记或贷记现金，而是分别计入"经营活动产生的现金流量""投资活动产生的现金流量""筹资活动产生的现金流量"有关项目，借方表示现金流入，贷方表示现金流出。编制调整分录如表8-18所示
第三步	将调整分录过入工作底稿中
第四步	核对工作底稿中各项目的借方、贷方合计数是否相等，若相等一般表明调整分录无误。资产负债表项目期初数加减调整分录中的借贷金额后应等于期末数，工作底稿中调整分录借方金额合计应等于贷方金额合计
第五步	根据工作底稿中的现金流量表项目部分编制正式的现金流量表，如表8-15所示

表 8-18　调整分录编制方法

调整项目	调整方法
调整营业收入，分析计算"销售商品、提供劳务收到的现金"项目应填列金额	根据利润表及其附注中"营业收入"和资产负债表及其附注中"应交税费——应交增值税（销项税额）"项目本期金额、"应收票据""应收账款""预收款项""合同负债"等项目期末与期初余额的差额（不扣除坏账准备）分析计算编制调整分录
调整营业成本，分析计算"购买商品、接受劳务支付的现金"项目应填列金额	根据利润表及其附注中的"营业成本"和资产负债表及其附注中"应交税费——应交增值税（进项税额）"项目本期金额、"存货""应付票据""应付账款""预付款项""合同资产"等项目期末与期初余额的差额、减去本期销售产品成本和期末存货中产品成本中包含的不属于购买商品支付现金的部分等分析计算编制调整分录
调整税金及附加，分析计算"支付的各项税费"项目应填列金额	根据利润表及其附注中"税金及附加"项目本期金额、资产负债表及其附注中"应交税费（不包括增值税）"项目期初余额减期末余额的差额、"递延所得税负债"项目期初余额减期末余额的差额、"递延所得税资产"项目期末余额减期初余额的差额以及本期已缴纳的增值税等分析计算编制调整分录。 【提示1】"收到的税费返还"项目，根据"应交税费""其他收益""税金及附加""所得税费用"等科目的发生额分析计算应填列金额。还应根据"应交税费"项目全部调整之后确定，见"调整缴纳或支付的增值税及其他税费"调整分录。 【提示2】企业按规定收到或缴回的增值税期末留抵退税款项产生的现金流量，在"收到的税费返还"项目列示。 【提示3】将缴回并继续按规定抵扣进项税额的留抵退税款项有关现金流量，在"支付的各项税费"项目列示
调整销售费用，分析计算"支付其他与经营活动有关的现金"项目中因销售费用发生支付的现金	根据利润表及其附注中"管理费用""制造费用""销售费用"中除工资性费用和未支付现金的费用以外的费用，"财务费用"中支付的银行转账结算手续费，"其他应收款"中支付职工预借的差旅费等，"其他应付款"中支付的短期租赁或低价值租赁的租金，"营业外支出"中支付的罚款支出、对外捐赠的现金等分析计算编制调整分录
调整管理费用，分析计算"支付其他与经营活动有关的现金"项目中因管理费用发生支付的现金	—
调整财务费用，分析计算"筹资活动的现金流量——分配股利、利润和偿付利息支付的现金"项目中因财务费用发生支付的现金	根据"应付股利""应付利息""长期借款""应付债券""财务费用""库存现金""银行存款"等科目的发生额分析计算编制调整分录。 【提示1】对于"财务费用"中支付的银行转账结算手续费应在"支付其他与经营活动有关的现金"项目中填列。 【提示2】对于"财务费用"中收到的银行存款利息收入应在"收到的其他与经营活动有关的现金"项目填列

（续表）

调整项目	调整方法
调整投资收益，分析计算"取得投资收益收到的现金"项目应填列金额	根据"应收股利""应收利息""投资收益""库存现金""银行存款"等科目的发生额分析计算编制调整分录
调整信用减值损失	企业本期计提坏账准备不直接产生现金流量
调整所得税费用	企业计算确认应交纳的所得税不直接产生现金流量
调整净利润	企业结转未分配利润不直接产生现金流量
调整固定资产折旧、无形资产摊销，分析计算"支付其他与经营活动有关的现金"项目应填列金额	计提固定资产折旧和无形资产摊销属于非付现费用，不产生现金流出，应从"经营活动的现金流量——支付的其他与经营活动有关的现金"项目转出
调整固定资产，分析计算"购建固定资产等长期资产支付的现金"项目应填列金额	根据"固定资产""在建工程""工程物资""无形资产""研发支出""投资性房地产""库存现金""银行存款"等科目的发生额分析计算填列
调整短期借款，分析计算"取得借款收到的现金"项目应填列金额	根据"短期借款""长期借款""银行存款"等科目发生额分析计算填列
调整应付职工薪酬，分析计算"支付其他与经营活动有关的现金"项目应填列金额	—
调整支付的职工薪酬，分析计算"支付给职工以及为职工支付的现金"项目应填列金额	根据实际支付的计入产品生产成本、销售费用、管理费用等项目的职工薪酬（扣除非货币性职工薪酬）和资产负债表中"应付职工薪酬"项目期初与期末余额的差额（扣除计入在建工程成本的职工薪酬）分析计算确定
调整交纳或支付的增值税及其他税费，分析计算"支付的各项税费"项目应填列金额	—
调整实收资本、资本公积，分析计算"吸收投资所收到的现金"项目应填列金额	根据"实收资本""资本公积""其他权益工具""应付债券""银行存款"等科目分析计算填列
调整利润分配	计提盈余公积不产生现金流量
调整现金及现金等价物	根据资产负债表中"货币资金"项目年初数与期末数的差额分析计算调整

2.T 型账户法

T 型账户法是以 T 型账户为手段，以资产负债表和利润表数据为基础，分别对每一项目进行分析并编制调整分录，从而编制现金流量表的一种方法。T 型账户法编制现金流量表的具体步骤和方法如表 8-19 所示。

表 8-19　T 型账户法编制现金流量表的具体步骤和方法

步骤	方法
第一步	为所有的非现金项目（包括资产负债表项目和利润表项目）分别开设 T 型账户，并将各自的期末期初变动数过入各账户。如果项目的期末数大于期初数，则将差额过入和项目余额相同的方向；反之，过入相反方向
第二步	开设一个大的"现金及现金等价物"T 型账户，分设"经营活动""投资活动""筹资活动"三个二级 T 型账户。账户借方登记现金流入，贷方登记现金流出；借方余额反映现金流入净额，贷方余额反映现金流出净额
第三步	以利润表项目为基础，从"营业收入"项目开始，结合资产负债表分析每一个非现金项目的增减变动，并据此编制调整分录
第四步	将调整分录过入各 T 型账户，并进行核对
第五步	根据大的"现金及现金等价物"T 型账户编制正式的现金流量表，如表 8-15 所示

（三）间接法

间接法以净利润为起算点调整计算经营活动产生的现金流量净额。企业采用间接法编制现金流量表的基本步骤和方法如表 8-20 所示，各项目的填列方法如表 8-21 所示。

表 8-20　间接法编制现金流量表的基本步骤和方法

步骤	方法
第一步	将报告期利润表中净利润调节为经营活动产生的现金流量。 经营活动产生的现金流量 = 净利润 + 编制利润表时作为净利润减少而报告期没有发生现金流出的填列项目 – 编制利润表时作为净利润增加而报告期没有发生现金流入的填列项目 – 不属于经营活动的现金流量
第二步	分析调整不涉及现金收支的重大投资和筹资活动项目
第三步	分析调整现金及现金等价物净变动情况
第四步	编制正式的现金流量表补充资料，如表 8-16 所示

表 8-21　现金流量表补充资料的项目填列方法

项目	填列方法
1.将净利润调节为经营活动现金流量	–
净利润	以利润表中净利润项目金额填列
加：资产减值准备	这些项目在利润表中作为净利润项目的减项已经扣除，但在报告期内无需支付现金，应予以加回
信用损失准备	
固定资产折旧、油气资产折耗、生产性生物资产折旧	
无形资产摊销	
长期待摊费用摊销	

（续表）

项目	填列方法
处置固定资产、无形资产和其他长期资产的损失（收益以"-"号填列）	这些项目属于计入净利润项目的投资活动产生的现金流量，在列报经营活动产生的现金流量时，对于发生的处置、报废净损失应予以加回，对于实现的处置、报废净收益应予以减去
固定资产报废损失（收益"-"以号填列）	
净敞口套期损失（收益以"-"号填列）	初级考试不涉及，此处填列方法省略
公允价值变动损失（收益以"-"号填列）	该项目属于计入净利润项目的投资活动产生的现金流量，在列报经营活动产生的现金流量时，对于发生的公允价值变动损失应予以加回，对于发生的公允价值变动收益应予以减去
财务费用（收益以"-"号填列）	对于属于筹资活动或投资活动的财务费用应予以加回；反之，财务收益应予以减去；对于属于经营活动产生的现金流量项目应根据利息费用或利息收入等具体情况分析计算调整
投资损失（收益以"-"号填列）	该项目内容属于计入净利润项目的投资活动产生的现金流量，在列报经营活动产生的现金流量时，对于发生的投资损失应予以加回，对于发生的投资收益应予以减去
递延所得税资产减少（增加以"-"号填列） 递延所得税负债增加（减少以"-"号填列）	递延所得税资产和负债属于企业未来期间应纳税所得额及应交所得税，不构成报告期的现金流量 递延所得税资产减少额、递延所得税负债增加额使所得税费用增加，从而减少报告期利润表中净利润，应予以加回 递延所得税资产增加额、递延所得税负债减少额使所得税费用减少，从而增加报告期利润表中净利润，应予以减去
存货的减少（增加以"-"号填列）	资产负债表中"存货"项目的年末较年初减少的差额，说明报告期消耗或发出了期初存货，这部分存货在报告期不需要支付现金，但按报告期营业成本等计算的净利润已经减去了这部分不需要支付的现金，应予以加回；反之，资产负债表中"存货"项目的年末较年初增加的差额，这部分存货在报告期已经支付了现金，但按报告期营业成本计算的净利润并未减去这部分需要支付的现金，应予以减去。 此外，存货减少可能由投资活动或筹资活动导致，填列该项目时需要分析计算调整非经营活动的现金流量

（续表）

项目	填列方法
经营性应收项目的减少（增加以"–"号填列）	资产负债表中经营性应收项目减少，表明报告期内收到了以前年度应收项目的现金，形成在净利润之外的营业活动现金流入量，应予以加回；反之，经营性应收项目增加，表明报告期的净利润中有尚未收到的现金流入量，应予以减去
经营性应付项目的增加（减少以"–"号填列）	资产负债表中经营性应付项目增加，表明报告期内"存货"等项目中存在尚未支付的应付项目的现金，在计算净利润时通过"营业成本"等项目已经扣除，形成净利润中存在尚未发生的经营活动现金流出量，应予以加回；反之，经营性应付项目减少，表明报告期计算净利润时存在尚未扣除的现金流出量，应予以减去
其他	—
经营活动产生的现金流量净额	通过上述金额计算填列
2. 不涉及现金收支的重大投资和筹资活动	—
债务转为资本	该项目可根据资产负债表中"应付债券""长期应付款""实收资本""资本公积"等项目分析计算填列
一年内到期的可转换公司债券	该项目可根据资产负债表中"应付债券——优先股"等项目分析计算填列
融资租入固定资产	该项目可根据资产负债表中"使用权资产""长期应付款""租赁负债"等项目分析计算填列
3. 现金及现金等价物净变动情况	该项目可根据资产负债表中"货币资金"项目及现金等价物期末期初余额及净增加额分析计算填列
现金的期末余额	现金及现金净增加额 = 资产负债表中现金及现金等价物的期末余额 – 资产负债表中现金及现金等价物的期初余额
减：现金的期初余额	
加：现金等价物的期末余额	
减：现金等价物的期初余额	
现金及现金等价物净增加额	

第五节 所有者权益变动表

一、所有者权益变动表的基本原理★★

（一）所有者权益变动表的概念

所有者权益变动表，是指反映构成所有者权益各组成部分当期增减变动情况的报表。所有者权益变动表全面反映一定时期所有者权益变动的情况，不仅包括所有者权益总量的增减变动，还包括所有者权益增减变动的重要结构性信息，有助于报表使用者理解所有者权益增减变动的根源。所有者权益增减变动表将综合收益和所有者的资本交易导致的所有者权益的变动分项列示，有利于分清导致所有者权益增减变动的原因与责任，对于考察、评价企业一定时期所有者权益的保全状况、正确评价管理层受托责任的履行情况等具有重要的作用。

（二）所有者权益变动表的内容

在所有者权益变动表上，企业至少应当单独列示反映下列信息的项目：

（1）综合收益总额。
（2）会计政策变更和差错更正的累积影响金额。
（3）所有者投入资本和向所有者分配利润等。
（4）提取的盈余公积。
（5）实收资本、其他权益工具、资本公积、其他综合收益、专项储备、盈余公积、未分配利润的期初和期末余额及其调节情况。

我国一般企业所有者权益变动表的格式如表8-22所示。

表 8-22 所有者权益变动表（简表）

编制单位：　　　　　　　　　　　　　　　　　　　　　年度　　　　　　　　　　　　　　　　　　　　　会企 04 表
单位：元

项目	本年金额									上年金额								
	实收资本（或股本）	其他权益工具		资本公积	减：库存股	其他综合收益	专项储备	盈余公积	未分配利润	所有者权益合计	实收资本（或股本）	其他权益工具		资本公积	减：库存股	其他综合收益	专项储备	盈余公积	未分配利润	所有者权益合计
		优先股	永续债									优先股	永续债							
一、上年年末余额																				
加：会计政策变更																				
前期差错更正																				
其他																				
二、本年年初余额																				
三、本年增减变动金额（减少以"-"号填列）																				
（一）综合收益总额																				
（二）所有者投入和减少资本																				
1.所有者投入的普通股																				
2.其他权益工具持有者投入资本																				
3.股份支付计入所有者权益的金额																				
4.其他																				

（续表）

（三）利润分配	
1. 提取盈余公积	
2. 对所有者（或股东）的分配	
3. 其他	
（四）所有者权益内部结转	
1. 资本公积转增资本（或股本）	
2. 盈余公积转增资本（或股本）	
3. 盈余公积弥补亏损	
4. 设定受益计划变动额结转留存收益	
5. 其他综合收益结转留存收益	
6. 其他	
四、本年年末余额	

所有者权益变动表主要项目的内容及功能具体如表 8-23 所示。

表 8-23　所有者权益变动表主要项目的内容及功能

项目			内容及功能
上年年末余额			企业上年资产负债表中实收资本（或股本）、其他权益工具、资本公积、库存股、其他综合收益、专项储备、盈余公积、未分配利润的年末余额
会计政策变更			企业采用追溯调整法处理的会计政策变更的累积影响金额。 【提示】追溯调整法，是指对某项交易或事项变更会计政策，视同该项交易或事项初次发生时采用变更后的会计政策，并以此对财务报表相关项目进行调整的方法
前期差错更正			采用追溯重述法处理的会计差错更正的累积影响金额，通常包括计算错误、应用会计政策错误、疏忽或曲解事实以及舞弊产生的影响以及存货、固定资产盘盈等。 【提示】追溯重述法，是指在发现前期差错时，视同该项前期差错从未发生过，从而对财务报表相关项目进行更正的方法
本年增减变动金额	综合收益总额		净利润和其他综合收益扣除所得税影响后的净额相加后的合计金额
	所有者投入和减少资本	所有者投入的普通股	企业接受投资者投入形成的实收资本（或股本）和资本溢价或股本溢价
		其他权益工具持有者投入资本	企业发行的除普通股以外分类为权益工具的金融工具的持有者投入资本的金额
		股份支付计入所有者权益的金额	企业处于等待期中的权益结算的股份支付当年计入资本公积的金额
	利润分配		企业当年的利润分配金额
	所有者权益内部结转	资本公积转增资本（或股本）	企业当年以资本公积转增资本或股本的金额
		盈余公积转增资本（或股本）	企业当年以盈余公积转增资本或股本的金额
		盈余公积弥补亏损	企业当年以盈余公积弥补亏损的金额
		设定受益计划变动额结转留存收益	企业因重新计量设定受益计划净负债或净资产所产生的变动计入其他综合收益，结转至留存收益的金额
		其他综合收益结转留存收益	①企业指定为以公允价值计量且其变动计入其他综合收益的非交易性权益工具投资终止确认时，之前计入其他综合收益的累计利得或损失从其他综合收益中转入留存收益的金额；②企业指定为以公允价值计量且其变动计入当期损益的金融负债终止确认时，之前由企业自身信用风险变动引起而计入其他综合收益的累计利得或损失从其他综合收益中转入留存收益的金额等

（三）所有者权益变动表的结构

所有者权益变动表应当以纵横交叉的矩阵式结构列示。

1. 纵向结构

纵向结构按所有者权益增减变动时间及内容分为"上年年末余额""本年年初余额""本年增减变动金额"和"本年年末余额"四栏。

上年年末余额 + 会计政策变更、前期差错更正及其他变动 = 本年年初余额

本年年初余额 + 本年增减变动金额 = 本年年末余额

本年增减变动金额 = 综合收益总额 ± 所有者投入和减少资本 ± 利润分配 ± 所有者权益内部结转

2. 横向结构

横向结构采用比较式结构，分为"本年金额"和"上年金额"两栏分别填列。

实收资本（或股本）+ 其他权益工具 + 资本公积 − 库存股 + 其他综合收益 + 未分配利润 = 所有者权益合计

所有者权益变动表以矩阵式结构列报，一方面，列示导致所有者权益变动的交易或事项，即所有者权益变动的来源；对一定时期所有者权益的变动情况进行全面反映；另一方面，按照实收资本、其他权益工具、资本公积、库存股、其他综合收益、盈余公积、未分配利润等所有者权益各组成部分及其总额列示交易或事项对所有者权益各部分的影响。此外，所有者权益变动表采用逐项的本年金额和上年金额比较式结构，能够清楚地表明构成所有者权益的各组成部分当期的增减变动情况以及与上期的增减变动情况的对照和比较。

二、所有者权益变动表的填列方法 ★★

所有者权益变动表各项目均需填列"本年金额"和"上年金额"两栏。

1. "上年金额"栏的填列

企业应根据上年度所有者权益变动表"本年金额"栏内所列数字填列（抄过来）。上年度所有者权益变动表规定的各个项目的名称和内容同本年度不一致的，企业应对上年度所有者权益变动表各项目的名称和数字按照本年度的规定进行调整，再填入所有者权益变动表的"上年金额"栏内。

2. "本年金额"栏的填列

企业一般应根据资产负债表所有者权益项目金额或"实收资本（或股本）""其他权益工具""资本公积""库存股""其他综合收益""专项储备""盈余公积""利润分配""以前年度损益调整"科目所对应账户的发生额分析填列。

【注意】企业的净利润及其分配情况是所有者权益变动的组成部分，不需要单独编制利润分配表列示。

第六节　财务报表附注及财务报告信息披露要求

一、附注的作用★

附注，是对资产负债表、利润表、现金流量表和所有者权益变动表列示项目含义的补充说明。

附注提供了对资产负债表、利润表、现金流量表和所有者权益变动表中未列示项目的详细或明细说明。

通过附注与资产负债表、利润表、现金流量表和所有者权益变动表列示项目的相互参照关系，以及对未能在财务报表中列示项目的说明，财务报表使用者可以全面了解企业的财务状况、经营成果和现金流量以及所有者权益的情况。

二、附注的主要内容★★★

附注是财务报表的重要组成部分，是不可或缺的。根据企业会计准则的规定，企业应当按照一定的顺序披露附注的内容，具体如表 8-24 所示。

表 8-24　附注的主要内容及披露顺序

（一）企业简介和主要财务指标	①企业名称、注册地、组织形式和总部地址。 ②企业的业务性质和主要经营活动。 ③母公司以及集团最终母公司的名称。 ④财务报告的批准报出者和财务报告批准报出日。 ⑤营业期限有限的企业还应当披露有关营业期限的信息。 ⑥截至报告期末公司近 3 年的主要会计数据和财务指标
（二）财务报表的编制基础	在正常情况下，应以企业的持续经营作为列报基础。财务报告列报准则规范的是企业持续经营基础下的财务报表列报。如果企业出现了非持续经营，导致财务报表不再合理，应当在附注中声明报表未以持续经营基础列报及其原因等
（三）遵循企业会计准则的声明	企业应当声明编制的财务报表符合企业会计准则的要求，真实、完整地反映了企业的财务状况、经营成果和现金流量等有关信息。如果企业编制的财务报表只是部分地遵循了企业会计准则，在附注中不得做出这种表述
（四）重要会计政策和会计估计	披露采用的重要会计政策和会计估计，不重要的会计政策和会计估计可以不披露
（五）会计政策和会计估计变更以及差错更正的说明	企业应当按照会计政策、会计估计变更和差错更正会计准则的规定，披露会计政策和会计估计变更以及差错更正的有关情况
（六）报表重要项目的说明	应当按照资产负债表、利润表、现金流量表、所有者权益变动表及其项目列示的顺序，采用文字和数字描述相结合的方式进行披露
（七）或有和承诺事项、资产负债表日后非调整事项、关联方关系及其交易等需要说明的事项	
（八）有助于财务报表使用者评价企业管理资本的目标、政策及程序的信息	

三、财务报告信息披露的要求 ★★

（一）财务报告信息披露的概念

财务报告信息披露的概念、内容及作用，如表8-25所示。

表8-25 财务报告信息披露

概念	又称会计信息披露，是指企业对外发布有关其财务状况、经营成果、现金流量等财务信息的过程
内容	主要是指会计报表附注的披露 广义的信息披露包括财务信息和非财务信息
作用	①是公司治理的决定性因素。 ②是保护投资者合法权益的基本手段和制度安排。 ③是会计决策有用性目标所决定的内在必然要求

（二）财务报告信息披露的基本要求

财务报告信息披露的基本要求，又称财务报告信息披露的基本质量，主要有真实、准确、完整、及时和公平五个方面，具体内容如表8-26所示。

表8-26 财务报告信息披露的基本要求

真实	披露的信息应当以客观事实或者具有事实基础的判断和意见为依据，企业披露的信息应当如实反映客观情况，不得有虚假记载和不实陈述
准确	披露的信息应当使用明确、贴切的语言和简明扼要、通俗易懂的文字，不得含有任何宣传、广告、恭维或者夸大等性质的词句，不得有误导性陈述
完整	披露的信息应当内容完整、文件齐备，格式符合规定要求，不得有重大遗漏。 【提示】①重大遗漏：应将记载的事项未记载或未记载完整； ②不正当披露：未在适当期限内或未以法定方式公开披露

（1）信息披露义务人应当同时向所有投资者公开披露信息。
（2）企业应当在附注中对"遵循了企业会计准则"作出声明。
（3）企业不应以在附注中披露代替对交易和事项的确认和计量。

第七节 财务报告的阅读与应用

财务报告的阅读与应用是会计核算和会计监督职能的拓展与延伸。它是利用财务报告资料获取企业财务状况、经营情况和现金流量等会计信息，评价企业经营业绩、预测经济前景、参与经济决策的过程。

一、资产负债表的阅读与应用★★

（一）概述

获取企业财务状况的信息、考察企业资金的构成及来龙去脉、评价企业财务状况、预测企业财务状况发展趋势的过程。

（二）主要内容

主要包括资产的存在状态及其分布、负债及所有者权益的构成状况，整体财务状况三方面。

（三）资产的存在状态及其分布

通过资产负债表中"资产"的相关资料，可以获取企业拥有或控制的经济资源总量及配置状况的结构性信息，包括资产总额和资产结构的信息。

（四）负债及所有者权益的构成状况

1. 负债的规模及其构成状况。

通过资产负债表中"负债"的相关资料，可以获取企业在一定时期内需要偿还的债务的总量和债务状况的结构性信息，了解并掌握企业拥有或控制资产中运用负债获取资金来源的状况，包括负债总额和负债结构性的信息。

2. 所有者权益的规模及其构成状况。

通过资产负债表中"所有者权益"的相关资料，可以获取企业股权融资和盈利积累资金的总量以及所有者权益状况的结构性信息，了解并掌握企业拥有或控制资产中运用股权融资和盈余积累获取资金来源的状况，包括所有者权益总额及其结构性的信息。

（五）整体财务状况的阅读与应用

通过资产负债表的相关资料，可以获取企业整体财务状况的结构性信息，厘清企业资金的来龙去脉关系，对企业财务状况作出基本评价，以及预测企业财务状况的基本变化趋势和发展前景。

二、利润表的阅读与应用★★

（一）概述及主要内容

获取企业经营情况的结构化信息、考察企业利润构成、评价经营业绩、预测企业盈利前景的过程。主要包括盈利水平、利润的构成情况和利润质量三方面。

（二）净利润和综合收益总额

通过利润表中净利润和综合收益总额的相关资料，可以获取企业经营成果和实现经济效益的信息，从而评价企业一定会计期间的经营情况。

（三）利润的构成情况

通过利润表中营业利润、利润总额、净利润等项目的相关资料，可以获取企业利润构成信息，从而评价企业利润质量和盈利能力。

三、现金流量表的阅读与应用★★

（一）概述

获取企业现金流量的结构化信息、考察企业现金流量净额及其构成、评价企业现金收付能力和财务成果质量、预测企业现金流量前景的过程。

（二）主要内容

主要包括持有现金、现金流量的构成情况和经营活动及其财务成果质量三方面。

（三）现金流量表具体项目内容分析

通过现金流量表中的相关资料，可以获取现金增减净额信息，从而评价企业现金支付能力。

且通过现金流量表中经营活动、投资活动、筹资活动产生现金流量净额以及汇率变动对现金及现金等价物的影响的相关资料，可以获取现金流量的结构性信息和现金流量的来龙去脉，从而评价现金流量的质量。具体如表 8-27 所示。

表 8-27　现金流量及其结构的阅读与应用

阅读项目及其相关资料	应用
"现金及现金等价物净增加额"项目	可以获取现金增减净额信息，从而评价企业现金支付能力
经营活动产生的现金流量及其项目	可以获取经营活动产生的现金流量的详细信息，从而评价企业经营活动产生的现金流量
投资活动产生的现金流量及其项目	可以获取投资活动产生的现金流量的详细信息，从而评价企业投资活动产生的现金流量
筹资活动产生的现金流量及其项目	可以获取筹资活动产生的现金流量的详细信息，从而评价企业筹资活动产生的现金流量

（四）现金流量表补充资料

通过现金流量表补充资料，可以获取经营活动产生现金流量的补充性的结构信息，从而评价企业经营活动现金流量和利润的质量。

1. 经营活动产生现金流量的补充性结构信息

现金流量表补充资料提供将净利润调节为经营活动现金流量、不涉及现金收支的重大投资和筹资活动、现金及现金等价物净变动情况三方面的结构性信息。具体内容如表 8-28 所示。

表 8-28　经营活动产生现金流量的补充性结构信息

具体项目	补充提供的详细信息
将净利润调节为经营活动现金流量	经营活动现金流量的详细信息
不涉及现金收支的重大投资和筹资活动	报告期发生的影响资产或负债、对以后各期现金流量有重大影响但不涉及现金收支的重大投资或筹资活动的信息
现金及现金等价物净变动情况	现金和现金等价物增减变动分别对企业"现金及现金等价物净增加额"的影响

2. 评价企业经营活动现金流量和利润的质量

通过现金流量表补充资料可以进一步获取企业净利润与经营活动现金流量净额之间的关系。如果经营活动现金流量净额大于同期净利润额，一般说明收到的现金高于同期实现的净利润额，表明利润的质量好，此时通常会提高企业资产的流动性，进而改善企业的财务状况，增强抵御财务风险的能力；反之，如果经营活动现金流量净额小于同期净利润额，一般说明收到的现金低于同期实现的净利润额，则表明利润的质量较差。

扫一扫，提个小建议

图书勘误、评价建议，"微信"扫一扫。您的感受是我们最好的动力！助您奇兵制胜！